古代歷史文化^{研究}^{輯刊}

古代歷史文化^{研究}^{輯刊}

二六編

王明蓀 主編

第 11 冊

唐宋法律考試研究（下）

蔣楠楠 著

國家圖書館出版品預行編目資料

唐宋法律考試研究（下）／蔣楠楠 著 -- 初版 -- 新北市：花
木蘭文化事業有限公司，2021〔民 110〕
目 4+222 面；19×26 公分
（古代歷史文化研究輯刊 二六編；第 11 冊）
ISBN 978-986-518-594-7（精裝）
1. 科舉 2. 法律 3. 唐代 4. 宋代
618   110011822

ISBN-978-986-518-594-7

9 789865 185947

古代歷史文化研究輯刊
二六編　第十一冊　　　　　　　　ISBN：978-986-518-594-7

唐宋法律考試研究（下）

作　　者	蔣楠楠	
主　　編	王明蓀	
總 編 輯	杜潔祥	
副總編輯	楊嘉樂	
編　　輯	許郁翎、張雅淋、潘玟靜　美術編輯　陳逸婷	
出　　版	花木蘭文化事業有限公司	
發 行 人	高小娟	
聯絡地址	235 新北市中和區中安街七二號十三樓	
	電話：02-2923-1455 ／傳真：02-2923-1452	
網　　址	http://www.huamulan.tw 信箱 service@huamulans.com	
印　　刷	普羅文化出版廣告事業	
初　　版	2021 年 9 月	
全書字數	362161 字	
定　　價	二六編 32 冊（精裝）台幣 88,000 元	

唐宋法律考試研究（下）

蔣楠楠 著

目

次

第四章　唐宋時期「試法入仕人」考論

　　唐宋法律考試制度之下，不僅培養了一批法律專業人才，同時也從整體上提高了士人群體的法律素養。如果說前文所討論的唐宋法律考試制度只是一種制度設計的假想，那麼唐宋時期大力推廣法律考試的實際效果又如何呢？為解答這一問題，則必須由唐宋時期「試法入仕人」的具體實踐活動中去探尋答案。而解答這一問題的首要工作，就是對唐宋時期的「試法入仕人」進行考論。綜觀歷史文獻的記載，唐宋時期社會影響較大的「試法入仕人」主要有「明法及第人」「書判拔萃登科人」「平判入等登科人」以及「試中刑法人」。如下，筆者將對這幾類人分別進行考證。

第一節　唐代「試法入仕人」考論

一、唐、五代時期「明法及第人」考論

　　唐、五代時期「明法及第人」的考訂向來是史學界較為關注的話題。研究唐、五代科舉制度和人物，則不得不提及清代著名學者徐松的考據學力作——《登科記考》。徐松，字星伯，大興人。嘉慶十年（1805）進士。嘉慶十四年（1809）任《全唐文》館提調兼總纂官。在編修《全唐文》的同時，他接觸了大量了唐、五代時期的文獻材料，也為他後來撰寫《登科記考》奠定了堅實的史料基礎。徐松《登科記考》取材宏富，包括正史、方志、類書、筆記小說和石刻碑誌。但在材料的使用上，徐松的態度十分謹慎。《登科記考·凡例》有云：「圖經、家乘，例載科目，而近世府廳州縣志襲謬承訛，動遭指謫。……顏師古《漢書注》云：『私譜之文，出於閭巷，家自為所，事非經典，苟引先賢，妄相假託。』今同斯例，概就刊落。惟見於《永樂大

典》所引者，皆宋元舊笈，事有可徵，盡行採錄。」〔註1〕《登科記考》全書共分為三十卷，前二十四卷所錄為唐人，第二十五卷與二十六卷所錄為五代時人。餘下三卷為附考與別錄。《登科記考》對唐、五代時期的科舉考試制度與科舉人物進行了全面的考證，此書是我們現今考訂唐、五代時期「明法及第人」的研究基礎。

近年來，以往徐松在修撰《登科記考》時未曾發現的唐代墓誌文獻開始大量出土。另一方面，《登科記考》本身也存在一些疏漏與錯誤。因此，多有學者沿著徐松《登科記考》的研究路徑，不斷撰文對其進行補充和修訂。〔註2〕其中，北京大學孟二冬教授在廣泛查閱各類資料並經過詳細考證之後，著成《登科記考補正》一書，此書仿《登科記考》之體例，又新補收錄唐、五代時期科舉人物一千五百餘人，對徐松《登科記考》進行了一次全面修訂。曲阜師範大學王洪軍教授繼孟二冬先生之後，在《登科記考再補正》一書中又對唐代科舉人物進行了一次大規模的考證，前後輯錄徐、孟二人所未載唐代科舉及第者八百餘人。然而，江蘇鹽城師範學院徐友根教授認為王洪軍教授的研究存在較為嚴重的問題。他在《〈登科記考補正〉考補》一書中對《登科記》研究的學術史進行了回顧，對孟二冬教授的《登科記考補正》所使用的史料進行了溯源和辨析，並且對《登科記考補正》一書進行了再次增補，在堅持徐松《登科記考》增補科舉人物的原則的基礎上，增補科舉人物四百餘人。這三部當代學者的著作也為我們考證唐代「明法及第人」提供了進一步研究的線索。

唐代科舉考試中的「明法科」是一個較為明確的概念，不易與其他考試科目混淆。對於唐代「明法及第人」的考據，徐松的主要依據也是各類史料文獻中出現的關鍵詞——「明法」。運用正史與墓誌文獻材料，徐松在《登科記考》中共

〔註1〕（清）徐松撰，趙守儼校點：《登科記考·凡例》，中華書局，1984年，第2頁。
〔註2〕對徐松《登科記考》補充、修訂的主要論文有：岑仲勉：《登科記考訂補》，《歷史語言研究所集刊》，第11本；羅繼祖：《登科記考補》，日本《東方學報》京都第13冊第1分；施子愉：《〈登科記考〉補正》，《文獻》第15輯；卞孝萱：《〈登科記考〉糾謬》，《學林漫錄》第6集；張忱石：《〈登科記考〉續補》（上、下），《文獻》1987年第1、2期；胡可先：《〈登科記考〉匡補》、《〈登科記考〉匡補續編》，《文獻》1988年第1、2期；陳尚君：《〈登科記考〉正補》，《唐代文學研究》第4輯，廣西師範大學出版社，1993年；朱玉麟：《〈登科記考〉補遺、訂正》，《文獻》1994年第3期；黃震云：《〈登科記考〉甄補》，《文教資料》1996年第4期；陳冠明：《〈登科記考〉補名摭遺》，《文獻》1997年第4期；薛亞軍：《〈登科記考〉正補》，《古籍研究》20001年第1期。

考訂出「明法及第人」共六人。其中，有確切紀年可考的「明法及第人」一人，為貞觀二十年丙午（646）明法登第張鷟〔註3〕。無法確定具體登科年代的「明法及第人」五人：李朝隱〔註4〕、裴潤、裴淨〔註5〕、裴濟〔註6〕、薛敖〔註7〕。

在徐松考證的基礎上，孟二冬教授在《登科記考補正》一書中又考證出「明法及第人」共十二人。其中，有確切紀年可考的「明法及第人」四人：武德八年乙酉（625）王植〔註8〕、永徽二年辛亥（651）皇甫文備〔註9〕、長安二年壬寅（702）騫晏〔註10〕、景龍三年己酉（709）張沘〔註11〕。無法

〔註3〕 徐松按：「張說《府君墓誌銘》：『諱鷟，字成鷟，姓張氏。年十九，明法擢第。』以調露元年卒、年五十二推之，是年十九歲。鷟即燕公之父。燕公又為碑云：『以明法歷鐃陽、長子二尉。』」參見（清）徐松撰，趙守儼點校：《登科記考》（全三冊）卷二，中華書局，1984年，第29頁。筆者按：張鷟之生卒文獻材料可參見（唐）張說：《府君墓誌銘》，收錄於（清）董誥等編：《全唐文》卷二百三十二，中華書局，1983年，第2245～2246頁。

〔註4〕 徐松按：「《舊書》本傳：『京兆三原人。少以明法舉，拜臨汾尉。』」參見徐松撰，趙守儼點校：《登科記考》（全三冊）卷二十七《附考·諸科》，中華書局，1984年，第1112頁。

〔註5〕 徐松按：「叔卿子，皆明法，見《宰相世系表》。」參見徐松撰，趙守儼點校：《登科記考》（全三冊）卷二十七《附考·諸科》，中華書局，1984年，第1112頁。

〔註6〕 徐松按：「昱子，明法，見《宰相世系表》。」參見徐松撰，趙守儼點校：《登科記考》（全三冊）卷二十七《附考·諸科》，中華書局，1984年，第1112頁。

〔註7〕 徐松按：「前鄉貢明法，見《世系表》。敖為嵩之從孫。」參見徐松撰，趙守儼點校：《登科記考》（全三冊）卷二十七《附考·諸科》，中華書局，1984年，第1112頁。

〔註8〕 孟二冬按：「以龍朔二年年六十推之，其年二十三時在本年，其應詔舉之年未詳。」參見（清）徐松撰，孟二冬補正：《登科記考補正》卷一，北京燕山出版社，2003年，第7～8頁。筆者按：王植之生卒文獻材料可參見《大唐故司宗寺丞上騎都尉王君（植）墓誌銘並序》，收錄於吳鋼主編：《全唐文補遺》第三輯，三秦出版社，1996年，第379頁。

〔註9〕 孟二冬按：「以長安四年年七十三推之，其弱冠之年在永徽二年，亦見陳補。」參見筆者按：皇甫文備之生卒文獻材料可參見《大周故正議大夫使持節都督姚宗等卅六州諸軍事守姚州刺史上柱國皇甫君（文備）墓誌》，收錄於吳鋼主編，《全唐文補遺》（第2輯），三秦出版社，1995年，第387頁。

〔註10〕 孟二冬按：「『甲令擢第』，即明法擢第。以開元二十七年（709）年五十七推之，其弱冠之歲在本年。」參見（清）徐松撰；孟二冬補正：《登科記考補正》卷四，北京燕山出版社，2003年，第159頁。筆者按：騫晏之生卒文獻材料可參見《唐故朝議郎行中部郡宜君縣令騫府君（晏）墓誌銘並序》，收錄於吳鋼主編，《全唐文補遺》（第2輯），三秦出版社，1995年，第23頁。

〔註11〕 孟二冬按：「張氏卒於天寶三載（744），享年五十五。則其弱冠歲在景龍三年。按張補錄入附考類。王補入本年。」參見（清）徐松撰；孟二冬補正：《登科

確定具體登科年代的明法及第及第人物八人：許樞〔註12〕、成幾〔註13〕、吉懷惲〔註14〕、房興昌〔註15〕、李正本〔註16〕、喬夢松〔註17〕、楊岌〔註18〕、

記考補正》卷四，北京燕山出版社，2003 年，第 178 頁。筆者按：張泚之生卒文獻材料可參見《大唐故吳郡常熟縣令上柱國張公（泚）墓誌銘並序》，收錄於收錄於周紹良主編：《唐代墓誌彙編》，上海古籍出版社，2011 年，第 1591 頁。

〔註12〕參見（清）徐松撰；孟二冬補正：《登科記考補正》卷二十七（附考·諸科），北京燕山出版社，2003 年，第 1358 頁。筆者按：許樞之生卒文獻材料可參見《大周故正議大夫使持節都督巂州諸軍事守巂州刺史上柱國高陽縣開國男許君墓誌銘並序》，收錄於收錄於周紹良主編：《唐代墓誌彙編》，上海古籍出版社，2011 年，第 970 頁。

〔註13〕孟二冬按：「成氏卒於永隆二年（681）正月，享年七十。」參見（清）徐松撰；孟二冬補正：《登科記考補正》卷二十七（附考·諸科），北京燕山出版社，2003 年，第 1358 頁。筆者按：成幾之生卒文獻材料可參見《大唐故朝議郎行徐州長史成公府君（幾）墓誌銘》，收錄於吳鋼主編，《全唐文補遺》（第 3 輯），三秦出版社，1996 年，第 452 頁。

〔註14〕孟二冬按：「《唐故東宮左勳衛騎都尉宣義郎馮翊吉君（懷惲）墓誌銘並序》云：『君橐精三尺，鏡十簡之明科；專懷九章，洞五刑之妙蹟。既該條憲，俄應褒然，高第文昌，佇升清列。』又銘曰：『金條該宗，玉署升榮。方騫五色，溘閟三泉。』當為明法及第。」參見（清）徐松撰；孟二冬補正：《登科記考補正》卷二十七（附考·諸科），北京燕山出版社，2003 年，第 1359 頁。筆者按：吉懷惲之生卒文獻材料可參見《唐故東宮左勳衛騎都尉宣義郎馮翊吉君墓誌銘並序》，收錄於周紹良主編：《唐代墓誌彙編》，上海古籍出版社，2011 年，第 750 頁。

〔註15〕孟二冬按：「興昌擢第當在聖曆二年之前。」參見（清）徐松撰；孟二冬補正：《登科記考補正》卷二十七（附考·諸科），北京燕山出版社，2003 年，第 1359 頁。筆者按：房興昌之登科時間文獻材料可參見《大周故貝州清河縣柱國房府君墓誌銘並序》，收錄於收錄於周紹良主編，《唐代墓誌彙編》，上海古籍出版社，2011 年，第 940 頁。

〔註16〕孟二冬按：「李氏卒於開元二年（714），享年七十二。」參見（清）徐松撰；孟二冬補正：《登科記考補正》卷二十七（附考·諸科），北京燕山出版社，2003 年，第 1359 頁。筆者按：李正本之生卒文獻材料可參見《唐故朝散大夫行洋州長史李府君（正本）墓誌銘並序》，收錄於吳鋼主編：《全唐文補遺》（第 4 輯），三秦出版社，1997 年，第 15 頁。

〔註17〕孟二冬按：「夢松事見《新唐書·西域傳》。」參見（清）徐松撰；孟二冬補正：《登科記考補正》卷二十七（附考·諸科），北京燕山出版社，2003 年，第 1360 頁。筆者按：喬夢松之生卒文獻材料可參見《唐故朝請大夫上柱國檢校尚書屯田郎中梁郡喬府君（夢松）墓誌銘並序》，收錄於吳鋼主編，《全唐文補遺》（第 7 輯），陝西三秦出版社，2000 年，第 44 頁。

〔註18〕孟二冬按：楊岌卒於天寶五載（746）八月十九日，享年六十七。亦見王補。」參見（清）徐松撰；孟二冬補正：《登科記考補正》卷二十七，

車孚〔註19〕、祖岳〔註20〕。

　　王洪軍教授《登科記考再補正》一書，繼孟二冬教授《登科記考補正》之後，對唐代科舉人物進一步考證，正如徐友根教授提出的批評，王洪軍教授的再補正與孟二冬教授補正有許多重複之處。〔註21〕除了重覆載錄的幾處「明法及第人」之外，王洪軍教授新考證出「明法及第人」共五人。其中，可以確定具體登科年代的「明法及第人」二人：武德六年癸未（623）盧醫王〔註22〕和永徽三年壬子（652）潘智〔註23〕。無法確定具體登科年代的明法及第

《附考·諸科》，北京燕山出版社，2003 年，第 1360 頁。筆者按：楊峧之生卒文獻材料可參見《故河內郡武德縣令楊公（峧）墓誌銘並序》，收錄於周紹良、趙超主編：《唐代墓誌彙編（下冊）》，上海古籍出版社，1992 年，第 1601 頁。

〔註19〕孟二冬按：「按侯氏卒於天寶十二載四月，享年五十六。其年十五時（景雲三年，712）適車諤，則其子孚年十七，當在開元中。亦見羅補。」參見（清）徐松撰；孟二冬補正：《登科記考補正》卷二十七，《附考·諸科》，北京燕山出版社，2003 年，第 1360 頁。筆者按：車孚之生平文獻材料可參見《亡妻侯氏墓誌銘並序》，收錄於吳鋼主編，《全唐文補遺》（第 1 輯），三秦出版社，1994 年，第 180 頁。

〔註20〕孟二冬按：「其登第時間當在五代時。」參見（清）徐松撰；孟二冬補正：《登科記考補正》卷二十七，《附考·諸科》，北京燕山出版社，2003 年，第 1365 頁。筆者按：祖岳之生平文獻材料可參見《大宋故朝散大夫試大理評事前行許州臨潁縣令兼監察御史贈太常博士祖府君（仲宣）墓誌銘並序》，收錄於河南省文物研究所、河南省洛陽地區文管所編：《千唐誌齋藏志》，文物出版社，1984 年，第 1252 頁。

〔註21〕重複的明法及第人物有以下五位：王植、車孚、楊峧、成幾和李正本。參見王洪軍著：《登科記考再補正》，廣西師範大學出版社，2010 年，第 13 頁、318 頁、324～325 頁。

〔註22〕參見王洪軍著：《登科記考再補正》，廣西師範大學出版社，2010 年，第 12 頁。筆者按：盧醫王之生卒文獻材料可參見《唐故滑州匡城縣丞范陽盧府君（醫王）墓誌銘並序》收錄於吳鋼主編，《全唐文補遺》（第 8 輯），三秦出版社，2005 年，第 12～13 頁。

〔註23〕參見王洪軍著：《登科記考再補正》，廣西師範大學出版社，2010 年，第 30 頁。筆者按：潘智之生卒文獻材料可參見《大唐故潞州鄉縣尉上柱國潘府君（智）墓誌銘並序》，收錄於吳鋼主編，《全唐文補遺》（第 8 輯），三秦出版社，2005 年，第 379 頁。

及第人物三人：李行〔註24〕、陳希喬〔註25〕與陳貴宰〔註26〕。

徐友根教授在《〈登科記考補正〉考補》一書中指出，唐代「明法科」屬於常科考試，然中第者鮮見史載。〔註27〕他在《登科記考補正》的基礎上又考證出唐五代時期「明法及第人」五人。他認同王洪軍教授考證的盧醫王〔註28〕、潘智〔註29〕、李行〔註30〕與陳希喬〔註31〕，並新補錄入五代南唐「明法及第人」印崇簡〔註32〕。

綜上，結合有關《登科記考》的研究成果並加以自身的考索，筆者共考證得出唐、五代時期「明法及第人」二十六人。其中，可以確定具體及第年代的「明法及第人」七人，無法確定具體及第年代的「明法及第人」十八人，如下表所示：

〔註24〕參見王洪軍著：《登科記考再補正》，廣西師範大學出版社，2010年，第325～326頁。筆者按：李行之生卒文獻材料可參見《大唐故括州松陽縣尉李君（行）墓誌銘並序》，收錄於趙君平、趙文成編：《河洛墓刻拾零》上冊，北京圖書館出版社，2007年，第226頁，圖板176。

〔註25〕參見王洪軍著：《登科記考再補正》，廣西師範大學出版社，2010年，第326頁。筆者按：陳希喬之生卒文獻材料可參見《唐故恒州真定縣丞潁川陳公（希喬）墓誌文》，收錄於趙君平、趙文成編：《河洛墓刻拾零》下冊，第419頁，圖板310。

〔註26〕參見王洪軍著：《登科記考再補正》，廣西師範大學出版社，2010年，第326頁。筆者按：陳貴宰為陳希喬之次子。《唐故恒州真定縣丞潁川陳公（希喬）墓誌文》云：陳希喬「次子宰貴，前國子明法。」王洪軍教授據此認為陳希喬曾明法及第。徐友根教授在《〈登科記考補正〉考補》中只錄入陳希喬明法及第，而不錄入陳貴宰。今據王洪軍教授之考證錄入。

〔註27〕參見徐友根著：《〈登科記考補正〉考補》，南京：南京大學出版社，2011年，第129頁。

〔註28〕徐友根按：「以永淳二年（683）卒，享年七十八推之，盧醫王明法及第在武德六年（623）。」參見徐友根著：《〈登科記考補正〉考補》，南京：南京大學出版社，2011年，第129頁。

〔註29〕徐友根按：「按以萬歲登封元年（696）卒，春秋六十四推之，潘智弱冠明法及第時在永徽三年（652）。」參見徐友根著：《〈登科記考補正〉考補》，南京：南京大學出版社，2011年，第135～136頁。

〔註30〕徐友根按：「李行卒於景雲二年（711）七月十六日。」參見徐友根著：《〈登科記考補正〉考補》，南京：南京大學出版社，2011年，第229頁。

〔註31〕徐友根按：「希喬卒年不詳，享年六十七。」參見徐友根著：《〈登科記考補正〉考補》，南京：南京大學出版社，2011年，第229頁。

〔註32〕參見徐友根著：《〈登科記考補正〉考補》，南京：南京大學出版社，2011年，第230頁。筆者按：印崇簡之生平文獻材料可參見《唐故印府君墓誌銘》，收錄於（清）董誥等編：《全唐文》卷八八六，中華書局，1983年，第9266頁。

表4-1　唐、五代「明法及第人」考訂表

序	姓　名	及第時間	生　卒	依據材料	文獻出處
1	盧醫王，字醫王。	武德六年癸未（623）	（605～683）永淳二年卒，時年七十八。	十八，舉明法高第，起家補沁州綿上縣尉。	《唐故滑州匡城縣丞范陽盧府君（醫王）墓誌銘並序》，《全唐文補遺》第八輯。
2	王植，字文端	武德八年乙酉（625）	（602～662）龍朔二年卒，時年六十。	年廿三，雍州貢明法，省試擇第，授大理寺錄事。	《大唐故司宗寺丞上騎都尉王君（植）墓誌銘並序》，《全唐文補遺》第三輯。
3	張驚，字成驚	貞觀二十年丙午（646）	（628～679）調露元年卒，時年五十二。	年十九，明法擢第，解褐饒陽尉。	《府君墓誌銘》，《全唐文》卷二百三十二。
4	皇甫文備，字孝忠	永徽二年辛亥（651）	（631～704）長安四年卒，時年七十三。	弱冠以明法擢第，拜登仕郎。	《大周故正議大夫使持節都督姚宗等卅六州諸軍事守姚州刺史上柱國皇甫君（文備）墓誌》，《全唐文補遺》第二輯。
5	潘智，字智廣	永徽三年壬子（652）	（633～696）萬歲登封元年卒，時年六十四。	弱冠，以明法高第，調補鄆州巨野主簿。	《大唐故潞州鄉縣尉上柱國潘府君（智）墓誌銘並序》，收錄於吳鋼主編，《全唐文補遺》第八輯。
6	騫晏，字承暉	長安二年壬寅（702）	（682～709）開元廿七年卒，時年五十七。	弱冠，以工甲令擢第，補洋州司法參軍。	《唐故朝議郎行中部郡宜君縣令騫府君（晏）墓誌銘並序》，《全唐文補遺》第二輯。
7	張泚	景龍三年己酉（709）	（689～744）天寶三載卒，時年五十五。	弱冠舉明法高第。……起家拜南海郡參軍。	《大唐故吳郡常熟縣令上柱國張公（泚）墓誌銘並序》，《唐代墓誌彙編》（P1591）。
8	成幾	不詳	（611～681）永隆二年卒，時年七十。	初以明法擢第，歷□州□□□□。	《大唐故朝議郎行徐州長史成公府君（幾）墓誌銘》，《全唐文補遺》第三輯。

9	吉懷惲，字崇東	不詳	（642～687）垂拱三年卒，時年四十五。	君覃精三尺，鏡十簡之明科；專懷九章，洞五刑之妙蹟。既該條憲，俄應褒然，高第文昌，佇升清列。	《唐故東宮左勳衛騎都尉宣義郎馮翊吉君墓誌銘並序》，《唐代墓誌彙編》（P750）。
10	許樞，字思言	不詳	（620～700）久視元年卒，時年八十。	解褐以明法授詳刑評事。	《大周故正議大夫使持節都督巂州諸軍事守巂州刺史上柱國高陽縣開國男許君墓誌銘並序》，《唐代墓誌彙編》（P970）。
11	李行	不詳	景雲二年（711）卒。	弱冠明法，擢第解褐，授房州上庸縣尉。	《大唐故括州松陽縣尉李君（行）墓誌銘並序》，《河洛墓刻拾零》上冊。
12	李正本，字盧源	不詳	（641～714）開元二年卒，時年七十三。	明法舉及第，解褐慈州昌寧縣主簿。	《唐故朝散大夫行洋州長史李府君（正本）墓誌銘並序》，《全唐文補遺》第四輯。
13	李朝隱	不詳	（664～734）開元二十二年卒，時年七十。	少以明法舉，拜臨汾尉。	《後唐書》卷一百《李朝隱傳》。
14	喬夢松	不詳	（670～732）開元廿年卒，時年六十二。	以明法高第，補瀛洲河間尉。	《唐故朝請大夫上柱國檢校尚書屯田郎中梁郡喬府君（夢松）墓誌銘並序》，《全唐文補遺》第七輯。
15	楊炭，字順	不詳	（679～746）天寶五年卒，時年六十七。	遂究法家之學，以作登科之首，達識者知其無近意焉。解褐補仙州葉縣尉。	《故河內郡武德縣令楊公（炭）墓誌銘並序》，《唐代墓誌彙編》（P1601）。
16	裴潤	不詳	不詳	潤，明法。	《新唐書》卷七十一上，《宰相世系表一》。2195頁。
17	裴淨	不詳	不詳	淨，明法。	《新唐書》卷七十一上，《宰相世系表一》。2195頁。

18	裴濟	不詳	不詳	濟，明法。	《新唐書》卷七十一上，《宰相世系表一》。2201頁。
19	薛敳前	不詳	不詳	敳前，鄉貢明法。	《新唐書》卷七十三下，《宰相世系表三》2996頁。
20	陳希喬	不詳	卒年不詳，時年六十七。	以明法擢第，起家授唐州慈丘縣尉。	《唐故恒州真定縣丞潁川陳公（希喬）墓誌文》，《河洛墓刻拾零》下冊。
21	陳貴宰	不詳	不詳	次子宰貴，前國子明法。	《唐故恒州真定縣丞潁川陳公（希喬）墓誌文》，《河洛墓刻拾零》下冊。
22	房興昌	不詳	不詳	季子鄉貢明法及第興昌。	《大周故貝州清河縣柱國房府君墓誌銘並序》，《唐代墓誌彙編》（P940）。
23	車孚	不詳	不詳	嗣子孚，十七，法律擢第。	《亡妻侯氏墓誌銘並序》，《全唐文補遺》第一輯。
24	印崇簡	不詳	不詳	崇簡，明法及第，為舒州司法參軍。	《唐故印府君墓誌銘》，《全唐文》卷八八六。
25	祖岳	不詳	五代後周人。	長曰岳，明法登第。	《大宋故朝散大夫試大理評事前行許州臨潁縣令兼監察御史贈太常博士祖府君（仲宣）墓誌銘並序》，《千唐誌齋藏志》（P1252）。
26	查陶，字大鈞		937～1006	陶字大均，初事李煜，以明法及第，補常州錄事參軍。歸朝，詔大理評事，試律學。	《宋史》卷196，《查陶傳》。

針對上表統計情況，有如下三處須詳細說明：

其一，以上明言「明法」及第者，自不足深論。但由於語言文字的複雜性，不可完全依賴關鍵詞作出是非判斷。有時還必須回到歷史文獻的現場，

根據語義進行具體分析。如騫晏，「弱冠，以工甲令擢第，補洋州司法參軍。」〔註33〕據孟二冬先生考證：「『甲令擢第』，即明法擢第。」〔註34〕筆者認同孟二冬先生的觀點，唐代歷史文獻中，「甲令」一般也是法律、律令的代稱。又如吉懷惲，其墓誌銘文稱：「君覃精三尺，鏡十簡之明科；專懷九章，洞五刑之妙蹟。既該條憲，俄應褒然，高第文昌，佇升清列。……金條該宗，玉署升榮。方騫五色，溘閟三泉。」〔註35〕孟二冬先生據此認為，吉懷惲當為明法及第。〔註36〕墓誌銘「三尺」、「九章」、「十簡」、「五刑」等法律詞彙的使用，較為明確的將吉懷惲的出身指向了「明法」。相比之下，楊炭的出身經歷較易判斷。其墓誌銘文有云：「遂究法家之學，以作登科之首，達識者知其無近意焉，解褐補仙州葉縣尉。」〔註37〕其文雖不提明法二字，但明確說到楊炭是以法家之學而登科，因此亦可以確定楊炭是明法及第，而非其他。

其二，有關「薛敖前」姓名之誤。據徐松《登科記考》考證：「薛敖，前鄉貢明法，見《世系表》。敖為嵩之從孫。」查諸中華書局點校本《新唐書·宰相世系表》原文：「敖前，鄉貢明法。」〔註38〕可知徐松之文斷句有誤，「薛敖」乃是「薛敖前」之訛。而孟二冬《登科記考補正》不察此謬，亦記做「薛敖」。〔註39〕今據中華書局點校本改。

其三，查陶，字大鈞。其人於《宋史》有傳，似乎是宋人。而查諸史籍：「陶字大均，初事李煜，以明法及第，補常州錄事參軍。歸朝，詔大理評事，試律學，除本寺丞，遷大理正，歷侍御史、權判大理寺，賜緋。」〔註40〕以

〔註33〕吳鋼編：《全唐文補遺》（第2輯），《唐故朝議郎行中部郡宜君縣令騫府君（晏）墓誌銘並序》，三秦出版社，1995年，第23頁。

〔註34〕（清）徐松撰；孟二冬補正：《登科記考補正》卷四，北京燕山出版社，2003年，第159頁。

〔註35〕周紹良主編：《唐代墓誌彙編》，《唐故東宮左勳衛騎都尉宣義郎馮翊吉君墓誌銘並序》，上海古籍出版社，2011年，第750頁。

〔註36〕參見（清）徐松撰；孟二冬補正：《登科記考補正》卷二十七，《附考·諸科》，北京燕山出版社，2003年，第1359頁。

〔註37〕周紹良、趙超主編：《唐代墓誌彙編（下冊）》，《故河內郡武德縣令楊公（炭）墓誌銘並序》，上海古籍出版社，1992版，第1601頁。

〔註38〕（宋）歐陽修、宋祁等：《新唐書》卷七十三下，《宰相世系表三》，中華書局，1975年，第2996頁。

〔註39〕參見（清）徐松撰；孟二冬補正：《登科記考補正》卷二十七，北京燕山出版社，2003年，第1363頁。

〔註40〕（元）脫脫等：《宋史》卷一百九十六，《查陶傳》，中華書局，1977年，第9880頁。

此可見，儘管查陶的法官生涯是自宋開始，而其明法及第的時間則是在歸朝之前。由是，應當將查陶視為五代時「明法及第人」。

另外，有關祖岳的明法及第時間，學界各說不一。以祖岳之父祖仲宣墓誌觀之。「府君諱仲宣，字子明。本幽州范陽人，東晉將軍逖之後也。……以顯德四年十月一日終於任，享年四十有三。……有子二人，長曰岳，明法登第，歷官州縣，次任京僚，累遷朝秩，通理甌越，泊回上國，旋奉殊恩，任朝請郎守國子博士、通判河南府兼留守司事，借緋。莫不英奇，命世儒雅，絕倫珪璋，須用於禮。天麟鳳果，彰於瑞世，求通理於伊洛，期遷卜於松楸，既遂初心，益彰孝道。……今嗣子思刊翠琰，以紀清芬，他年用備於變遷，遺烈期傳於不朽。貞素虧奧學，兼乏英辭，但務直書，謹為銘曰：蓍龜告吉，日月其良。爰從許下，來遷洛陽。虔遵宜旨，不還故鄉。擇茲福地，據彼宏崗。適當昭代，永閟玄堂。庭羅蒼柏，路列白楊。悲風浙瀝，回野凄涼。陵谷遷變，子孫其昌。時太宗端拱元年歲次戊子十月甲寅朔八日辛酉記。」〔註41〕由墓誌銘文可知，祖仲宣於顯德四年（957）年卒，時年四十三。其墓誌銘則於端拱元年（988）由朝奉郎大理丞分司西京柱國左貞撰寫。由此，我們只能確定其明法及第的時間是在端拱元年（988）年前。囿於材料，我們無法斷言祖岳明法及第的時間。而孟二冬教授徑向將祖岳錄為五代時明法及第，〔註42〕筆者以為也有一定的道理。據筆者考證，其他唐代「明法及第人」之登第年齡多在弱冠時，而仲宣又是長子。若以祖仲宣二十歲生祖岳，祖岳又以弱冠之年登第計之，則祖岳亦有可能是在五代時明法及第。今姑且按孟二冬教授之說，將祖岳視為五代時「明法及第人」。

二、唐、五代時期「書判拔萃登科人」考論

（一）徐松《登科記考》中「書判拔萃登科人」之誤

徐松《登科記考·凡例》第十四條云：「宏詞試文三篇、書判試判三條，

〔註41〕《大宋故朝散大夫試大理評事前行許州臨潁縣令兼監察御史贈太常博士祖府君（仲宣）墓誌銘並序》，收錄於河南省文物研究所、河南省洛陽地區文管所編：《千唐誌齋藏志》，文物出版社，1984年，第1252頁。筆者按：陳璽在《唐代律學教育與明法考試》一文中引祖仲宣墓誌，稱其子祖岳曾明法登第，並將祖岳視為唐人，顯有錯誤。

〔註42〕參見（清）徐松撰；孟二冬補正：《登科記考補正》卷二十七，《附考·諸科》，北京燕山出版社，2003年，第1365頁。

是吏部選人之法，原無關於禮闈。惟《冊府元龜》、《唐會要》宏詞、拔萃皆與制科類序。《文苑英華》詞賦門宏詞與省試同載，其《典同度管判》嘗非月名下注，引《登科記》『月』作『自』，是《登科記》載宏詞、拔萃之證。今按年序入，以備一代之制。」〔註43〕此段文句說明了《登科記考》記載吏部選考試中的「宏詞博學科」和「書判拔萃」登科名錄之因由。儘管《登科記》主要記載禮部主持的科舉考試制度及科舉人物，但亦載有吏部科目選登科人物。因此，作為吏部科目選考試的一種，書判拔萃科也是《登科記考》的關注對象。

據筆者統計，徐松《登科記考》中共記載了有確切紀年可考的拔萃登科人物共三十五人：咸亨四年（673）郭震〔註44〕；載初元年（689）顏惟貞〔註45〕；大足元年（701）崔翹〔註46〕、鄭少微〔註47〕、裴寬〔註48〕、孫嘉之、孫逖〔註49〕、邵炅、齊澣〔註50〕；開元九年（721）李昂〔註51〕、暢諸〔註52〕、王泠然〔註53〕；

〔註43〕參見（清）徐松撰，趙守儼點校：《登科記考》，中華書局，1984年，第7頁。

〔註44〕徐松按：「《摭言》載戴震今年及第，明年登科，今從行狀。」參見（清）徐松撰，趙守儼點校：《登科記考》（全三冊）卷二，中華書局，1984年，第58～59頁。

〔註45〕徐松按：「顏真卿《惟貞碑》：『天授元年，糊名考試，判入高等。』」參見（清）徐松撰，趙守儼點校：《登科記考》（全三冊），卷三，中華書局，1984年，第96頁。

〔註46〕徐松按：「《冊府元龜》。《唐語林》：「大足元年置拔萃，始於崔翹。」

〔註47〕徐松按：「見《冊府元龜》、《唐會要》。」

〔註48〕徐松按：「《舊書·裴潅傳》：潅從祖弟寬，應拔萃科。」

〔註49〕徐松按：「原衍「其」字，據岑仲勉說刪，見後《訂補》）撰父嘉之墓誌銘：「久視初，預拔萃，與邵炅、齊澣同升甲科。」按久視時無拔萃科，故附是年。」

〔註50〕徐松按：「《舊書·文苑傳》：「齊汗，定州義豐人，弱冠時以制科等第。」按《新書》作聖曆初。誤。」（清）徐松撰，趙守儼點校：《登科記考》（全三冊）卷四，中華書局，1984年，第132頁。筆者按：此處大足元年之「拔萃科」並非「書判拔萃」，實為「拔萃出類」的簡稱。岑仲勉先生在《登科記考訂補》一文中對此進行了重新考訂。按《千唐》天寶七載《廣平郡太守恆王府長史寇洋墓誌》云：「弱冠應材稱棟樑舉，策居第一，又試拔萃出類科，與邵升、齊澣同時超等。」據此，此處之「拔萃」，其全名應為「拔萃出類」。「拔萃出類」科考試不試判，與「書判拔萃」的簡稱相同而實異。孟二冬《登科記考補正》一書據岑之說，將此處「拔萃科」補正為「拔萃出類科」。參見岑仲勉：《登科記考訂補》，收錄于氏著《郎官石柱題名新考訂》，上海古籍出版社，1984年，第504頁。以及（清）徐松撰；孟二冬補正：《登科記考補正》卷四，北京燕山出版社，2003年，第154頁。

〔註51〕徐松按：「見《文苑英華》。」

〔註52〕徐松按：「見《文苑英華》。」

〔註53〕徐松按：「見《文苑英華》，王泠然《論薦書》曰：『今尚書右丞王邱於開元九

開元十三年（725）馮萬石〔註54〕；開元十六年（728）馮萬石〔註55〕；開元十八年（730）張秀明〔註56〕；開元十九年（731）張秀明〔註57〕；開元二十四年（736）顏真卿〔註58〕、盧先之〔註59〕、馬挱〔註60〕；天寶八年（749）王閎〔註61〕；天寶十四年（755）于邵〔註62〕；寶應二年（763）李郱〔註63〕、敬寬〔註

年掌天下選，授僕清資，以智見許。』」參見（清）徐松撰，趙守儼點校：《登科記考》（全三冊）卷七，中華書局，1984年，第227頁。

〔註54〕徐松按：「《廣卓異記》引《登科記》：『開元十三年，馮萬石考判入等。』」參見（清）徐松撰，趙守儼點校：《登科記考》（全三冊）卷七，中華書局，1984年，第240頁。

〔註55〕徐松按：「『《廣卓異記》引《登科記》：「開元十六年，馮萬石又考判入等。」』」參見（清）徐松撰，趙守儼點校：《登科記考》（全三冊）卷七，中華書局，1984年，第252頁。

〔註56〕徐松按：《廣卓異記》引《登科記》：『秀明開元十八年考判入等。』」參見（清）徐松撰，趙守儼點校：《登科記考》（全三冊）卷七，中華書局，1984年，第255頁。

〔註57〕徐松按：「《廣卓異記》引《登科記》：『張秀明開元十九年考判入等。』」參見（清）徐松撰，趙守儼點校：《登科記考》（全三冊）卷七，中華書局，1984年，第259頁。

〔註58〕徐松按：「留元剛《魯公年譜》：『開元二十四年，公年二十八，平判入等，授朝散郎、秘書省著作局校書郎。』按《文苑英華》有顏真卿《三命判》，當即此年所試。」參見（清）徐松撰，趙守儼點校：《登科記考》（全三冊）卷八，中華書局，1984年，第280頁。

〔註59〕徐松按：「見《文苑英華》。」參見（清）徐松撰，趙守儼點校：《登科記考》（全三冊）卷八，中華書局，1984年，第280頁。

〔註60〕徐松按：「見《文苑英華》（《全文》卷四〇一作馬銑）。」參見（清）徐松撰，趙守儼點校：《登科記考》（全三冊）卷八，中華書局，1984年，第280頁。

〔註61〕徐松按：「《廣卓異記》引《登科記》：『閎天寶元年狀元，八年拔萃頭登科。』」參見（清）徐松撰，趙守儼點校：《登科記考》（全三冊）卷九，中華書局，1984年，第319頁。

〔註62〕徐松按：「《舊書》本傳：『登進士科，書判超絕，授崇文館校書郎。』」參見（清）徐松撰，趙守儼點校：《登科記考》（全三冊）卷九，中華書局，1984年，第338頁。

〔註63〕徐松按：「韓愈《李郱墓誌銘》：『以朝邑員外尉選，魯公真卿第其所試文為上等。』五百家注引樊注：『顏真卿為禮部侍郎。』按魯公於寶應二年三月改禮部侍郎，八月除江陵尹，充荊南節度觀察處置使，則李郱拔萃在是年。按郱即李漢之父。」參見（清）徐松撰，趙守儼點校：《登科記考》（全三冊）卷十，中華書局，1984年，第359頁。

〔註64〕徐松按：「寶應朝，擢書判拔萃科。按寶應止二年一科，蓋與李郱同年，對被替請選判。按牛鞏□、王治並對此判。」參見（清）徐松撰，趙守儼點校：《登科記考》（全三冊）卷十，中華書局，1984年，第359頁。

64〕；建中四年（783）李益、韋綬、路泌〔註65〕；貞元十九年（803）白居易〔註66〕、李復禮、呂頻〔註67〕、哥舒恒〔註68〕、元稹〔註69〕、崔宏亮〔註70〕；元和六年（811）馮芫〔註71〕；大和四年（830）張正矩〔註72〕；大和五年（831）

〔註65〕徐松按：《舊書·路隨傳》：「父泌，字安期，建中末以長安尉從調，與李益、韋綬等書判同居高等。泌授城門郎。屬德宗達難奉天，泌時在京師，棄妻子潛詣行在。」參見（清）徐松撰，趙守儼點校：《登科記考》（全三冊）卷十一，中華書局，1984年，第422頁。

〔註66〕徐松按：「汪氏《香山年譜》：「貞元十八年，鄭珣瑜領選部，公試判拔萃科入等。」《養竹記》云：「貞元十九年春，居易以拔萃選及第。」選制以十一月為期，至三月畢，故十九年亦作十八年。居易祖名鍠，與宏同音，故白公不應宏詞試。《摭言》謂公試宏詞，賦考落者，誤。」參見（清）徐松撰，趙守儼點校：《登科記考》（全三冊）卷十五，中華書局，1984年，第565頁。

〔註67〕徐松按：《文苑英華》作《呂顥》，誤。」筆者按：岑仲勉先生與孟二冬教授均以為徐說不確，按岑補云：「同卷貞元十九年拔萃科呂頻，係據《元氏長慶集》一六，徐云：『《文苑英華》作「呂顥」，誤。』但《元和姓纂》及《白氏長慶集》五均作『顥』，余以為此《元集》之訛耳。」孟二冬教授遵照岑仲勉先生之說，在《〈登科記考〉補正》一書中，將此處之「呂頻」該作「呂顥」。參見岑仲勉：《登科記考訂補》，載《歷史語言研究所集刊》第11本，1944年9月。以及（清）徐松撰；孟二冬補正：《登科記考補正》卷十五，北京燕山出版社，2003年，第648頁。

〔註68〕徐松按：「一作「峘」，白居易有《酬哥舒大見贈詩》。」筆者按：此處孟二冬教授認為「哥舒恒」應為「哥舒峘」。「按《新唐書·哥舒翰傳》載：翰子曜。「曜子七人，俱以儒聞。峘，茂才高第，有節概。嶧、嶷、屺皆明經擢第。」曜子之名皆從「山」旁，故當以《姓纂》、《唐書》及《通志》所載「峘」為是，今據改。」參見（清）徐松撰；孟二冬補正：《登科記考補正》卷十五，北京燕山出版社，2003年，第648頁。

〔註69〕徐松按：「《侯鯖錄》載《元微之年譜》，貞元十八年微之年二十四，中書拔萃第四等，授校書郎。《唐才子傳》：『元稹擢明經，書判入等。』」。

〔註70〕參見（清）徐松撰，趙守儼點校：《登科記考》（全三冊）卷十五，中華書局，1984年，第565頁。

〔註71〕徐松按：「元和六年，馮芫判入等，見《冊府元龜》。《太平廣記》引《續定命錄》：『馮芫判入等，授興平縣尉。』」參見（清）徐松撰，趙守儼點校：《登科記考》（全三冊）卷十八，中華書局，1984年，第651頁。

〔註72〕徐松按：《太平廣記》引《續定命錄》：「秘書監劉禹錫，其子咸允，久在舉場無成。禹錫憤惋宦途，又愛咸允甚切，比歸闕，以情訴於朝賢。太和四年，故吏部崔群與禹錫深於素分，見禹錫蹭蹬如此，尤欲推挽咸允。其秋，群門生張正甫充京兆府試官。群特為禹錫召正甫，面以咸允託之，覬首選焉。及榜出，咸允名甚居下。群怒之，戒門人曰「張正甫來，更不要通」正甫兄正矩，前河中參軍，應書判拔萃。其時群總科目人，考官糊名考訖，群讀正矩判，心竊推許。又謂是故工部尚書正甫之弟，斷意便與奏。及敕下，正矩與科目人謝主司。獨正矩啟敘，前致詞曰「某殺身無地以報相公深恩。一門之

韓皋〔註73〕；大中元年（847）鄭畋〔註74〕；乾寧二年（895）黃誃〔註75〕。

　　然而徐松考證的「拔萃科」人物並非全部都是「書判拔萃」登科人物。據中國社會科學院陳鐵民考證：徐松《登科記考》一書中所記載的「拔萃科」實際上包含著書判拔萃、拔萃出類、平判入等、試判入等這四種不同的科目與內容。基於此種認識，陳鐵民教授認為：徐松《登科記考》中可以確定書判拔萃及第的人物是王閱、于邵、鄭畋、白居易；其中，實為平判入等而被誤認為是書判拔萃的是顏真卿、盧先之、馬挻、李復禮、呂穎、哥舒恒、崔玄亮、元稹、馮芫。實為試判入等而被誤認為書判拔萃的是顏惟貞、馮萬石。〔註76〕當然，據本文第一章分析，陳鐵民先生的考證也略有瑕疵，但不可否認的是，徐松《登科記考》的確混淆了幾種試判考試的概念。

　　其實，孟二冬教授已意識到徐松在考證書判拔萃考試時，混淆了吏部科目選中的書判拔萃科與制科考試中的拔萃出類考試。因此，在徐松考證的基礎上，孟二冬教授在《登科記考補正》一書中對徐松的考證進行了修訂，刪除了徐松在大足元年誤載的拔萃登科崔翹、鄭少微、裴寬、孫嘉之、孫逖、邵昇、齊澣七人。同時又補錄書判拔萃人物共五人：元和三年（808）王袞〔註77〕；

　　　　內，兄弟二人，俱受科名拔擢。粉骨齏肉，無以上答」方泣下。語未終，群忽悟是正蒙之兄弟，勃然曰「公是張正蒙之兄，爾賢弟大無良，把群販名，豈有如此事，與賊何異。公之登科命也，非某本意，更謝何為。」參見（清）徐松撰，趙守儼點校：《登科記考》（全三冊）卷二十一，中華書局，1984年，第651頁。筆者按：此處徐松引用之史料可參見（宋）李昉等編：《太平廣記》卷一五六，《定數十一》，中華書局，1961年，第1119～1120頁。

〔註73〕徐松按：《太平廣記》引《續定命錄》：「昌黎韓皋，故晉公滉之支孫，博通經史。大和五年，自大理丞調選，平判入等。」參見（清）徐松撰，趙守儼點校：《登科記考》（全三冊）卷二十一，中華書局，1984年，第755頁。

〔註74〕徐松按：「《舊書》本傳言畋大中首歲書判登科。以年二十二計之，當在此年。蓋宣宗於三月即位，四月吏部試，故即謂大中也。」參見（清）徐松撰，趙守儼點校：《登科記考》（全三冊）卷二十二，中華書局，1984年，第807頁。

〔註75〕徐松按：《淳熙三山志》：「誃字仁澤，乾寧二年登拔萃科。璞之子，終左宣義郎、節度巡查判官，始遷長溪白林。有二子：長慕華，次慕風。」參見（清）徐松撰，趙守儼點校：《登科記考》（全三冊）卷二十四，中華書局，1984年，第910頁。

〔註76〕參見陳鐵民：《〈登科記考〉之四種「拔萃科」辨》，《中國典籍與文化》，2012年第2期。

〔註77〕參見（清）徐松撰；孟二冬補正：《登科記考補正》卷十七，北京燕山出版社，2003年，第719頁。筆者按：王袞之生平文獻材料可參見：《唐故朝散大夫守尚書吏部郎中兼侍御史知雜事上柱國臨沂縣開國男食邑三百戶琅琊王府

開成三年（838）趙璘〔註78〕；會昌二年（843）李商隱〔註79〕；大中元年（847）李蔚〔註80〕；光啟三年（887）侯嗣〔註81〕。然而，孟二冬教授似乎沒有察覺到，《登科記考補正》亦沒有將原來徐松輯錄的「拔萃科」之中的「書判拔萃」與「平判入等」區分開來。因此，《登科記考補正》中對書判拔萃科的考證也存在一定的問題。

筆者以為，徐松《登科記考》除混淆幾種試判考試之外，書判拔萃登科人之考證方法也可能存有失誤。

如《登科記考》認為，李昂、暢諸、王泠然於開元九年（721）試中書判拔萃科。其文有云：「李昂，見《文苑英華》。暢諸，見《文苑英華》。王泠然。見《文苑英華》。王泠然《論薦書》曰：『今尚書右丞王邱於開元九年掌天下選，授僕清資，以智見許。』」〔註82〕《登科記考》在是年之後，亦將《文苑英華》中收錄的王泠然、暢諸、李昂三人同試《歷生失度判》輯出。由是可推知，徐松《登科記考》中考訂書判拔萃登科人的基本思路：首先，徐松考訂書判拔萃登科人有兩個基本前提：其一，《文苑英華》所載之同題判文應該就是當年的試判考卷。其二，凡《文苑英華》中同題書判的作者所試中考試科目也相同。因此，既然可以確定王泠然曾於開元九年試中科目，且《文苑英華》中收錄有王泠然所作之《歷生失度判》，那麼《文苑英華》中收錄的《歷生失

君（衷）墓誌銘並序》收錄於周紹良、趙超主編：《唐代墓誌彙編（上下冊）》，上海古籍出版社，1992版，第2134頁。以及《唐故太中大夫殿中少監致仕騎都尉琅琊王公（汶）故夫人安樂郡太君蔣氏玄堂志》，收錄於吳鋼主編，《全唐文補遺》（第4輯），三秦出版社，1997年，第117頁。

〔註78〕參見（清）徐松撰；孟二冬補正：《登科記考補正》卷二十一，北京燕山出版社，2003年，第869頁。

〔註79〕參見（清）徐松撰；孟二冬補正：《登科記考補正》卷二十二，北京燕山出版社，2003年，第882頁。筆者按：李商隱之生卒文獻材料可參見《請盧尚書撰曾祖妣志文狀》，收錄於（清）董誥等編：《全唐文》卷七八〇，中華書局，1983年。以及張采田《玉谿生年譜會箋》卷二、傅璇琮主編：《唐才子傳校箋》卷七，《李商隱傳》校箋。

〔註80〕參見（清）徐松撰；孟二冬補正：《登科記考補正》卷二十二，北京燕山出版社，2003年，第899頁。筆者按：李蔚之生平文獻材料可參見《新唐書》、《舊唐書》本傳。

〔註81〕參見（清）徐松撰；孟二冬補正：《登科記考補正》卷二十三，北京燕山出版社，2003年，第996～997頁。

〔註82〕（清）徐松撰，趙守儼點校：《登科記考》（全三冊）卷七，中華書局，1984年，第227頁。

度判》的其他作者，也應當與王泠然一同登科。

又如《登科記考》中亦考訂顏真卿、盧先之和馬挽曾於開元二十四年（736）試中書判拔萃科。其文有云：「顏真卿，留元剛《魯公年譜》：『開元二十四年，公年二十八，平判入等，授朝散郎、秘書省著作局校書郎。』按《文苑英華》有顏真卿《三命判》，嘗即此年所試。盧先之，見《文苑英華》。馬挽，見《文苑英華》。」〔註83〕由是亦可知，此處考訂，徐松亦遵循了如上分析的考訂書判拔萃登科人的兩個基本前提。由於顏真卿曾於開元二十四年參加了平判入等考試，且《文苑英華》亦載有顏真卿所作之《三命判》，因此，《文苑英華》中收錄的《三命判》的其他作者，如盧先之與馬挽，也應當與顏真卿一起試中了平判入等科。

讓人心生疑惑的是，假若徐松考定書判拔萃登科人的基本前提無誤，那麼如下問題又作何解釋？其一，《文苑英華》收錄的了四則《三命判》的判文，除了顏真卿、盧先之和馬挽之外，亦有柳芳曾做此判。為何徐松不錄柳芳為書判拔萃登科人？其二，《文苑英華》中亦收錄有王泠然所作之其他判狀，如《舉抱甕生判》、《對登城判》。那麼，《文苑英華》中《舉抱甕生判》的其他的作者如王利器、馬翊、張景和張法是否也曾與王泠然一同試中拔萃科呢？

基於以上推論，筆者以為，徐松《登科記考》中書判拔萃登科人之考訂方法或許存有一定的失誤。

（二）徐松《登科記考》編撰體例之失

除登科人員考訂方面的失誤之外，其實在編纂體例方面，《登科記考》似乎還存在一個很大的問題：就考試科目而言，《登科記考》的一般編纂原則是，不僅將有年代可考的科舉考試人物係入是年，同時也要把無確切年代可考的科舉人物收錄於附考之中。而針對宏詞和拔萃科而言，《登科記考》卻只收錄了有年代可考的書判拔萃登科人物，而附錄中並沒有收錄無確切年代可考的書判拔萃人物。這是徐松有意為之？還是無意中的失誤？

就唐、五代書判拔萃登科人物考訂而言，筆者在閱讀中發現，其實《全唐文》中就記錄了不少無確切年代可考的書判拔萃登科者的書判，而這一點也為以往學者所忽視。讓人心生疑惑的是，徐松本身就是《全唐文》的提調

〔註83〕（清）徐松撰，趙守儼點校：《登科記考》（全三冊）卷八，中華書局，1984年，第280頁。

兼總纂官，同時也親自參與了《全唐文》作者小傳的撰寫。〔註84〕因此，對於《全唐文》中無確切年代可考的書判拔萃登科者的小傳，徐松應該是很熟悉的。但是，對於這個唾手可得的材料，徐松又為何不收錄於登科記考之中呢？唯一的解釋只能是，徐松在編撰《登科記考》時由於疏忽，而無意中出現了這一失誤。

孟二冬教授在做《登科記考補正》時亦發現了徐松的這一失誤：《登科記考》「僅擇錄有年代可考的宏詞、拔萃而係入該年，而對於無確切年代可考的則一概刊落。」〔註85〕然而，他在《登科記考補正》一書中亦沿用了《登科記考》的原有體例，僅就有年代可考的拔萃登科人物作一些補充和訂正，對無確切年代可考的拔萃登科人物仍舊不錄，這也難免成為了《登科記考》整理研究的一大缺憾。筆者試圖將史載中散落的書判拔萃登科人物搜集起來，盡力以補正徐松撰《登科記考》之缺憾。

（三）《全唐文》作者小傳的史料價值

《全唐文》又稱《欽定全唐文》，是清朝官方主持修訂的唐、五代時期文章的總集。起初，內府舊藏有《唐文》一百六十冊，嘉慶皇帝認為此書「體例未協，選擇不精。」遂敕令開設「全唐文館」，命諸儒重新編校。此書於嘉慶十三年（1808）起開始修撰，由曾有《四庫全書》編修經驗的文華殿大學士董誥擔任正總裁官。參與編修的儒臣多達百餘人，徐松亦參與其中，擔任提調兼總纂官。《全唐文》以舊藏《唐文》為基礎，參校「散見於史子雜家記載、志乘金石碑版者」，以《四庫全書》中唐人別集、《文苑英華》《唐文粹》《崇古文訣》《文章辨體匯選》等多種總集補其缺略，又鉤稽《永樂大典》中的單篇殘段，旁採雜家記載和金石碑刻資料。其修撰工作歷時六年，最終於嘉慶十九年（1814）完成。《全唐文》卷帙浩繁，全書共一千卷，收錄有唐、五代時期三千餘作者的近兩萬篇文章。就編撰特色而言，《全唐文》以人物為序，盡力彙集作者的作品，並為每位作者編有小傳。《全唐文》編者十分重視作者小傳的撰寫。小傳包含了作者字號，籍貫、登科經歷與歷官始末等信息。

《全唐文》作者小傳為我們現今研究唐代科舉人物提供了極大便利。儘

〔註84〕參見李德輝：《全唐文作者小傳正補》前言，遼海出版社，2011 年，第 1 頁。

〔註85〕參見（清）徐松撰；孟二冬補正：《〈登科記考補正〉自序》，北京燕山出版社，2003 年，第 8 頁。

管《全唐文》收錄的材料經過了修撰的重新編排，其準確性和可靠性有所降低。就我們現今的研究而言，但在沒有其他原始文獻材料可依據的情況下，《全唐文》的史料價值亦不容忽視。當然，作為一部包羅極廣的大書，《全唐文》難免也有誤失之處。就作者小傳而言，一方面存在著編撰粗糙、簡單的問題，同時也有人名、地名、官名、年代和事實等方面的錯誤。針對《全唐文》存在的問題，李德輝教授著有《全唐文作者小傳正補》一書，對《全唐文》的作者小傳進行了全面整理和逐一考證，為我們現今利用《全唐文》進行研究提供了重要的參考。

當然，需要注意的是，由於徐松亦參與了《全唐文》的編修，那麼他在《登科記考》中所犯的錯誤，亦有可能出現在《全唐文》之中。因此，《全唐文》中所錄之書判拔萃登科人亦有可能與其他試判考試登科人混淆。儘管《全唐文》人物小傳中明言有「書判拔萃」，也必須對此保持必要的謹慎。

（四）考訂唐代「書判拔萃登科人」的幾點說明

查諸史籍，結合陳鐵民教授在《〈登科記考〉之四種「拔萃科」辨》一文中提出的辨別四種「拔萃科」考試的方法，筆者認為在考訂唐代書判拔萃登科人物時須注意以下幾個方面：

其一，前文已述，唐代首次書判拔萃的考試工作應當是在開元十八年（730）開始籌備，首榜書判拔萃登科的時間最早也是開元十九年（731）。因此，徐松《登科記考》中原考證的咸亨四年（673）郭震；載初元年（689）顏惟貞；大足元年（701）崔翹、鄭少微、裴寬、孫嘉之、孫逖、邵昇、齊澣；開元九年（721）李昂、暢諸、王泠然；開元十三年（725）馮萬石；開元十六年（728）馮萬石；開元十八年（730）張秀明等人所登之科皆不可能是書判拔萃。

其二，按前文所述，吏部科目選即有書判拔萃也有平判入等，雖然此二科的考試內容都是試判，但兩者並非同一種考試。因此，凡徐松《登科記考》引徵的出處中，明言「平判入等」，且其時間又在開元二十四年（736）平判入等設置之後者，應當平判入等登科，而非書判拔萃。那麼，徐松《登科記考》原考證的開元二十四年（736）顏真卿；貞元十九年（803）李復禮、呂頻（穎）、哥舒恒、崔宏亮、元稹；〔註86〕元和六年（811）馮芃等人應是平判入等登科。

〔註86〕據陳鐵民先生考證：「徐《考》所載貞元十九年（731）之「拔萃科」，亦將平判入等與書判拔萃混而為一。元稹《酬哥舒大少府寄同年科第》自注：『同年

　　其三，唐代吏部常選也以試判為主要考試內容，因此很容易與書判拔萃、平判入等考試混淆。若開元十九年前的試判考試，只能是吏部常選試判考試。開元十九年之後的試判考試，則吏部常選、平判入等、書判拔萃三種試判考試皆有可能。因此，但凡引徵出處中只說「判入等」或「試判入等」等試判考試者，皆無法斷言其所試中的是哪種試判考試。因此，在無其他文獻材料可證明的情況下，徐松《登科記考》原考證的開元十九年（731）張秀明；寶應二年（763）李郱；建中四年（783）李益、韋綬、路泌；大和五年（831）韓臮等人所登之科是無法確定的。又如《登科記考補正》中，孟二冬先生新考證趙璘於開成三年（838），書判拔萃登科，筆者以為非是。孟二冬先生認為：「趙璘。原列於本年博學宏詞科，徐氏考云：『按《因話錄》為璘所撰，是於此年登科。惟《唐語林》引作書判考官，則科目八人合宏詞拔萃言之也。』孟按：據本年進士科趙璜、趙璉下所引《彙編》（開成 045）（咸通 021）二志可知，璘與開成三年乃以前進士赴調，吏部考判高等，而非博學宏詞科。」〔註87〕查諸相關墓誌，其文曰：「尊師姓柳氏，諱默然，字希音。……有子男三人，……長曰璘，以前進士赴調選，判入高等，為秘書省校書郎。」〔註88〕「君諱璜，字祥牙。……開成三年，禮部侍郎高公鍇獎拔孤進，君與再從兄璉同時登進士第，余是時亦以前進士禮部考判高等，士族榮之。」〔註89〕由是知，此二處墓誌皆只云趙璘等人曾「考判高等」或「判入高等」，因此無法確定趙璘所試中是書判拔萃科，也有可能是禮部常選試判入等或科目選「平判入等」登科。

　　其四，「凡徐《考》徵引的出處中，稱『書判拔萃』、『書判超絕』者，

科第，宏詞呂二靈、王十一起，拔萃白二十二居易，平判李十一復禮、呂四穎、哥舒大恒、崔十八玄亮逮不肖，八人皆奉榮養。』元稹自己將平判入等與書判拔萃區分得很清楚，則貞元十九年的書判拔萃登科者只有白居易一人，李復禮、呂穎（頑）、哥舒恒、崔玄亮、元稹五人都是平判入等。徐《考》引《侯鯖錄》稱元稹「中書判拔萃第四等」，實非。參見陳鐵民：《〈登科記考〉之四種「拔萃科」辨》，《中國典籍與文化》，2012 年第 2 期。

〔註87〕（清）徐松輯，孟二冬補正：《登科記考補正》卷二十一，北京燕山出版社，2003 年，第 869 頁。

〔註88〕周紹良主編：《唐代墓誌彙編》（開成 045），《大唐王屋山上清大洞三景女道士柳尊師真宮墓誌》，上海古籍出版社，1992 年，第 1201 頁。

〔註89〕周紹良主編：《唐代墓誌彙編》（咸通 021），《唐故處州刺史趙府君墓誌》，上海古籍出版社，1992 年，第 2394 頁。

或簡稱『拔萃』其時間在開元十九年（731）以後者，大抵即使真正屬於吏部科目選的書判拔萃。」〔註90〕那麼，徐松《登科記考》原所考之三十五人，只有以下九人可以確認為書判拔萃登科：開元二十四年（736）盧先之、馬挽；〔註91〕天寶八年（749）王閱；天寶十四年（755）于邵；寶應二年（763）敬寬；貞元十九年（803）白居易；大和四年（830）張正矩；大中元年（847）鄭畋；乾寧二年（895）黃滔。同時，此規則亦可以作為考證唐代書判拔萃科人物的一般規則：即凡史料文獻中，明言書判拔萃，且拔萃時間在開元十九年（731）以後者，在無其他材料可證明為非的情況下，可以確認為書判拔萃登科。

在考證唐、五代時期「書判拔萃登科人」之時，必須以「拔萃」、「書判拔萃」、「書判超絕」等詞彙作為關鍵詞，同時再根據以上四點認識，對文本原意進行分析、判斷，方可確定是否為書判拔萃人物。筆者結合前人已考證得出的研究成果，利用電子數據庫根據關鍵詞進行檢索，並根據檢索結果回到歷史文本中進行分析，共考證得出唐代書判拔萃人物 182 人，五代時期書判拔萃人物 1 人。其中登科時間可考者 11 人，登科時間無法確認者 172 人。現將考證結果按依據材料在資料出處中出現的順序，列表如下：

表 4-2　唐、五代「書判拔萃登科人」考訂表

序	姓　名	登科時間、生卒	籍　貫	依據材料	資料出處
1	王閱	天寶八年（749）		《廣卓異記》引《登科記》：「閱天寶元年狀元，八年拔萃頭登科。」	《登科記考》卷9
2	于邵，字相門	天寶十四年（755）	京兆萬年人	《舊書》本傳：「登進士科，書判超絕，授崇文館校書郎。」	《登科記考》卷9
3	敬寬	寶應二年（763）		寶應朝，擢書判拔萃科。按寶應止二年一科，蓋與李郱同年，對被替請選判。按牛聳□、王治並對此判。	《登科記考》卷10

〔註90〕參見陳鐵民：《〈登科記考〉之四種「拔萃科」辨》，《中國典籍與文化》，2012年第 2 期。

〔註91〕筆者按：徐松《登科記考》中，盧先之和馬挽之後只云：「見《文苑英華》。」但據《全唐文》為其所撰的小傳來看，此二人皆書判拔萃登科。參見（清）董誥等編：《全唐文》，卷三百九十九，中華書局，1983 年，第 4080、4094 頁。

4	白居易，字樂天	貞元十九年（803）	祖籍太原	汪氏《香山年譜》：「貞元十八年，鄭珣瑜領選部，公試判拔萃科入等。」《養竹記》云：「貞元十九年春，居易以拔萃選及第。」選制以十一月為期，至三月畢，故十九年亦作十八年。	《登科記考》卷15
5	王袞，字景山	元和三年（808）		《彙編》李鈺撰《王府君墓誌銘並序》云：「公諱袞，字景山，本名高，工部公之長子。幼有操行。元和初，以書判拔萃登科，授秘書省正字。」按王袞卒於大和元年（832）六月，享年五十二。	《登科記考補正》卷17
6	張正矩	大和四年（830）		《太平廣記》引《續定命錄》：「正晝兄正矩，前河中參軍，應書判拔萃。」	《登科記考》卷21
7	李商隱，字義山	會昌二年（843）	懷州河內人	按商隱於開成二年（837）登進士第（已見前），開成四年（839）過吏部試，釋褐開成四年（839）過吏部試，釋褐任秘書省校書郎，調弘農縣尉；會昌二年又以書判拔萃授秘書省正字。	《登科記考補正》卷22
8	鄭畋，字臺文	大中元年（847）825～883	滎陽人	《舊書》本傳言畋大中首歲書判登科。以年二十二計之，當在此年。蓋宣宗於三月即位，四月吏部試，故即謂大中也。	《登科記考》卷22
9	李蔚，字茂休	大中元年（847）	隴西人	《舊唐書》本傳：「會昌末調選，又以書判拔萃，拜監察御史。」《新唐書》本傳：「舉進士、書判皆中。」	《登科記考補正》卷22
10	侯翽	光啟三年（887）	成都人	《十國春秋》卷四十四本傳：「侯翽，成都人也。……唐光啟中，以拔萃出身為邠寧從事。」按光啟凡四年，其元年以三月改。此言「光啟中」，故附於本年，亦見胡補。	《登科記考補正》卷23
11	黃諰，字仁澤	乾寧二年（895）		《淳熙三山志》：「諰字仁澤，乾寧二年登拔萃科。璞之子，終左宣義郎、節度巡查判官，始遷長溪白林。有二子：長慕華，次慕風。」	《登科記考》卷24
12	盧邁，字子玄	738～798	范陽人	舉明經入第，補太子正字以書判拔萃，授河南主簿，充集賢校理。	《舊唐書》卷136，《盧邁傳》。

13	陸贄，字敬輿	755～907	蘇州嘉興人	年十八登進士第，以博學宏詞登科，授渭州鄭縣尉。又以書判拔萃，選授渭南縣主簿，遷監察御史。	《舊唐書》卷139，《陸贄傳》
14	柳玭		京兆華原人	應兩經舉，釋褐秘書正字又書判拔萃，高湜辟為度支推官。	《舊唐書》卷165，《柳玭傳》
15	韋溫，字弘育	788～845	京兆人	十一，舉兩經及第，以拔萃高等補咸陽尉。	《新唐書》卷169，《韋溫傳》
16	李珏，字待價	784～853	趙郡人	珏進士擢第，又登書判拔萃科，累官至右拾遺。	《舊唐書》卷173，《李珏傳》
17	楊漢公，字用乂		虢州宏農	太和八年擢進士第，又書判拔萃，釋褐為李絳興元從事。	《舊唐書》卷176，《楊漢公傳》
18	崔龜從，字玄告		清河人	元和十二年擢進士第，又登賢良方正制科，及書判拔萃二科，釋褐拜右拾遺。	《舊唐書》卷176，《崔龜從傳》
19	崔琪			貞元初進士登第。以書判拔萃高等，累佐使府。	《舊唐書》卷177，《崔琪傳》
20	崔瑨			以書判拔萃，開成中，累遷至刑部郎中。會昌中，歷三郡刺史，位終方鎮。	《舊唐書》卷177，《崔琪傳》
21	張巡	708～757	蒲州河東人	巡聰悟有才幹，舉進士，三以書判拔萃入等。天寶中，調授清河令。	《舊唐書》卷187，《張巡傳》
22	鄭肅，字義敬		滎陽人	元和三年，擢進士第，又以書判拔萃，歷佐使府。	《舊唐書》卷176，《鄭肅傳》
23	畢諴，字存之	802～864	鄆州須昌人	太和中，進士擢第，又以書判拔萃，尚書杜悰鎮許昌，辟為從事。	《舊唐書》卷177，《畢諴傳》
24	李巽，字令叔	746～809	趙郡贊皇人	少苦心為學，以明經調補華州參軍，拔萃登科，授鄠縣尉。	《舊唐書》卷123
25	杜審權，字殷衡		京兆人	登進士第，釋褐江西觀察判官，又以書判拔萃，拜右拾遺，轉左補闕。	《舊唐書》卷177，《杜審權傳》

26	李夷簡，字易之	757～823		以宗室子始補鄭丞，……夷簡棄官去，擢進士第，中拔萃科，調藍田尉。	《新唐書》卷131，《李夷簡傳》
27	郗純，字高卿		兗州金鄉人	郗士美，字和夫，兗州金鄉人。父純，字高卿，舉進士、拔萃、制策皆高第，張九齡、李邕數稱之。	《新唐書》卷143，《郗士美傳》
28	顧少連，字夷仲		蘇州吳人	大曆五年舉進士，尤為禮部侍郎薛邕所器，擢上第，以拔萃補登封主簿。	《新唐書》卷162，《顧少連傳》
29	顧師閔		蘇州吳人	（顧少連）子師閔，以拔萃甲科。	《吳郡志》卷22《顧少連》
30	鄭珣瑜，字元伯	738～805	鄭州滎澤人	大曆中，以諷諫主文科高第，授大理評事，調陽翟丞，以拔萃為萬年尉。	《新唐書》卷165《鄭珣瑜傳》
31	楊發，字至之		同州馮翊人	太和四年登進士第，又以書判拔萃，釋褐校書郎、湖南觀察推官。	《舊唐書》卷177，《楊發傳》
32	路群，字正夫	太和八年正月病卒	陽平寇氏人	既擢進士，又書判拔萃，累佐使府。	《舊唐書》卷177，《路群傳》
33	盧商，字為臣	788～859	范陽人	元和四年擢進士第，又書判拔萃登科。少孤貧力學，釋褐秘書省校書郎。	《舊唐書》卷176，《盧商傳》
34	盧鈞，字子和	卒年八十七	范陽人，徙京兆藍田	元和四年進士擢第，又書判拔萃，調補校書郎，累佐諸侯府。	《舊唐書》卷177，《盧鈞傳》
35	顏春卿		長安萬年人	十六舉明經、拔萃高第，調犀浦主簿。	《新唐書》卷192，《顏杲卿傳》
36	顏杲卿，字昕		長安萬年人	開元中，與兄春卿、弟曜卿並以書判超等。	《新唐書》卷192，《顏杲卿傳》
37	顏曜卿		長安萬年人	同上。	《新唐書》卷192，《顏杲卿傳》
38	鄭亞，字子佐		滎陽人	元和十五年擢進士第，又應賢良方正、直言極諫制科。吏部調選，又以書判拔萃，數歲之內，連中三科。	《舊唐書》卷178，《鄭畋傳》

39	余從周，字廣魯		會稽人	以明經為鄉里所舉，再舉登上第。……君既歸江上，遂取前人之善為詞判者，習其言，循其矩，無幾而所為過出前人。復持所志詣有司請試，有司考其言，拔萃居四等。	《唐代墓誌彙編》，《唐故尚書刑部員外郎會稽余公夫人河南方氏合祔墓誌銘》
40	李廷暉			元宗朝擢書判拔萃科。	《全唐文》卷 395
41	張景			開元時擢書判拔萃科，官侍御史。	《全唐文》卷 397
42	盧昌			開元時擢書判拔萃科。	《全唐文》卷 398
43	元承先			開元時擢書判拔萃科。	《全唐文》卷 398
44	竇翬			開元時擢書判拔萃科。	《全唐文》卷 398
45	李黃中			開元時擢書判拔萃科。	《全唐文》卷 398
46	魏烜			開元時擢書判拔萃科。	《全唐文》卷 398
47	王利器			開元時擢書判拔萃科。	《全唐文》卷 398
48	王惟孝			開元時擢書判拔萃科。	《全唐文》卷 398
49	趙岊			開元時擢書判拔萃科。	《全唐文》卷 398
50	褚思光			開元時擢書判拔萃科。	《全唐文》卷 398
51	熊季成			開元時擢書判拔萃科。	《全唐文》卷 398
52	平超然			開元時擢書判拔萃科。	《全唐文》卷 398
53	平伾			開元時擢書判拔萃科。	《全唐文》卷 398
54	趙不疑			開元時擢書判拔萃科。	《全唐文》卷 398

55	楚冕 （樊冕）			開元時擢書判拔萃科。	《全唐文》卷398
56	畢遷喬			開元時擢書判拔萃科。	《全唐文》卷398
57	鹿慶期			開元時擢書判拔萃科。	《全唐文》卷398
58	單有鄰			開元時擢書判拔萃科。	《全唐文》卷398
59	劉仲宣 （劉作宣）			開元時擢書判拔萃科。	《全唐文》卷398
60	劉璿			開元時擢書判拔萃科。	《全唐文》卷398
61	韋巡			開元時擢書判拔萃科。	《全唐文》卷399
62	樊光期 （樊光明）			開元時擢書判拔萃科。	《全唐文》卷399
63	劉瓘			開元時擢書判拔萃科。	《全唐文》卷399
64	姚承構			開元時擢書判拔萃科。	《全唐文》卷399
65	嚴回			開元時擢書判拔萃科。	《全唐文》卷399
66	蔣勵己			開元時擢書判拔萃科。	《全唐文》卷399
67	朱濟			開元時擢書判拔萃科。	《全唐文》卷399
68	賈廷瑤			開元時擢書判拔萃科。	《全唐文》卷399
69	於儒卿			開元時擢書判拔萃科。	《全唐文》卷399
70	康濯			開元時擢書判拔萃科。	《全唐文》卷399
71	康子季			開元時擢書判拔萃科。	《全唐文》卷399

72	常日進			開元時擢書判拔萃科。	《全唐文》卷 399
73	翟禹錫			開元時擢書判拔萃科。	《全唐文》卷 399
74	張韓卿			開元時擢書判拔萃科。	《全唐文》卷 399
75	張法			開元時擢書拔判萃科。	《全唐文》卷 399
76	盧輼價			開元時擢書判拔萃科。	《全唐文》卷 399
77	盧先之			開元時擢書判拔萃科。	《全唐文》卷 399
78	郭尚溫			開元時擢書判拔萃科。	《全唐文》卷 399
79	郭立			開元時擢書判拔萃科。	《全唐文》卷 399
80	於峴			開元時擢書判拔萃科。	《全唐文》卷 399
81	武同德			開元時擢書判拔萃科。	《全唐文》卷 400
82	周之翰			開元時擢書判拔萃科。	《全唐文》卷 400
83	杜嚴			開元時擢書判拔萃科。	《全唐文》卷 400
84	王智明			開元時擢書判拔萃科。	《全唐文》卷 400
85	員押（員狎）			開元時擢書判拔萃科。	《全唐文》卷 400
86	孟楚瓊			開元時擢書判拔萃科。	《全唐文》卷 400
87	虞咸			開元時擢書判拔萃科。	《全唐文》卷 400
88	張郊			開元時擢書判拔萃科。	《全唐文》卷 400
89	任璆			開元時擢書判拔萃科。	《全唐文》卷 400

90	田南硤		開元時擢書判拔萃科。	《全唐文》卷 401
91	趙不為		開元時擢書判拔萃科。	《全唐文》卷 401
92	梁庶		開元時擢書判拔萃科。	《全唐文》卷 401
93	馬烋（馬抚）		開元時擢書判拔萃科。	《全唐文》卷 401
94	薛霬		開元時擢書判拔萃科。	《全唐文》卷 401
95	柳同		開元時擢書判拔萃科。	《全唐文》卷 401
96	李仲和		開元時擢書判拔萃科。	《全唐文》卷 401
97	蘇侢		開元時擢書判拔萃科。	《全唐文》卷 401
98	廉粲		開元時擢書判拔萃科。	《全唐文》卷 401
99	鄭齊望		開元時擢書判拔萃科。	《全唐文》卷 401
100	劉晉		開元時擢書判拔萃科。	《全唐文》卷 401
101	劉潤		開元時擢書判拔萃科。	《全唐文》卷 401
102	屈突叔齊		開元時擢書判拔萃科。	《全唐文》卷 401
103	裴廣		開元時擢書判拔萃科。	《全唐文》卷 401
104	劉庭誥		開元時擢書判拔萃科。	《全唐文》卷 402
105	張大吉		開元時擢書判拔萃科。	《全唐文》卷 402
106	裴幼卿		天寶時擢書判拔萃科。	《全唐文》卷 403
107	趙子余		天寶時擢書判拔萃科。	《全唐文》卷 403

108	褚廷詢			元宗時擢書判拔萃科。	《全唐文》卷 403
109	潘文環			天寶時擢書判拔萃科。	《全唐文》卷 403
110	趙良玉			天寶時擢書判拔萃科。	《全唐文》卷 403
111	孫益			天寶時擢書判拔萃科。	《全唐文》卷 403
112	吳蒙			天寶時擢書判拔萃科。	《全唐文》卷 403
113	尹深源			天寶時擢書判拔萃科。	《全唐文》卷 403
114	孫承先			天寶時擢書判拔萃科。	《全唐文》卷 403
115	虞進			天寶時擢書判拔萃科。	《全唐文》卷 403
116	劉廷寶（劉廷賓）			天寶時擢書判拔萃科。	《全唐文》卷 403
117	姚重成			天寶時擢書判拔萃科。	《全唐文》卷 403
118	姚震			天寶時擢書判拔萃科。	《全唐文》卷 403
119	樊晦			天寶時擢書判拔萃科。	《全唐文》卷 403
120	嚴迪			天寶時擢書判拔萃科。	《全唐文》卷 403
121	賈承暉			天寶時擢書判拔萃科。	《全唐文》卷 403
122	程庭玉			天寶時擢書判拔萃科。	《全唐文》卷 404
123	屈突滑			天寶時擢書判拔萃科。	《全唐文》卷 404
124	屈突湆			天寶時擢書判拔萃科。	《全唐文》卷 404
125	賀蘭賁			元宗朝擢書判拔萃科。	《全唐文》卷 404

126	薛驥			元宗朝擢書判拔萃科。	《全唐文》卷404
127	解貢			天寶時擢書判拔萃科。	《全唐文》卷404
128	邵潤之			元宗時擢書判拔萃科。	《全唐文》卷404
129	薛彥國			天寶時擢書判拔萃科。	《全唐文》卷404
130	薛大球			天寶時擢書判拔萃科。	《全唐文》卷404
131	傅臨昇卿			元宗時擢書判拔萃科。	《全唐文》卷404
132	蘇令問			天寶時擢書判拔萃科。	《全唐文》卷404
133	薛重暉			元宗朝擢書判拔萃科。	《全唐文》卷404
134	萬希莊			元宗朝擢書判拔萃科。	《全唐文》卷404
135	楊暕			元宗時擢書判拔萃科。	《全唐文》卷404
136	衛菜			元宗時擢書判拔萃科。	《全唐文》卷404
137	於季重			天寶時擢書判拔萃科。	《全唐文》卷405
138	趙棲簡			天寶時擢書判拔萃科。	《全唐文》卷405
139	杜挺			天寶時擢書判拔萃科。	《全唐文》卷405
140	劉光			元宗時擢書判拔萃科。	《全唐文》卷405
141	員峴			元宗時擢書判拔萃科。	《全唐文》卷405
142	韓極（韓拯）			元宗時擢書判拔萃科。	《全唐文》卷405

143	陳讜言（陳儻言），字士龍			元宗時擢書判拔萃科。	《全唐文》卷 406
144	陳齊卿			天寶時擢書判拔萃科。	《全唐文》卷 406
145	李子珣			元宗時擢書判拔萃科。	《全唐文》卷 406
146	高果			元宗時擢書判拔萃科。	《全唐文》卷 406
147	高璠			元宗時擢書判拔萃科。	《全唐文》卷 406
148	魏季邁			天寶時擢書判拔萃科。	《全唐文》卷 406
149	崔珪璋			天寶時擢書判拔萃科。	《全唐文》卷 406
150	湯履冰			天寶時擢書判拔萃科。	《全唐文》卷 407
151	張綬			元宗時擢書判拔萃科。	《全唐文》卷 408
152	劉系			元宗時擢書判拔萃科。	《全唐文》卷 408
153	張澮			元宗時擢書判拔萃科。	《全唐文》卷 408
154	呂因			元宗時擢書判拔萃科。	《全唐文》卷 408
155	楊守納			元宗時擢書判拔萃科。	《全唐文》卷 408
156	盧禧			元宗時擢書判拔萃科。	《全唐文》卷 408
157	盧術			元宗時擢書判拔萃科。	《全唐文》卷 408
158	郭休賢			元宗時擢書判拔萃科。	《全唐文》卷 408
159	袁自求			元宗時擢書判拔萃科。	《全唐文》卷 408

160	鄭察			天寶時擢書判拔萃科。	《全唐文》卷 408
161	鄭宥			天寶時擢書判拔萃科。	《全唐文》卷 408
162	趙陵陽			天寶時擢書判拔萃科。	《全唐文》卷 408
163	左光嗣			天寶時擢書判拔萃科。	《全唐文》卷 408
164	杜信			肅宗朝擢書判拔萃科。	《全唐文》卷 436
165	石倚			肅宗時擢書判拔萃科。	《全唐文》卷 436
166	楊棲梧			肅宗時擢書判拔萃科。	《全唐文》卷 436
167	何士幹			肅宗時擢書判拔萃科。	《全唐文》卷 436
168	蔣準			肅宗時擢書判拔萃科。	《全唐文》卷 436
169	陶朝			肅宗時擢書判拔萃科。	《全唐文》卷 436
170	司馬滔			肅宗時擢書判拔萃科。	《全唐文》卷 436
171	盧藻			肅宗時擢書判拔萃科。	《全唐文》卷 436
172	達奚摯			肅宗時擢書判拔萃科。	《全唐文》卷 436
173	郭行則			肅宗時擢書判拔萃科。	《全唐文》卷 457
174	侯上卿			代宗時擢書判拔萃科。	《全唐文》卷 459
175	史藏用			代宗時擢書判拔萃科。	《全唐文》卷 459
176	魏季龍			代宗時擢書判拔萃科。	《全唐文》卷 459
177	楊歸裕			代宗時擢書判拔萃科。	《全唐文》卷 459

178	權軼			代宗時擢書判拔萃科。	《全唐文》卷459
179	李昕			代宗時擢書判拔萃科。	《全唐文》卷459
180	宇文賞			代宗時擢書判拔萃科。	《全唐文》卷459
181	柳潤之			代宗時擢書判拔萃科。	《全唐文》卷459
182	胡運			代宗時擢書判拔萃科。	《全唐文》卷459
183	馬縞		明經及第	少嗜儒學，登拔萃之科。仕梁，為太常修撰，累歷尚書郎，參知禮院事，遷太常少卿。	《舊五代史》卷71

如上須加以說明的是：

其一，按前文所述的考訂「書判拔萃登科人」的一般規則。《全唐文》作者小傳中，凡明言「書判拔萃」登科，又在無其他文獻可證明為非者，皆可視為書判拔萃登科。據筆者統計，雖於《全唐文》錄為書判拔萃登科人，但又在前文中已考證並非試中書判拔萃科者有如下兩人：呂穎。「穎，敬宗時擢書判拔萃科。」〔註92〕哥舒恆。「恆，敬宗時擢書判拔萃科。」〔註93〕其次，雖於《全唐文》錄為書判拔萃登科人，但其試中時間確定是在開元十九年（731）之後前者，可以肯定不是書判拔萃登科人，屬於有這種情況的有：康璀。「璀，武后時擬書判拔萃科。」〔註94〕朱溫。「溫，中宗朝擢書判拔萃科。」〔註95〕范貞朏。「貞朏，中宗朝擢書判拔萃科。」〔註96〕

其二，《全唐文》中收錄的登科時間在「元宗」、「開元」時期的書判拔萃登科人，由於無法確定具體登科時間是否在開元十九（731）之後，因此，從嚴格意義上說，他們也有可能不是書判拔萃登科人。為便於研究，筆者以為，在無其他材料可以確切證明非是的情況下，這些人可姑且認定為書判拔萃登科人。

〔註92〕（清）董誥等編：《全唐文》卷七百四十，中華書局，1983年，第7651頁。
〔註93〕（清）董誥等編：《全唐文》卷七百四十，中華書局，1983年，第7652頁。
〔註94〕（清）董誥等編：《全唐文》卷二百六十，中華書局，1983年，第2640頁。
〔註95〕（清）董誥等編：《全唐文》卷二百七十六，中華書局，1983年，第2805頁。
〔註96〕（清）董誥等編：《全唐文》卷二百七十六，中華書局，1983年，第2805頁。

三、唐、五代時期「平判入等登科人」考論

據前文所述，平判入等是吏部科目選考試的一種，於開元二十四年（736）開始創置。由於考試內容相近，平判入等、書判拔萃以及吏部常選試判考試極易混淆。因此在考證唐、五代時期平判入等人物時，必須要保持必要的謹慎，注意對相關詞彙進行辨析：

其一，由於平判入等自開元二十四年（736）年開始創置。因此，凡史料文獻中出現的發生在開元二十四年（736）之前的「判入等」「判入高等」「考判入等」「試判入等」，都並非平判入等登科。據前文所考，徐松《登科記考》原考證的三十五位書判拔萃者，只有九人可以確認為書判拔萃登科。就徐松《登科記考》中無法確認為書判拔萃者的其餘二十六人而言，儘管歷史文獻對其人生平的記載中曾提及其人曾有「試判入等」「判入等」等經歷，也不能確定為平判入等登科人物。如郭震，張說在為其所撰寫的行狀中稱：「十八擢進士第，其年判入高等。」〔註97〕雖徐松《登科記考》據此認為郭震曾於咸亨四年（673）登書判拔萃科，〔註98〕但由於咸亨四年時，吏部還沒有設立科目選考試。因此郭震應當是在吏部常選中取得了好成績，其試中的既非書判拔萃，亦非平判入等。其他如載初元年（689）「糊名考試，判入高等」的顏惟貞、〔註99〕開元十三年（725）及開元十六年（728）兩次「考判入等」的馮萬石，以及開元十八年（730）和開元十九年（731）兩次「考判入等」的張秀明等人的情況亦與郭震同。

其二，史料文獻中，凡明確冠以了「平判」二字，且考試時間發生在開元二十四年（736）之後的試判考試，應當可以確認為平判入等考試。如徐松《登科記考》中無法確認為書判拔萃者的其餘二十六人中，開元二十四年（736）「平判入等」的顏真卿〔註100〕與大和五年（831）「平判入等」的韓

〔註97〕（清）董誥等：《全唐文》卷二百三十三，《兵部尚書代國公贈少保郭公行狀》，中華書局，1983 年，第 2453 頁。

〔註98〕參見（清）徐松撰，趙守儼點校：《登科記考》（全三冊）卷二，中華書局，1984 年，第 58～59 頁。

〔註99〕（清）董誥等：《全唐文》卷三百四十，《唐故通議大夫行薛王友柱國贈秘書少監國子祭酒太子少保顏君碑銘》，中華書局，1983 年，第 3448 頁。

〔註100〕徐松按：「留元剛《魯公年譜》：『開元二十四年，公年二十八，平判入等，授朝散郎、秘書省著作局校書郎。』按《文苑英華》有顏真卿《三命判》，當即此年所試。」參見（清）徐松撰，趙守儼點校：《登科記考》（全三冊）卷八，中華書局，1984 年，第 280 頁。

稟〔註101〕就可以直接確認為平判入等登科人物。

其三，沒有明確冠以「平判」二字的試判考試，不能武斷地認定其不是平判入等考試。分析材料時必須完整的理解語段原義之後，才可作出判斷。以徐松《登科記考》中考證的元和六年（811）書判拔萃登科的馮芫為例。據《太平廣記》記載：「昌黎韓稟，故晉公滉之支孫，博通經史。太和五年，自大理丞調選，平判入第。名第既不絕高，又非馳逐而致，為後輩所讓。時太常丞馮芫除岳州刺史，因說人事固有前定。德皇之末，芫任太常寺奉禮，於時與皋同官。其年前進士時元佐，任協律郎。三人同約上丁日釋奠武成王廟行事。芫住常樂，皋任親仁，元佐任安邑。芫鼓動，拉二官同之太平興道西南角。元佐忽云：『某適馬上與二賢作一善夢，足下二人皆判入等，何也？請記之。』芫固書之，紀於篋中。憲宗六年，芫判入等，授興平縣尉。稟實無心望於科第，此後二十七八年，稟方判入等，皆不差忒。芫臨發岳陽，召稟，特說當時之事，並取篋中所記以示之，曰：『諸公何足為讓，命使之然。』皋亦去，未嘗暫忘，則僕與公，何前後相懸如此。稟其年授大理正。〔註102〕這則材料中，只明確說明了韓稟曾有「平判入等」的經歷，而馮芫則是「判入等」。但從全文的本意來看，韓稟和馮芫所參加的試判考試肯定是同一種考試，因此可以認定：馮芫所試中的也是平判入等。

其四，史料文獻中，凡考試時間發生在開元二十四年（736）之後，且沒有明確冠以「平判」二字的「判入高等」「判入等」「考判入等」的試判考試，雖然很有可能是平判入等考試，但也不能排除是「書判拔萃」和「吏部常選試判」的可能。

利用電子數據庫，使用相關關鍵詞進行檢索，並根據以上四條原則對檢索結果進行比對分析，筆者共考證出唐代平判入等登科人物共十四人。同時，筆者也對考試時間發生在開元十九年（731）之後的試判入等人物進行了考訂，儘管依據現有材料我們無法斷言其人所登之科具體是何種試判考試，但這些人物皆因書判見長而留名於世，故對其進行整理仍然具有一定的研究價值，考索結果如以下二表所示：

〔註101〕徐松按：《太平廣記》引《續定命錄》：「昌黎韓稟，故晉公滉之支孫，博通經史。大和五年，自大理丞調選，平判入等。」參見（清）徐松撰，趙守儼點校：《登科記考》（全三冊）卷二十一，中華書局，1984年，第755頁。

〔註102〕（宋）李昉等編：《太平廣記》卷一五五，《定數十》，中華書局，1961年，第1117～1118頁。

表 4-3　唐、五代「平判入等登科人」考訂表

序	姓　名	登科時間	籍　貫	依據材料	資料出處
1	顏真卿，字清成	開元二十四年（736）	琅邪臨沂人	開元二十四年，置平判入等，始於顏真卿。	《唐語林》卷八，《補遺》
2	崔郾，字廣略	貞元十六年（800）	清河武城人	貞元十二年中第。十六年平判入等，受集賢殿校書郎。	《樊川文集》卷14，《唐故銀青光祿大夫檢校禮部尚書兼御史大夫充浙江西道都團練觀察處置等使上柱國清河郡開國公食邑三千戶贈吏部尚書崔公行狀》
3	元稹，字微之	貞元十九年（803）	河南人	同年科第，宏詞呂二靈、王十一起，拔萃白二十二居易，平判李十一復禮、呂四穎、哥舒大恒、崔十八玄亮逮不肖，八人皆奉榮養。	元稹《酬哥舒大少府寄同年科第》自注
4	呂穎（頻）	貞元十九年（803）		同上	同上
5	哥舒恒	貞元十九年（803）		同上	同上
6	崔玄亮	貞元十九年（803）		同上	同上
7	李復禮	貞元十九年（803）		同上	同上
8	楊敬之，字茂孝			元和初，擢進士第，平判入等，遷右衛胄曹參軍。	《新唐書》卷160《楊敬之傳》
9	馮芫	元和六年（811）		憲宗六年，芫判入等，授興平縣尉。	《太平廣記》卷155，《定數十》
10	韓臮	大和五年（831）		太和五年，自大理丞調選，平判入第。	《太平廣記》卷155，《定數十》
11	崔弘禮，字從周		博陵人	及進士第，平判異等。	《新唐書》卷164，《崔弘禮傳》

12	袁不約，字還樸			長慶三年鄭冠榜進士。大和中，以平判入等調官。	《唐才子傳》卷6
13	王棨，字輔之		福唐人	咸通三年鄭侍郎讜下進士及第，試倒載干戈賦天驥呈材詩。李公騭時擅重名，自內翰林出為江西觀察使，辟為團練判官。自使下監察赴調，復平判入等，授大理司直。未幾，除太常博士，入省為水部郎中。	《全唐文》卷817，《王郎中傳》
14	陸肱	咸通六年（865）		大中九年登進士第。咸通六年，自前振武從事試平判入等。後牧南康郡，辟許棠為郡從事。	《唐詩紀事》卷53

表4-4　唐代「試判入等登科人」考訂表

序	姓　名	生卒年代	籍　貫	依據材料	資料出處
1	杜濟，字應物〔註103〕	719～777	京兆杜陵人	早歲以寢郎從調，書判超等，為李吏部彭年所賞。	《全唐文》卷344，《京兆尹御史中丞梓遂杭三州刺史劍南東川節度使杜公神道碑銘》
2	鄭甫	736～790		府君少以門資奉俎豆於太廟，調習書判超等，擢秘書省校書郎，歷京兆府藍田尉大理評事。	《全唐文》卷785，《舒州刺史鄭公墓誌銘》
3	裴佶，字弘正	751～813		幼能屬文。弱冠舉進士，補校書郎，判入高等，授藍田尉。	《舊唐書》卷98，《裴佶傳》

〔註103〕筆者按：由顏真卿為杜濟所撰之墓誌銘來看，杜濟的生於開元七年（719），卒於大曆十二年（777）。杜濟「早歲以寢郎從調，書判超等，為李吏部彭年所賞。」囿於文獻，我們無法確定杜濟書判超等的具體時間。但是，杜濟書判超等時，曾受到當時在吏部供職的李彭年的賞識。查諸史籍，李彭年擔任禮部尚書時，是在天寶年間。據此，可以斷定杜濟書判超等的時間是在開元二十四年（736）之後。

4	韋顗，字周人	（？～825）	京兆萬年人	少以門蔭補千牛備身，自鄠縣尉判入等，授萬年尉，歷御史、補闕、尚書郎，累遷給事中、尚書左丞、戶部侍郎、中丞、吏部侍郎。	《舊唐書》卷108，《韋顗傳》
5	王緯，字文卿	727～798	太原人	緯舉明經，以書判入等，歷長安尉。	《舊唐書》卷146，《王緯傳》
6	孔戡，字方舉	（？～829）		舉明經登第，判入高等，授秘書省校書郎、陽翟尉。	《舊唐書》卷154，《孔戡傳》
7	李郱，字建侯		江夏人	郱大歷中舉進士，又以書判高等，授秘書正字。	《舊唐書》卷154，《李郱傳》
8	辛秘，字藏之	756～820	隴西人	貞元中，擢明經第，授華原主簿。以判入等，調長安尉。	《舊唐書》卷157，《辛秘傳》
9	韋貫之（純）	759～821		少舉進士。貞元初，登賢良科，授校書郎。秩滿，從調判入等，再轉長安縣丞。	《舊唐書》卷158，《韋貫之傳》
10	路泌，字安期			建中末，以長安尉從調，舉李益、韋綬等書判同居高第，泌授城門郎。	《舊唐書》卷159，《路泌傳》
11	李益			同上	同上
12	韋綬			同上	同上
13	韋辭，字踐之	772～830		辭少以兩經擢第，判入等，為秘書省校書郎。	《舊唐書》卷160，《韋辭傳》
14	崔戎，字可大	777～832		戎舉兩經登科，授太子校書，調判入等，授藍田主簿，為藩鎮名公交辟。	《舊唐書》卷162，《崔戎傳》
15	趙宗儒，字秉文	746～832	鄧州穰人	宗儒舉進士，初授弘文館校書郎。滿歲，又以書判入高等，補陸渾主簿。	《舊唐書》卷167，《趙宗儒傳》
16	高釴，字翹之			元和初進士及第，判入等，補秘書省校書郎，累遷至右補闕，充史館修撰。	《舊唐書》卷168，《高釴傳》

17	范傳正，字西老		南陽順陽人	傳正舉進士，又以博學宏辭及書判皆登甲科，授集賢殿校書郎、渭南尉，拜監察、殿中侍御史。	《舊唐書》卷185，《范傳正傳》
18	竇易直，字宗玄	（？～833）	京兆始平人	擢明經，補校書郎。十年不應辟，以判入等，為藍田尉。累遷吏部郎中。	《新唐書》卷161，《竇易直傳》
19	李素	754～812		以明經選主簿之宏農簿，又尉陝之芮城，李丞相泌觀察陝虢，以材署運使從事，以課遷尉京兆鄠。考滿，以書判出其倫，選主萬年簿。	《全唐文》卷565，《河南少尹李公墓誌銘》
20	李頻，字德新		睦州壽昌人	大中八年，擢進士第，調秘書郎，為南陵主簿。判入等，再遷武功令。	《新唐書》卷203，《李頻傳》
21	沈詢，字誠之	824～？		臣會昌二年進士及第，大中首歲書判登科	《全唐文》卷767，《加知制誥自陳表》
22	薛能，字大拙		汾州人	會昌六年進士。大中八年，書判入等，補盩厔尉，辟太原陝虢河陽從事。	《全唐詩話》卷5
23	李虛中，字常容			進士及第，試書判入等，補秘書正字。	《韓愈集》卷二十8，《殿中侍御史李君墓誌銘》
24	張季友，孝權			元和初，徐使死，孝權疾即日已。試判入高等，授鄠縣尉。	《韓愈集》卷29，《唐故虞部員外郎張府君墓誌銘》

第二節　宋代「試法入仕人」考論

一、宋代「明法及第人」考論

（一）《宋登科記考》中有關「明法及第人」的考訂

與唐人一樣，宋人也曾編撰有《登科記》。然而現在僅存的只有《紹興十八年同年小錄》和《寶祐四年等科錄》兩榜。儘管馬端臨編撰的《文獻通考‧

選舉考》中錄有一份比較完整的兩宋歷年登科人總數的《宋登科記總目》，但完整的宋代《登科記》現已不可見。隨著學界對宋代科舉制研究工作的深入開展，由傅璇琮先生主編，龔延明和祖慧教授編撰的《宋登科記》也隨之出版。由於宋代傳世文獻的數量遠遠多於唐代，因此《宋登科記考》的編撰任務十分繁重。《宋登科記考》一書的出版，填補了中國科舉史研究的一項空白。《宋登科記考》大體仿傚了徐松《登科記考》之體例，以編年體的方式記載了每年有關科舉制度更迭的事件以及登科名錄。「《宋登科記考》由兩大部分內容構成：一為兩宋科舉大事記，按朝代、年代順序，以年、月、日繫之。一為兩宋各種登科名錄以及特賜第名錄，登科名錄繫獄相應年月之下。大事記與登科名錄融為一體。」〔註104〕同時，與《登科記考》編撰體例不同之處在於，《宋登科記》在登科名錄的考訂上，還特別為每一位登科人物做一小傳。同時還附上與人物有關的資料索引。《宋登科記考》的這一改進，為學術研究提供了極大的便利。

經筆者翻檢統計，《宋登科記考》中共記載有宋代「明法及第人」九位，其中，可確認登科年代的四位：太平興國五年（980）特賜明法及第張巨源〔註105〕；元豐二年（1079）新科明法及第王壬〔註106〕；紹興十二年（1142）新科明法及第黃子淳〔註107〕；紹興十六年（1146）新科明法及第張鎰〔註108〕。無法確定具體登科年代的五位：祝維岳〔註109〕、靳懷德〔註110〕、楊仲臣〔註

〔註104〕 參見傅璇琮主編，龔延明、祖慧編撰：《宋登科記考·敘例》，江蘇教育出版社，2009年，第1頁。

〔註105〕 參見傅璇琮主編，龔延明、祖慧編撰：《宋登科記考》卷二，江蘇教育出版社，2009年，第20頁。

〔註106〕 參見傅璇琮主編，龔延明、祖慧編撰：《宋登科記考》卷六，江蘇教育出版社，2009年，第355頁。

〔註107〕 參見傅璇琮主編，龔延明、祖慧編撰：《宋登科記考》卷九，江蘇教育出版社，2009年，第754頁。

〔註108〕 參見傅璇琮主編，龔延明、祖慧編撰：《宋登科記考》卷九，江蘇教育出版社，2009年，第778頁。

〔註109〕 參見傅璇琮主編，龔延明、祖慧編撰：《宋登科記考》卷九，江蘇教育出版社，2009年，第1919頁。

〔註110〕 參見傅璇琮主編，龔延明、祖慧編撰：《宋登科記考》卷九，江蘇教育出版社，2009年，第1920頁。

〔註111〕 參見傅璇琮主編，龔延明、祖慧編撰：《宋登科記考》卷九，江蘇教育出版社，2009年，第1921頁。

111〕、劉禹〔註 112〕和楊貫〔註 113〕。

（二）《宋人傳記資料索引》中有關「明法及第人」的記載

其實，在《宋登科記考》出版之前，昌彼得、王德毅等先生已主編出版了《宋人傳記資料索引》一書。《宋人傳記資料索引》編纂時引用的文獻材料十分豐富。「凡採用宋人文集三百四十七種，元人文集二十種，總集十二種，史傳典籍九十種，宋元地方志二十八種，金石文八種，總達五百又五種。其他單行的年譜、事狀、言行錄、別錄，以及期刊中屬傳記性質的論文，尚不計算在內。」〔註 114〕《宋人傳記資料索引》搜羅的宋代人物多達二萬二千人。從編撰體例而言，《宋人傳記資料索引》以姓氏筆劃為序，凡人物中有事蹟可述者均附有一小傳及相關文獻材料索引。到目前為止，《宋人傳記資料索引》也是檢索宋代人物傳記資料最完備之工具書。

1994 年，四川大學李國玲教授利用編纂《全宋文》時接觸的大量圖書、碑刻文獻材料，對《宋人傳記資料索引》進行了補充，編就了《宋人傳記資料索引補編》一書。《宋人傳記資料索引補編》體例大體亦遵循《宋人傳記資料索引》，新增人物一萬四千餘人，補充資料者六千餘人，合計共增補兩萬餘人。《宋人傳記資料索引》與《宋人傳記資料補編》合用，大致能將搜尋宋代人物的範圍概括無遺。

經筆者翻檢統計，《宋人傳記資料索引》中共記載有宋代「明法及第人」九位，其中祝維岳〔註 115〕、張巨源〔註 116〕、靳懷德〔註 117〕、劉禹〔註 118〕等

〔註 112〕　參見傅璇琮主編，龔延明、祖慧編撰：《宋登科記考》卷九，江蘇教育出版社，2009 年，第 1921 頁。

〔註 113〕　參見傅璇琮主編，龔延明、祖慧編撰：《宋登科記考》卷九，江蘇教育出版社，2009 年，第 1921 頁。

〔註 114〕　參見昌彼得、王德毅等編：《宋人傳記資料索引·凡例》，鼎文書局，1984 年增訂 2 版，第 9 頁。

〔註 115〕　參見昌彼得、王德毅等編：《宋人傳記資料索引》，鼎文書局，1984 年增訂 2 版，第 1803 頁。

〔註 116〕　參見昌彼得、王德毅等編：《宋人傳記資料索引》，鼎文書局，1984 年增訂 2 版，第 2361 頁。

〔註 117〕　參見昌彼得、王德毅等編：《宋人傳記資料索引》，鼎文書局，1984 年增訂 2 版，第 3196 頁。

〔註 118〕　參見昌彼得、王德毅等編：《宋人傳記資料索引》，鼎文書局，1984 年增訂 2 版，第 3861 頁。

四人，也被《宋登科記考》所收錄，此外崔臺符〔註119〕、陳規〔註120〕、王衣〔註121〕、王果〔註122〕、西門成允〔註123〕等五人為《宋登科記考》所不載。

（三）其他對宋代「明法及第人」進行考論的論著

徐道鄰先生曾在《宋朝的法律考試》一文中，曾對宋代明法及第者進行了初步考證：「宋史中有傳的人，除了靳懷德、許遵、崔臺符等少數幾人以外，很少有其他在神宗以前考中『明法』的人。」「考過新科明法，而在宋史中有傳的，有陳規和王衣二人。」〔註124〕徐道鄰先生認為宋代明法及第者數量不多，是基於《宋史》是否有傳記而言的，其論斷也難免受到史料文獻的侷限。中國政法大學趙晶博士曾利用關鍵詞在「中國歷代人物傳記資料庫（CBDB）」中進行檢索，對宋代「明法及第人」進行了考證。他結合《宋登科記考》和《宋人傳記資料索引》，共考證得出宋代「明法及第人」二十六位。較之徐道鄰先生的結論，趙晶博士考證的宋代「明法及第人」的數量大為增加，擴展了宋代明法及第人物的研究範圍。然而，趙晶博士的考證也存在一定的疏漏。〔註125〕因此，對宋代「明法及第人」重新進行全面細緻的整理是很有必要的。

（四）考訂宋代「明法及第人」的依據

宋代的「明法科」，既包括宋初的舊「明法科」考試也包括熙寧變法之後的「新科明法」考試。史料文獻中，與「明法科」考試相關的詞彙主要有「明法」「新科明法」「法科」等。然而，儘管文獻中明示人物有試中「明法」「新

〔註119〕參見昌彼得、王德毅等編：《宋人傳記資料索引》，鼎文書局，1984 年增訂 2 版，第 2701 頁。

〔註120〕參見昌彼得、王德毅等編：《宋人傳記資料索引》，鼎文書局，1984 年增訂 2 版，第 2477 頁。

〔註121〕參見昌彼得、王德毅等編：《宋人傳記資料索引》，鼎文書局，1984 年增訂 2 版，第 112 頁。

〔註122〕參見昌彼得、王德毅等編：《宋人傳記資料索引》，鼎文書局，1984 年增訂 2 版，第 130 頁。

〔註123〕參見昌彼得、王德毅等編：《宋人傳記資料索引》，鼎文書局，1984 年增訂 2 版，第 561 頁。

〔註124〕參見徐道鄰：《中國唐宋時期的法律教育》，收錄于氏著《中國法制史論集》，志文出版社，1975 年，184 頁。

〔註125〕詳見後文討論。參見趙晶：《宋代明法科登科人員綜考》，《華東政法大學學報》2011 年第 3 期。

科明法」「法科」的經歷，也不可遽然斷定其為「明法及第人」。

在考訂過程中還必須結合宋代「明法科」考試的相關制度，要特別注意將「試刑法」與「明法科」考試作出區分：

其一、凡史料文獻明言「明法及第」「中明法」「舉明法」「中明法科」者，無特殊情形，均可視作「明法及第人」。以下列表所考訂的二十五位「明法及第人」，均屬這種情況。

其二、據《宋會要輯稿》記載：神宗熙寧十年（1077）四月，「中書門下言：『勘會去年新科明法及第、出身人，多就當年秋試刑法。』」〔註126〕由此可見，熙寧變法時期，「試刑法」與「新科明法」考試制度初立，符合參考條件的士人紛紛投考，有很多已獲得「明法」出身的士人，又在當年積極投考「試刑法」。就考試性質而言，「明法科」由禮部主持，是士子獲得出身資格的考試。「明法科」的考生主要是無出身的官學生員，也可以是無科舉功名的蔭補入仕的官員。而「試刑法」考試則主要由中央法司主持，旨在選拔中央法司法官的選官考試。「試刑法」的考生必須是符合條件的選人和已出仕的官員。一般情況下，史載所言「明法」與「試刑法」，其意旨較為明晰，並不混淆。但在一些特別情況下，史載「明法」一詞有時也指「試刑法」，需仔細甄別。

1. 先有進士出身，再試中「明法」者，不可斷定為「明法及第人」。儘管在熙寧變法時期「新科明法」考試是最為榮耀的考試科目，但這種榮耀只是暫時的，熙寧變法之前與熙寧變法之後，「明法科」始終沒有改變「最為下科」的命運。而在士人看來，進士科之榮耀遠在明法科之上。「縉紳雖位極人臣，不由進士者終不為美。」〔註127〕此外，據《宋史‧選舉志》記載：「凡入官，則進士入望州判司、次畿簿尉，《九經》入緊州判司、望縣簿尉，《五經》、《三禮》、《通禮》、《三傳》、《三史》、明法入上州判司、緊縣簿尉。」〔註128〕由此可見，進士及第者所授之官比明法及第出身更為優厚。因此，儘管從理論上來說，舉子試中進士後亦可以再參加明法考試。但從實際上看，進士出身者不太可能再去應試明法科。以《宋史》有傳的兩位著名人物許遵和趙與懽為

〔註126〕（清）徐松輯，劉琳、刁忠民等校點：《宋會要輯稿》選舉十三，上海古籍出版社，2014年，第5525頁。

〔註127〕（宋）李昉等編：《太平廣記》卷一七八，《貢舉一》，中華書局，1961年，第1321頁。

〔註128〕（元）脫脫等：《宋史》卷一百五十八，《選舉四》，中華書局，1977年，第3703頁。

例。「許遘，字仲途，泗州人，第進士，又中明法，擢大理寺詳斷官、知長興縣。」〔註129〕「趙與懽，字悅道，燕懿王八世孫。嘉定七年進士，調會稽尉，改建寧司戶參軍。中明法科，攝浦城縣。」〔註130〕儘管史稱他們都曾以進士及第身份又試中「明法科」，但此處的「明法科」應該是指「試刑法」考試，此二人都不可認定為「明法及第人」。

2. 考諸史籍，宋朝初年的舊「明法科」考試制度時廢時置，但未有較大的斷裂。「新科明法」於熙寧初年創置，至崇寧初年廢置。宋室南渡後，建炎二年，「新科明法」又得以復置，最終於紹興十六年（1146）退出歷史舞臺。據此可斷定，紹興十六年（1146）之後，雖出身經歷不明，但又明言試中「明法」者，都不可以認定為為「試中刑法人」。如劉克莊撰寫的《鄭璹除大理評事制》有云：「朕患夫明法者之少也，爾嘗中其科，試邑稱治，寺評虛席，捨爾其誰！」〔註131〕鄭璹，字伯壽。其人生平資料不詳。詔文中明確出現「明法」二字，且從文意上看，的確也很容易將其斷定為「明法及第人」。但詔令撰寫者劉克莊（字潛夫，號後村。1187～1269）生活的寧宗、理宗時期，「明法科」早已廢置，鄭璹不可能再試中「明法」。故而此初所謂之試中之科，不可斷定為「明法科」。

在前人考證的基礎上，筆者使用數據庫根據關鍵詞進行了初步檢索，又將檢索結果細細加以分析，再加之自身翻檢史料文獻的考索，共考證得出宋代「明法及第人」共二十五位，列表如下：

表 4-5　宋代「明法及第人」考訂表

序	姓　名	生　卒	籍　貫	登科時間	依據材料	資料出處
1	靳懷德（湘）	945～1017		太平興國中	懷德太平興國中明法，解褐廣安軍判官。	《宋史》卷309，《靳懷德傳》

〔註129〕（元）脫脫等：《宋史》卷三百三十，《許遘傳》，中華書局，1977年，第10627頁。

〔註130〕（元）脫脫等：《宋史》卷四一三，《趙與懽傳》，中華書局，1977年，第12403頁。

〔註131〕（宋）劉克莊：《後村先生大全集》卷七一之四，《鄭璹除大理評事制》，收錄於《宋集珍本叢刊》，第551頁。

2	張巨源		襄陽人	太平興國五年（980）	巨源素習法律，太平興國五年，賜明法及第。	《宋史》卷456，《孝義》
3	祝維岳，字周輔		城武人	咸平中	祝惟岳，字周甫，咸平中，中明法科，後為陵州司理參軍。	《山左金石志》卷12之24，《銀青光祿大夫祝公神道碑》
4	楊仲臣				父仲臣，舉明法科，仕至宣德郎，贈中大夫累太師代國公。	《苕溪集》卷48，《楊公墓誌銘》。
5	王果，字仲武		深州饒陽人		舉明法。歷大理寺詳斷官，遷光祿寺丞。	《宋史》卷236，《王果傳》
6	蕭律，字調元		新喻人	景德二年賜明法及第	景德二年賜明法及第，為廣州司法。	《康熙江西通志》卷73
7	西門成允	960～1032	棣州厭次人		公皇朝景德中明法起家萊州司法參軍，再遷儀州華亭尉。	《忠肅集》卷13《贈諫議大夫西門公墓誌銘》
8	孫齊		高密人		有撫州司法參軍孫齊者，初以明法得官。	《宋史》卷442，《蕭貫傳》
9	劉禹，字希儉	1035～1093	德州德平人		年二十舉明法及第。補樂城尉。	《豫章黃先生文集》卷22，《朝奉郎通判汾州劉君墓誌銘》
10	楊貫		開封府寧陵縣人。		嘗兩舉進士不預薦送，即改業明法。……明年遂得明法出身，治平二年，調邛州錄事參軍。	《括異志》卷七《楊貫》
11	廉正臣				敕某等本治皐蘇之律，或通鄒魯之經，對升科榮，各在年妙。今銓格既	《文恭集》卷18，《明法及第廉正臣可陝州靈寶縣主簿，

				及，則官使自宜，往勾邑簿之稽，參司邊掾之任，勉思乃職，勿替收箴。	段林可霸州司法參軍制》
12	段林			同上	同上
13	劉堯			敕某今夫布衣韋帶之士，挾藝文而遊場屋至勞而無所成名，是亦可矜矣，屬降三歲之舉，特推一命之恩，用慰萬年，足勸學者。	《蘇魏公集》卷33，《應天府進士陳宗望、永寧軍明法劉堯可並逐州軍助教》
14	魏道嚴			六月，錄唐魏徵、狄仁傑後。案：宋史全文《資治通鑒》云：癸卯，以同州明法魏道嚴為本州司士參軍。	《續資治通鑒長編拾補》卷3，神宗熙寧元年六月。
15	狄國賓			慶曆三年三月壬辰，召狄公孫華州明法狄國賓為本州助教。	《燕翼貽謀錄》卷2
16	崔臺符，字平反，一字平叔	蒲陰人		中明法科，為大理詳斷官，校試殿幃，仁宗賜以盡美二字。	《宋史》卷355，《崔臺符傳》
17	王充			甲午，以明法王充為編敕所看檢供應諸房條貫文字。	《續資治通鑒長編》卷217，神宗熙寧三年十一月甲午
18	王壬			辛亥，以新科明法及第王壬為試銜知縣、律學教授。	《續資治通鑒長編》卷297，神宗元豐二年四月辛亥
19	侯弼			（哲宗元祐）八年四月二十二日，禮部言：「大名府新科明法侯弼等狀……」。	《宋會要輯稿‧選舉十四》P5533

20	范得仁				（元符三年）三月一日，尚書省言：「涇州新科明法范得仁狀……」。	《宋會要輯稿‧選舉三》P5316。
21	陳規	1072～1141	密州安丘人		中明法科。	《宋史》卷377，《陳規傳》
22	王衣	1074～1135	濟南歷城人		以門蔭仕，中明法科，歷深、冀二州法曹掾，入為大理評事，升寺正。	《宋史》卷377，《王衣傳》
23	李平仲		開封人		右中奉大夫李平仲起復充四川制置大使司檢法官，平仲，開封人。舉明法，為大理評事。不去廷尉者十年，職至丞。梁師成用事，欲見之，平仲不往。建炎初，出知榮州，代去，丁母憂，寓居於蜀。至是席益奏用之，而平仲卒矣。	《建炎以來繫年要錄》卷106，紹興六年冬十月乙亥。
24	黃子淳			紹興十二年	新科明法，得黃子淳一人而已。	《建炎以來繫年要錄》卷145，紹興十二年四月庚午
25	張鎰，字功甫			紹興十五年	正奏名張鎰，新科明法及第。	《建炎以來繫年要錄》卷153，紹興十五年四月癸未。

關於上表的考訂有如下幾點說明：

趙晶博士在《宋代明法科登科人員綜考》一文中共考證有宋代「明法及第人」二十六位。上表考證與趙晶博士考證相同者二十四位，此外還另增補魏道嚴一人為「明法及第人」，刪去趙晶博士原表錄有的孫輔道和莫君陳兩位「明法及第人」。理由如下：

如孫輔道，據《續資治通鑑長編》神宗元豐五年九月庚子條載：「吏部上

重編排考試刑法所等第，詔：『第一等孫輔道令大理寺試斷案三十道，如堪充職，委長貳保。』」〔註 132〕由此可見，孫輔道所試中的考試乃是「試刑法」，而非「明法科」。

又有莫君陳。據《續資治通鑑長編》神宗熙寧六年三月己巳條載：「試中刑法莫君陳遷一官，為刑法官。次四人送法寺試斷案，或充提刑司檢法官。次五人各循二資，十一人各循一資。餘各不依名次路分指射差遣一次。次止免試注官。京朝官比類酌獎。仍自今試法官斷案刑名約七件以上，十件以下。」〔註 133〕由此可以確定，莫君陳試中的確是「試刑法」考試。又，《吳興備志》有云：「莫君陳，字和中，從安定先生學，熙寧中新置大法科，首中其選。」〔註 134〕趙晶博士認為，此處的「新置大法科」應是指「明法科」。理由是：「《宋會要輯稿》選舉一四之一載：神宗熙寧十年十月四日，中書門下言：『勘會去年新科明法及第、出身人，多就當年秋試刑法。』由此可見，新科明法及第之人亦多立即參加『試刑法』考試。《續資治通鑑長編》所載莫君陳『試刑法』與『新置大法科』並不矛盾。」〔註 135〕的確，《長編》言莫君陳試中刑法與《吳興備志》言莫君陳試中「大法科」不矛盾，但這並不能作為斷定莫君陳試中的「大法科」就是新科明法的依據。由於宋代歷史文獻中的「法科」的含義並不明確，可以指「試刑法」，也可以是指「明法科」或「明法學」。另外，據前文所述，神宗熙寧年間新置的「法科」考試很多，除新科明法之外，也有可能是「試刑法」或其他法律考試。因此筆者以為，就目前現有的文獻材料來看，為保持必要的謹慎，不宜斷定莫君陳曾明法及第。

二、宋代「試中刑法人」考論

據徐道鄰先生《宋朝的法律考試》一文之考證，宋史有傳的「試中刑法人」有高宗孝宗時期的蔡洸、莫濛、沈作賓，以及寧宗時期的趙與懽，與趙與權。〔註 136〕趙晶博士利用檢索「中國歷代人物傳記資料庫（CBDB）」中關鍵詞獲

〔註 132〕（宋）李燾：《續資治通鑑長編》卷三百二十九，神宗元豐五年九月庚子，中華書局，2004 年，第 7938 頁。

〔註 133〕（宋）李燾：《續資治通鑑長編》卷二百四十三，神宗熙寧六年三月己巳，中華書局，2004 年，第 5925～5926 頁。

〔註 134〕（明）董斯張撰：《吳興備志》卷十一之七，南林劉氏嘉業堂刻本。

〔註 135〕參見趙晶：《宋代明法科登科人員綜考》，《華東政法大學學報》，2011 年第 3 期。

〔註 136〕據趙晶博士考證：趙與懽與趙與權實為一人。參見趙晶：《宋代明法科登科

得的結果，對宋代「明法及第人」進行了考證，在證偽的同時也考證了部分「試中刑法人」。筆者以為，依據「明法」「法科」「刑法」「刑法科」等關鍵詞在各種電子數據庫上進行檢索固然便捷，但我們必須將檢索結論重置於歷史文本之中，進行詳細的考索與辨別。史載明言「試中刑法人」者自不必深論，但宋人有時也將「明法」「法科」等詞語「試刑法」互用，習者不可不察。

（一）明言「試中刑法」者

如前文所述，「試刑法」考試與其他法律考試主要的區別在於：「試刑法」考試的參考人員須是在任官員，「白身」與無功名者不能參加。其次，排名靠前的「試中刑法人」可作為高級法官的備選人，直接充任中央法司法官。史載中的「試刑法」有時也被稱為「試斷刑」「試法官」「試法律」或「試大法」。基於此，先有科舉出身或蔭補入仕，又「試中刑法」、試中大法」，亦或參加了「試斷刑」「試法官」「試法律」而獲轉遷者，都可以認定為「試中刑法人」。據此，史料文獻記載的「試中刑法」人物有：莫君陳（字和中）〔註137〕、祝康（字濟道）、祝庶〔註138〕、邵公輔（字子正）〔註139〕、王柏〔註140〕、王衣（字子裳）〔註141〕、李洪、李志行、〔註142〕王次張（字漢老）〔註143〕、周自強（字勉仲）

人員綜考》，載《華東政法大學學報》2011 年第 3 期。

〔註137〕（宋）李燾：《續資治通鑑長編》卷二百四十三，神宗熙寧六年三月己巳，中華書局，2004 年，第 5925 頁。莫君陳之生平亦見於（宋）樓鑰撰：《嘉泰吳興志》，卷十七之五，收錄於《宋元方志叢刊》，第 4825 頁。

〔註138〕祝庶乃祝康之兄長，二人同中刑法科。祝庶其人生平資料甚簡，入仕途徑不詳。（宋）葛勝仲：《丹陽集》卷一三之一，《左朝議大夫致仕祝公墓誌銘》，收錄於《宋集珍本叢刊》，第 621 頁。

〔註139〕（宋）董詢撰：《宋故泗州軍事判官邵君墓銘》，收錄於國家圖書館善本金石組編：《宋代石刻文獻全編》第二冊，北京圖書館出版社，2003 年，第 3 頁。

〔註140〕（清）徐松輯，劉琳、刁忠民等校點：《宋會要輯稿》選舉十三，上海古籍出版社，2014 年，第 5525 頁。

〔註141〕（宋）綦崇禮：《北海集》卷三十五之一，《故右中大夫充集英殿修撰提舉江州太平觀歷城縣開國男食邑五百戶賜紫金魚袋王公墓誌銘》，收錄於《宋集珍本叢刊》，第 312 頁。王衣之生平亦見於（元）脫脫等：《宋史》卷三百七十七《王衣傳》，中華書局，1977 年，第 11659 頁。

〔註142〕筆者按：李洪、李志行於建炎二年同中「試刑法」。（宋）李心傳撰：《建炎以來繫年要錄》卷八十六，紹興五年閏二月己巳，中華書局，1956 年，第 1430 頁。其事亦見於（元）脫脫等：《宋史》卷一百五十七，《選舉三》，中華書局，1977 年，第 3673 頁。

〔註143〕（宋）韓元吉撰：《南澗甲乙稿》卷二十一，《中奉大夫王公墓誌銘》，收錄

〔註144〕、單夔（字虞卿）〔註145〕、沈作賓（字賓王）〔註146〕、錢宇〔註147〕、俞澂（字子清）〔註148〕、徐瑄（字純中，一字漢玉）〔註149〕、趙希磐〔註150〕。「試斷刑」入等者王吉甫（字邦憲）〔註151〕、「試法律」入等者毛澥（字文若）〔註152〕、「試中大法」者孫諤（字正臣）〔註153〕和吳師尹〔註154〕。

（二）「明法」與「試刑法」之辨

　　前文在考證宋代「明法及第人」之時已有論。熙寧變法時期，「試刑法」與「新科明法」考試制度初立，符合參考條件的士人紛紛投考。由於參加「試刑法」考試入等後可獲得優厚的晉身之資，故而當時許多已獲得「明法」出身的士人，又在當年積極投考「試刑法」。神宗熙寧十年（1077）四月，中書門下言：「勘會去年新科明法及第、出身人，多就當年秋試刑法。」〔註155〕具體而言，「明法科」與「試刑法」有著明顯區別：「試刑法」考試的參加者須是有科舉出身或已經蔭補入仕的官員，而「明法科」是一種獲得出身的考試，

於王雲五主編：《叢書集成初編》，商務印書館1936年，第434頁。

〔註144〕（宋）韓元吉：《南澗甲乙稿》卷二二，《龍圖閣侍制知建寧府周公墓誌銘》，收錄於王雲五主編：《叢書集成初編》，商務印書館1936年，第445頁。

〔註145〕（宋）袁說友：《東塘集》卷二十之二十二，《故太淑人葉氏行狀》，收錄於《宋集珍本叢刊》，第477頁。

〔註146〕（元）脫脫等：《宋史》卷三百九十，《沈作賓傳》，中華書局，1977年，第11960頁。

〔註147〕（清）徐松輯，劉琳、刁忠民等校點：《宋會要輯稿》職官二四，上海古籍出版社，2014年，第3675頁。

〔註148〕（宋）周密：《齊東野語》卷十，《俞侍郎執法》，中華書局，1983年，第180頁。

〔註149〕（宋）魏了翁：《鶴山先生大全文集》第八十六之八，《大理少卿贈集英殿修撰徐公墓誌銘》，收錄於《宋集珍本叢刊》，第530頁。

〔註150〕（宋）洪諮夔撰：《平齋文集》卷九之二十五，《餘杭重建縣治記》，收錄於《宋集珍本叢刊》，第65頁。趙希磐之生平亦見於（宋）潛說友撰：《咸淳臨安志》卷五十四之六，《餘杭縣》，收錄於《宋元方志叢刊》，第3834頁。

〔註151〕（元）脫脫等：《宋史》卷三百三十，《王吉甫傳》，中華書局，1977年，第10637頁。

〔註152〕（宋）毛滂：《東堂集》卷十，《司法參軍毛文若墓誌銘》，四庫全書本。

〔註153〕（宋）楊時：《龜山先生文集》卷三四之八，《孫龍圖墓誌銘》，收錄於《宋集珍本叢刊》，第548頁。

〔註154〕（宋）楊萬里：《誠齋集》卷七十之五，《薦舉吳師尹、廖俁、徐文若、毛宏、鮑信叔政績奏狀》，收錄於《宋集珍本叢刊》，第775頁。

〔註155〕（清）徐松輯，劉琳、刁忠民等校點：《宋會要輯稿》選舉十三，上海古籍出版社，2014年，第5525頁。

其應試者通常為白身。一般情況下，史載所言「明法」與「試刑法」，其意旨較為明晰，並不混淆。但在一些特別情況下，史載「明法」一詞有時也指「試刑法」，需仔細甄別。

1. 先有進士出身，再試中「明法」者，並非「明法及第人」，而是「試中刑法人」。自唐以來，明法科的地位一直低於進士，士人所貴重者，唯進士與明經科。這種觀念一直延續到宋代，在當世之人看來，以進士及第的身份再去參加「明法科」考試，於仕途、名聲並無助益。故史料文獻中，以進士出身再試中「明法」和「中明法科」者，應當認定為「試中刑法人」。此時的「明法科」，應當是指「試刑法」。史載中如此情形者有許遵（字仲途）、〔註156〕趙與懽（權）（字悅道）〔註157〕他們都以進士出身再「中明法」和「中明法科」，基於上述判斷，他們都可以認定為「試中刑法人」。

2. 考諸史籍，熙寧四年（1071）二月，神宗皇帝下詔罷廢舊「明法」考試，設立「新科明法」。「新科明法」考試制度一直延續到徽宗崇寧初。宋室南渡之後，「明法」科時廢時續。直至紹興十六年（1146）二月，「明法」科不再復置。〔註158〕據此可斷定，紹興十六年（1146）之後，雖出身經歷不明，但又明言試中「明法」者，其所試中的考試科目應當是「試刑法」。

如前文所提及的鄭璹，字伯壽。其授任大理評事的詔令有云：「朕患夫明法者之少也，爾嘗中其科，試邑稱治，寺評虛席，捨爾其誰！」〔註159〕詔令撰寫者劉克莊（字潛夫，號後村。1187～1269）生活的寧宗、理宗時期，「明法」科早已廢置，鄭璹不可能再試中「明法」。此外，熙、豐後也確存在試中刑法者絕少的情況，〔註160〕詔文所描述的情況的確符合現實，故而此處鄭璹的試中之科，可斷定為試中「試刑法」。

〔註156〕（元）脫脫等：《宋史》卷三百三十，《許遵傳》，中華書局，1977年，第10627頁。

〔註157〕（元）脫脫等：《宋史》卷四一三，《趙與懽傳》，中華書局，1977年，第12403頁。

〔註158〕（宋）馬端臨著：《文獻通考》卷三十二，《選舉考五》，中華書局，2011年，第935頁。

〔註159〕（宋）劉克莊：《後村先生大全集》卷七一之四，《鄭璹除大理評事制》，收錄於《宋集珍本叢刊》，第551頁。

〔註160〕《宋會要輯稿》上記載了宣和三年五月二十五日之詔令：「近年以來，試中刑法人數絕少，選任官多是避免。」參見（清）徐松輯，劉琳、刁忠民校點：《宋會要輯稿》選舉一三，上海古籍出版社，2014年，第5529頁。

（三）「法科」與「試刑法」之辨

一般而言，宋代史料文獻中的「法科」一詞主要是指「試刑法」考試。但「法科」一詞也並非專指「試刑法」。除指稱「試刑法」之外，「法科」一詞還有兩個義項，但不多見，可算作是特例：其一，意指「明法學」。有明法學學習經歷的，史載中有可能稱為法科出身。如《宋史·魏廷式傳》云：「魏廷式，字君憲，大名宗城人，少明法學。……太平興國五年中第，釋褐朗州法曹掾。」〔註161〕按照歷史情況的通常邏輯，如不出意外，魏廷式在明法學學習後應以試「明法」入等的方式入仕。然而，事有不巧，太平興國四年（979）十一月，朝廷下令停廢了「明法」科。〔註162〕因此，魏廷式在次年，即太平興國五年（980）所試中的就不可能是「明法」科。然而，魏廷式年少時在明法學學習的經歷亦成為了他一生仕宦經歷的一個標誌。後來，魏廷式知審官院，與田錫共事不睦。田錫曾上奏稱：「臣於法律不熟，魏廷式本是法科成事。」〔註163〕田錫所指稱的「法科成事」，應該就是指魏廷式曾在明法學學習的這段經歷；其二，意指「明法科」。將「明法」科稱為「法科」其由以久。唐人白居易曾在《策林》一書中論刑法之弊時就使用了「法科」一詞。〔註164〕當然，唐代未有「試刑法」考試，此處白居易所指稱的「法科」，應是「明法科」考試。

由是，為保持必要的謹慎，我們不能斷言史載明言試中「法科」的人物都是「試中刑法人」，故而在判斷「法科」背景與「試刑法」考試的關係之時，需分別作出討論：

1. 一般而言，由蔭補入仕，後來又試中「法科」者，可斷定為「試中刑法人」。屬於這種情況的有：閻諤、劉偓〔註165〕、俞長吉（字幾先）〔註166〕、

〔註161〕 （元）脫脫等：《宋史》卷三百七，《魏廷式傳》，中華書局，1977年，第10124～10125頁。

〔註162〕 太宗太平興國四年十一月丙戌：「詔以明法科於諸書中所業非廣，遂廢之。」參見（宋）李燾：《續資治通鑒長編》卷二十，太宗太平興國四年十一月丙戌，中華書局，2004年，第464頁。

〔註163〕 （宋）田錫：《咸平集》卷二十七，奏狀二之四，《奏魏廷式封駁》，收錄於《宋集珍本叢刊》，第402頁。

〔註164〕 （唐）白居易著，顧學頡點校：《白居易集》，中華書局，1979年10月版，第1356頁。

〔註165〕 （宋）胡宿：《文恭集》卷一四，《閻諤劉偓可大理寺丞制》，收錄於王雲五主編：《叢書集成初編》，商務印書館1936年，第166頁。

〔註166〕 （宋）劉宰：《京口耆舊傳》卷二，《俞康直傳》，四庫全書本。

蔡洸（字子平）〔註167〕、莫濛（字子蒙）〔註168〕。

2. 如前所述，按照常理，進士出身者不可能再參加「明法」科考試。那麼，先有進士出身，後試中「法科」者，亦應可斷定為「試中刑法人」。屬於這種情況的有：尹躬（字商老）〔註169〕、吳交如（字亨會）〔註170〕、趙善養（字浩然）〔註171〕、趙立夫（字德成）〔註172〕、趙善璙（字德純）〔註173〕、胡夢昱（字季昭）〔註174〕、汪應元（字尹卿）〔註175〕。

3. 如前述，紹興十六年（1146）之後，「明法」科再不復置。因此，紹興十六年（1146）後，史載明言試中「法科」，雖出身及入仕經歷不明，也可認定為「試中刑法人」。屬於這種情況的有：胡僅、史彰祖〔註176〕、王補之〔註177〕、葉子高〔註178〕、林炎（字起晦）〔註179〕。

（四）其他「試中刑法人」

由於語言文字的複雜性，人物傳記資料並非總是使用有明確特徵的詞彙，

〔註167〕（元）脫脫等：《宋史》卷三百九十，列傳第一百四十九，《蔡洸傳》，中華書局，1977 年，第 11955 頁。

〔註168〕（元）脫脫等：《宋史》卷三百九十，列傳第一百四十九，《莫濛傳》，中華書局，1977 年，第 11956 頁。

〔註169〕（宋）曾敏行著，朱傑人標校：《獨醒雜志》卷六，上海古籍出版社，1986 年，第 54 頁。

〔註170〕（宋）劉宰：《京口耆舊傳》卷二，《吳交如傳》，四庫全書本。

〔註171〕（明）董斯張撰：《吳興備志》卷十二之十八，南林劉氏嘉業堂刻本。

〔註172〕《乾隆溫州府志》卷二十《人物·名臣》之二十四，收錄於《中國地方志集成·浙江府縣志輯》，上海書店 1993 年，第 399 頁。

〔註173〕（明）程敏政：《新安文獻志》卷九三，《趙刑部善璙傳》，四庫全書本。

〔註174〕（宋）胡知柔編：《象臺首末》卷二，《行述》，收錄於王雲五主編：《叢書集成初編》，商務印書館，第 21 頁。

〔註175〕（明）程敏政：《新安文獻志》卷八十三，《故宋提刑汪應元公墓誌銘》，四庫全書本。

〔註176〕（清）徐松輯，劉琳、刁忠民等點校：《宋會要輯稿》職官七二，上海古籍出版社，2014 年，第 4999 頁。

〔註177〕筆者按：王補之充任大理評事的時間為紹熙二年。參見（宋）蔡戡：《定齋集》卷六，《薦臨安通判王補之狀》，四庫全書本。又見（明）黃淮、楊士奇撰：《歷代名臣奏議》卷一百四十七之十三，上海古籍出版社，1989 年，第 1926 頁。

〔註178〕筆者按：葉子高進士及第的時間為慶元二年。參見（宋）梁克家：《淳熙三山志》卷三一之十五，收錄於《宋元方志叢刊》，第 8078 頁。

〔註179〕筆者按：林炎進士及第的時間為嘉定十六年。參見（宋）梁克家：《淳熙三山志》卷三二之七，收錄於《宋元方志叢刊》，第 8106 頁。

如前文所討論的「明法」、「法科」之類。因此,不可完全依賴根據關鍵詞從電子數據庫中所檢索得出的結果。如果盲從,就有可能失掉大量信息。在無明確關鍵詞的情況下,我們必須回到歷史文獻的現場,根據語義進行具體分析。經筆者詳細考索,確定了以下幾位「試中刑法人」:

《刑部試到詳覆官縣令劉永錫可大理寺丞制》有云:「敕具官劉永錫:故事,上臺秋曹覆天下辭案。凡置佐率屬,必先試而後命,亦以觀吏文,責最目也。以爾擢自縣邑,俾替坐曹。能服簡書之詳,且周星歲之限。恩有成例,賞不爾私,改丞理官,尚典刑局。」〔註180〕又,《刑部試到詳覆官司理參軍劉直可大理寺丞制》有云:「敕具官劉直:故事,天下具獄上書者,皆本曹置屬覆視而審覆之。將充其官,必試乃可。惟爾擢自州掾,隸於邦刑。紛披科條,檢結凡最。竭慮無憪,質歲有成。宜疇吏勤,進補卿案。勉續成績,思稱茂恩。」〔註181〕此二則詔令都由宋初名臣宋祁所撰寫。宋祁,字子京,(998～1061)由其生卒年代可斷定此二則詔令的頒布時間在熙寧之前。首先,從詔令標題透露的信息來看,劉永錫與劉直充任大理寺丞之前皆有官職,其身份符合參加「試刑法」考試的要求。劉永錫試中前的身份是縣令,劉直試中前的身份是司理參軍。其次,從主考機關來看,此次主持考試的機關都是刑部,而宋代由刑部主持的法律考試,只有「試刑法」考試。此外,從詔令內容上看,他們試中後都授予了大理寺丞這樣的職務,有著明顯的選拔中央法司法官的專門考試之特徵。由此可確定:劉永錫與劉直所通過的考試乃是「試刑法」無疑。

《御前五經及第劉元規通利軍司法參軍制》有云:「敕某:朕雖趣時為法,而其義亦考於經。爾以經術決科,而試於法吏。勉思所誦,尚有合哉!」〔註182〕此則詔令應是王安石(字介甫,號半山,1021～1086)為相之前所撰,由此可推斷此則詔令頒布的時間應在熙寧變法之前。首先,從詔令標題透露的信息來看,劉元規在參加這一考試時已有一定的出身,是五經及第的選人。

〔註180〕 (宋)宋祁:《宋祁景文集》卷三一,收錄於王雲五主編:《叢書集成初編》,商務印書館,第397頁。

〔註181〕 (宋)宋祁:《宋祁景文集》卷三一,收錄於王雲五主編:《叢書集成初編》,商務印書館,第397頁。

〔註182〕 (宋)王安石:《臨川先生文集》卷五五之四,《御前五經及第劉元規通利軍司法參軍制》,明嘉靖三十九年何遷刻本。

其次，詔文進一步指出「爾以經術決科，而試於法吏」，則是指劉元規在參加科舉考試之後，又參加了專門選拔中央法司法官的法律考試。由此可見，劉元規應試時的身份完全符合「試刑法」考試的要求。另外，由於「試中刑法人」並非全部充任大理評事，次優者有時也授任司法參軍和提刑司檢法官。因此，儘管劉元規充任的官職不是大理寺職位，但這種情況也符合當時的實際情況。由此可確定劉元規是為「試中刑法人」。

《德州錄事參軍韓嘉言可光祿寺丞制》有云：「廷尉，天下之平而有司之至重也。為其屬者，豈可以非其人哉？今大理言爾以法律自請，而試之有效，故命爾丞於京司，以佐廷尉。」〔註183〕此則詔令由沈遘所撰，沈遘（字文通，1025～1067）的生卒年代在仁宗、英宗朝，由此可斷定這則詔令的頒布時間應在熙寧變法之前。首先，從詔令的內容來看，主持這次考試的機關是大理寺。其次，從參考方式來看，韓嘉言「以法律自請」，可見，韓嘉言應是按照「試刑法」考試的一般規則而自行投狀乞試。儘管韓嘉言試中後所授官職並非大理評事，但其職亦為大理之輔佐，亦可確定韓嘉言所試中的考試乃是「試刑法」。另外，據歷史文獻的記載，韓嘉言可能多次參加了「試刑法」考試。由此則詔令可知，韓嘉言參加此次「試刑法」考試的身份是德州錄事參軍，而據《宋會要輯稿》載：「嘉祐四年七月二日，御史臺言：『選人乞試斷案，逐時令與審刑院、大理寺共同考試。近據前鄜州司法韓嘉言等八人，乞試尋會問並各鄉待闕，或已赴任，欲乞自今後逐年立定時限，令如期赴試，候考較得中，依條送逐司上簿，免成限滯。』詔令後選人乞試律斷案，如三月後投狀，即八月引試；九月後投狀，即來年二月引試。」〔註184〕可見，嘉祐四年，韓嘉言參加「試刑法」考試的身份是鄜州司法，與詔令所稱的德州錄事參軍身份不同。由此可見，韓嘉言至少參加了兩次「試刑法」考試。

《隰州司理參軍劉安仁可光祿寺丞充大理寺詳斷官、遼州平城縣令韓晉卿可大理寺丞充本寺詳斷官制》有云：「《書》曰：『五刑有服』，『惟明克允』。然則刑者教之輔也，使或不從而不信，則民無所措其手足矣，教何有哉？俗吏不知經術，亦安及此？今以爾安仁暨晉卿咸以明經而進，試之法律又習，

〔註183〕（宋）沈遘：《西溪文集》卷四之六十一，《德州錄事參軍韓嘉言可光祿寺丞制》，四部叢刊本。

〔註184〕（清）徐松輯，劉琳、刁忠民等校點：《宋會要輯稿》選舉一三，上海古籍出版社，2014年，第5521頁。

故並以為廷尉之屬。」〔註185〕由沈遘的生卒年代可以斷定，其撰寫的這則詔令的時間應在熙寧變法之前。劉安仁與韓晉卿以明經入仕，入職大理寺之前亦皆有官職。此外，從文意上理解，「試之法律又習」，可推斷其所試中的考試應以法律為主要考試內容。由此可確定劉安仁與韓晉卿所試中之考試應是「試刑法」。

宋人樓鑰曾撰有《直秘閣廣東提刑徐公行狀》一文，其文稱：「公諱子寅，字協恭，世居文登。……紹興十年，以明堂大禮恩補將仕郎，十八年春銓中選，授右迪功郎，監潭州南嶽廟，時法官多山東人，與特進厚善，勉公習法。明年，公方弱冠，一試中其科。」〔註186〕從文意理解，與「法官」和「習法」兩個關鍵詞相關的考試只有「明法科」和「試刑法」。而「明法科」已於紹興十六年（1146）廢置，因此，徐子寅於紹興十九年（1149）試中的法律考試應是「試刑法」。

《蔣藺、邵公翰、奚士遜、邵衮並大理評事制》有云：「敕具官某等：理官之屬，惟廷評為甚勞，獄成之告，必躬必親，非習於文法者不在茲選。今又試以經術，蓋欲兼用儒者也。爾等俱以場屋之舊，明司空城旦之書而中其科。虛位既久，並舉而用。各揚乃職，使人知引經決獄之效焉。」〔註187〕「場屋」者，舊指科舉考試的場所，文中「場屋之舊」是指科舉考試的經歷。「司空城旦之書」，其義為刑書或刑法，由此可限定他們通過的考試與法律知識密切相關，應該是「明法科」或是「試刑法」。又因詔令的撰寫者樓鑰（字大防，號攻媿主人，1137～1213）的仕宦經歷在紹興十六年（1146）之後，故可排除此四人試中「明法」之可能。由此可確定蔣藺、邵公翰、奚士遜、邵衮四人均先有科舉出身，後試中「試刑法」。

（五）「京朝官、選人試經書、律令大義」與「試刑法」之辨

京朝官、班行、選人試經書、律令大義，不是「試刑法」考試。《續資治通鑒長編》記載：「詔京朝官、選人、班行試經義、律令大義，上等一人減磨

〔註185〕 （宋）沈遘：《西溪文集》卷六之五十二，《隰州司理參軍劉安仁可光祿寺丞充大理寺詳斷官、遼州平城縣令韓晉卿可大理寺丞充本寺詳斷官制》，四部叢刊本。

〔註186〕 （宋）樓鑰：《攻媿集》卷九十一，《直秘閣廣東提刑徐公行狀》，收錄於王雲五主編：《叢書集成初編》，商務印書館1936年，第1249頁。

〔註187〕 （宋）樓鑰：《攻媿集》卷三七，《蔣藺、邵公翰、奚士遜、邵衮並大理評事制》，收錄於王雲五主編：《叢書集成初編》，商務印書館1936年，第521頁。

勘二年。試法官人，上二人差充法官，第三人、第四人差充習學公事，第五至第七人循兩資，下三人循一資，余以次推恩。」〔註188〕從這條詔令來看，京朝官、選人試經義、律令大義與「試刑法」的參考人員來看，都可以是京朝官、選人。其考試內容也極為相似，都要考試律令大義，但這兩種考試也有著明確的區別。若非如此，為何又在京朝官、選人、班行試經義、律令大義之後，另外單列「試刑法」考試差充、循資之規定？具體說來，二者差別如下：

首先，京朝官、班行、選人試經書、律令大義與「試刑法」的考試內容不同。從文意上理解，京朝官、班行、選任試經書、律令大義，其考試內容自然既包括經義也包括律令大義。但「試刑法」考試則不同，按熙寧三年之規定，「試刑法」考試內容為試斷獄、刑名以及《刑統》大義，並沒有經義考試的內容。〔註189〕直至南宋孝宗七年六月壬寅，「試刑法」考試才增試經義。〔註190〕

其次，京朝官、班行、選人試經書、律令大義與「試刑法」每次考試除官人數不同。《文獻通考》有載：「士不繇科舉若三舍，而賜進士第或出身者，其所從得不一路。……（熙寧）五年，祝康、李舉之試經書、律令大義，而有司考之入優，遂以令賜明經出身。其後梁子野、黃葆光賜出身，遂同進士。」〔註191〕梁子野獲得同進士出身的這次考試在《續資治通鑑長編》上亦有記錄：神宗熙寧八年（1075）四月，「所考京朝官班行選人試經書、律令大義、斷案，上等，大理評事梁子野賜同進士出身，二人循資，官堂除；中等四十七人堂除；下等六十三人並與差遣，並注官。」〔註192〕從除官人數上看，據前文所引，「試刑法」考試每次得充法官者最多不過七人，而京朝官、班行、選人試經書律令，得官者上百人，遠遠大於「試刑法」除官人數。

再次，京朝官、班行、選人試經書、律令大義與「試刑法」的主考機關不同。考之《宋史‧黃葆光傳》：「黃葆光，字元暉，徽州黟人。應舉不第，以從

〔註188〕（宋）李燾：《續資治通鑑長編》卷三百四，神宗元豐三年五月丁丑，中華書局，2004年，第7408頁。

〔註189〕（清）徐松輯，劉琳、刁忠民校點：《宋會要輯稿》選舉一三，上海古籍出版社，2014年，第5521頁。

〔註190〕（元）脫脫等：《宋史》卷三十五，本紀第三十五，中華書局，1977年，第673頁。

〔註191〕（宋）馬端臨著：《文獻通考》卷三十一，《選舉考四》，中華書局，2011年，第919頁。

〔註192〕（宋）李燾：《續資治通鑑長編》卷二百六十二，神宗熙寧八年四月壬午，中華書局，2004年，第6404頁。

使高麗得官，試吏部銓第一，賜進士出身。」據此確知，《文獻通考》所記載的梁子野、黃葆光獲得同進士出身的試經書、律令大義考試為吏部主持的銓試，而非主持「試刑法」考試的中央法司機關。

如宋人杜建道所撰之《宋故荊南府判朝散杜公墓碑》有云：「公諱師伋，字彥思。……公大觀中，以通議初遇郊恩蔭補將仕郎，試中經義刑法，授汾州司法參軍。」〔註193〕大觀年間（1107～1110），「試刑法」的考試內容主要是斷案、刑名及《刑統大義》，並無經義考察的內容。「試刑法」考試增試經義自孝宗淳熙五年（1178）六月始。由是觀之，杜師伋大觀年間試中的「經義刑法」，絕不是「試刑法」。從考試的內容來看，試「經義刑法」可能是上文所述的吏部銓選之中的京朝官、班行、選人試經書律令。此外，徽宗大觀年間，當時「新科明法」並沒有被廢置。並且從考試內容上看，元祐三年（1088）閏十二月二十三日朝廷採納了侍御史劉摯的建議，規定「新科明法」考試在試律令、《刑統》大義及斷案之外，增試經義。〔註194〕因此，杜師伋「試中經義刑法」亦有可能是指「新科明法」。但杜師伋所試中的「經義刑法」究竟是哪種法律考試，囿於材料，我們無法斷言。

據上文所述之要點，筆者共考證得出宋代「試中刑法人」共五十二位，現列表如下所示：

表 4-6　宋代「試中刑法人」考訂表

序	姓　名	籍貫	生卒	出身	依據材料	資料出處
1	劉永錫	不詳		不詳	敕具官劉永錫：故事，上臺秋曹覆天下辭案。凡置佐率屬，必先試而後命，亦以觀吏文，責最目也。以爾擢自縣邑，俾替坐曹。能服簡書之詳，且周星歲之限。恩有成例，賞不爾私，改丞理官，尚典刑局。	《宋祁景文集》卷31，《刑部試到詳覆官司理參軍劉直可大理寺丞制》
2	劉直	不詳		不詳	同上	同上

〔註193〕（宋）杜建道：《宋故荊南府判朝散杜公墓碑》，江西省博物館藏拓片，陳柏泉校點。收錄於曾棗庄、劉琳主編：《全宋文》（第214冊），卷四七五九，上海辭書出版社，安徽教育出版社，2006年，第260～261頁。

〔註194〕（清）徐松輯，劉琳、刁忠民校點：《宋會要輯稿》選舉一四，中華書局，2014年，第5531頁。

3	閻諤	不詳		蔭補	敕某等：國家務勸治功，思究吏跡，取信於保任之法，視成於銓審之司，申陟乃勞，敘進其秩。爾等本階蔭格，亦起法科，交蓄敏資，參承幕職。逮終更而齎伐，咸被薦而應書。與對便廷，聯丞列寺。往祇茂渥，勿替清修。	《文恭集》卷14，《閻諤劉偓可大理寺丞制》
4	劉偓	不詳		蔭補	同上	同上
5	許遵，字仲途	泗州	1007～1088	科舉：進士	第進士，又中明法，擢大理寺詳斷官、知長興縣。水災，民多流徙，遵募民出米振濟，竟以無患。益興水利，溉田甚博，邑人便利，立石紀之。	《宋史》卷330，《許遵》
6	劉元規	不詳		科舉：五經	敕某：朕雖趣時為法，而其義亦考於經。爾以經術決科，而試於法吏。勉思所誦，尚有合哉。	《臨川先生文集》卷55，《御前五經及第劉元規通利軍司法參軍制》
7	韓嘉言	不詳		不詳	敕某：廷尉，天下之平而有司之至重也。為其屬者，豈可以非其人哉？今大理言爾以法律自請，而試之有效，故命爾丞於京司，以佐廷尉。	《西溪文集》卷4，《德州錄事參軍韓嘉言可光祿寺丞制》
8	韓晉卿，字伯修	密州安丘		科舉：五經	敕某等：《書》曰：「五刑有服」，「惟明克允」。然則刑者教之輔也，使或不從而不信，則民無所措其手足矣，教何有哉？俗吏不知經術，亦安及此？今以爾安仁暨晉卿咸以明經而進，試之法律又習，故並以為廷尉之屬。	《西溪文集》卷6，《隰州司理參軍劉安仁可光祿寺丞充大理寺詳斷官、遼州平城縣令韓晉卿可大理寺丞充本寺詳斷官制》
9	劉安仁	不詳		科舉：明經	同上	同上
10	莫君陳	湖州歸安		科舉：進士	己巳，詔「試中刑法莫君陳遷一官，為刑法官。次四人送法寺試斷案，或充提刑司檢法官。」	《續資治通鑒長編》卷243，神宗熙寧六年三月己巳

11	祝康，字濟道	祖籍單州成武，今為滑州韋城	1039～1105	蔭補，賜明經出身	公諱康，字道濟，崇寧元年守魯郡。……元豐中，神宗皇帝欲入仕者通習文法，始建律學，又每歲聚天下士課試刑法，錄上第者顯擢之，凡廷尉憲部臣屬，皆推擇除授，而公與兄庶首被識拔，並遊法寺，衣冠慕之。	《丹陽集》卷13，《左朝議大夫致仕祝公墓誌銘》
12	祝庶	同上		不詳	同上	同上
13	王吉甫，字邦憲	同州		科舉：明經	舉明經，練習法律，試斷刑入等，為大理評事，累遷丞、正、刑部員外郎、大理少卿。	《宋史》卷330，《王吉甫傳》
14	毛漸，字文若	衢州江山	1047～1088	蔭補	卒用致仕恩補郊社齋郎，試法律，調池州司法參軍以歸。	《東堂集》卷10，《司法參軍毛文若墓誌銘》
15	邵公輔，字子正	濰州北海	1050～1096	科舉：九經	初任將仕郎、守棣州厭次尉，坐不獲賊去官，調徐州司法參軍，以父憂不赴。既終喪，復調淮陽軍司法參軍。到官未逾年，又以母憂歸。憂除，任岷州司法參軍。以所該賞格及試法累循兩資，為河中府觀察推官。	《山左冢墓遺文·宋》，《宋故泗州軍事判官邵君墓銘》
16	孫諤，字正臣	福建邵武	1051～1109	科舉：進士	既冠，登進士第，授池州司法參軍。通議以公素謹厚，靜默寡言笑，恐其不更事，而司法民命所屬，不可忽，故令就學律。明年試大法，中第一。	《龜山先生文集》卷38，《孫龍圖墓誌銘》
17	王柏	不詳	不詳	不詳	（熙寧九年）三月一日，中書門下言：「貢院考試中刑法人，欲依熙寧八年例，第一等充法官，第二等循兩資，第三等循一資，第四等與堂除，第五等與免試。京朝官依例比附推恩。內第一名王柏案數通粗合在親戚所第一名之上，以貢院言柏大義優長，乞與旌擢。今欲升作上名。	《宋會要輯稿》選舉一三，P5525

18	孫輔道			不詳	吏部上重編排考試刑法所等第，詔，「第一等孫輔道令大理寺試斷案三十道，如堪充職，委長二保。第二、第三等循資，占射差遣，免試，升名次有差。」	《續資治通鑑長編》卷329，神宗元豐五年九月庚子
19	王衣，字子裳	祖籍濟南歷城，寓居越州會稽	1074～1135	科舉：明法	公之宦學自致，蓋本家法少習進士業蚤成，未冠已預鄉舉，用紫金公餘澤，奏補太廟齋郎。……因為法家學試入等。連調深冀二州司法參軍，皆有能名，其用法主平恕，終身以之。遷河中府司錄，不赴。以試刑法累中。大觀二年選為大理評事，斷絕天下公案。	《北海集》卷35，《故右中大夫充集英殿修撰提舉江州太平觀歷城縣開國男食邑五百戶賜紫金魚袋王公墓誌銘》
20	尹躬，字商老	吉州永新		科舉：進士	其登科時年甚少，復中法科，繼聞以法科進者不大拜，悔之，不受省劄。	《獨醒雜志》卷6，《尹商老》
21	李洪	不詳		不詳	大理評事李洪、李志行並改合入官。初，洪等自言：建炎二年春，試刑法入第三等上，乞依條改。	《建炎以來繫年要錄》卷86，紹興五年閏二月己巳
22	李志行	不詳		不詳	同上	同上
23	王次張，字漢老	祖籍濟南歷城，寓居越州會稽	1108～1181	蔭補	少以侍郎恩，補承務郎，穎悟有知識。喜法令，習之，遂中刑法科。歷浙東及湖南提刑司檢法官，覆獄事號平允，不務刻深。	《南澗甲乙稿》卷21，《中奉大夫王公墓誌銘》
24	吳交如，字亨會	潤州丹徒	1118～1178	科舉：進士	擢紹興十五年進士乙科。為湖州烏程尉、楚州鹽城簿、紹興府嵊縣丞。再中法科，入為大理寺評事。	《京口耆舊傳》卷2，《吳交如傳》
25	周自強，字仲勉	衢州江山	1120～1181	蔭補	公幼績能文，伯父舍人公離亨甚愛之……以其遺恩奏公，調興國軍大冶縣主簿、靳州司法參軍、嚴州桐廬縣丞。繼而從進士舉不利，慨然以應刑法，遂中其科，授江南東路提點刑獄司檢法官。	《南澗甲乙稿》卷22，《龍圖閣侍制知建寧府周公墓誌銘》

26	徐子寅，字協恭	祖籍登州黃縣，徙居明州鄞縣	1129～1195	蔭補	公諱子寅，字協恭，世居文登。……紹興十年，以明堂大禮恩補將仕郎，十八年春銓中選，授右迪功郎，監渾州南嶽廟，時法官多山東人，與特進厚善，勉公習法。明年，公方弱冠，一試中其科。	《攻媿集》卷91，《直秘閣廣東提刑徐公行狀》
27	單夔，字虞卿	錢塘		不詳	年十七入銓闈高等，未幾復占刑法科。	《東塘集》卷20，《故太淑人葉氏行狀》
28	吳師尹	不詳		不詳	臣伏見朝奉大夫、江東轉運司主管文字吳師尹，有質直之資，有廉茂之行。試中大法，嘗為大理評事，決讞平恕，人無異詞。	《誠齋集》卷70，《薦舉吳師尹、廖俣、徐文若、毛崈、鮑信叔政績奏狀》
29	趙善養，字浩然	徙居武康		科舉：進士	趙善養，字浩然。居武康，十九歲登進士，再中法科，官至朝奉大夫。	《吳興備志》卷12
30	俞長吉，字幾先	潤州丹徒		蔭補	向之子長吉，字幾先。父任出官中法科，由蘄州司法入為大理評事，凡再遷為丞、為正。	《京口耆舊傳》卷2，《俞康直傳》
31	蔡洸	祖籍福建仙遊，徙居常州武進		蔭補	洸以蔭補將仕郎，中法科，除大理評事，遷寺丞，出知吉州。	《宋史》卷390，《蔡洸傳》
32	莫濛，字子蒙	湖州歸安		蔭補	以祖蔭補將仕郎，兩魁法科，累官至大理評事、提舉廣南市舶。	《宋史》卷390，《莫濛傳》
33	沈作賓，字賓王	湖州歸安		蔭補	以父任入仕，監饒州永平監，冶鑄堅緻，又承詔造雁翎刀，稱上意，連進兩資。中刑法科，歷江西提刑司檢法官，入為大理評事。	《宋史》卷390，《沈作賓傳》

34	錢宇	不詳		進士	（淳熙十年五月）大理少卿吳宗旦等言：「久闕評事兩員，緣朝廷既按資格，又選才望，難乎其人。今有儒林郎、南安君教授錢宇，以進士擢第，又應刑法，已應資格。」	《宋會要輯稿》職官二四，P3675
35	俞澄，字子清	湖州烏程		蔭補	侍郎名澄字子清，用伯祖閣學俟恩入仕，中刑法科。	《齊東野語》卷10，《俞侍郎執法》
36	胡僅	不詳		不詳	（紹熙元年五月）二十二日，詔大理評事胡僅、史彭祖並與在外合入差遣。坐臣僚言其雖試中法科，實不曉大義故也。	《宋會要輯稿》職官72，P4999
37	史彭祖	不詳		不詳	同上	同上
38	王補之	祖籍潭州		不詳	臣竊見臨安府通判王補之，天資敏明，濟以勤恪，精通法令，兼曉義理，臨事不苟，處事適中。……兼其人試中法科，曾任大理寺丞，例當得郡，而乃俯就倅貳之職，其廉於進取可知。	《定齋集》卷6，《薦臨安通判王補之狀》
39	葉子高，字安仲	祖籍明州，寓居福州福清		科舉：進士	葉子高，中法科，字安仲，貫慶元府，終大理評事。	《淳熙三山志》卷31
40	奚士遜	宣州寧國		科舉：進士	敕具官某等：理官之屬，惟廷評為甚勞，獄成之告，必躬必親，非習於文法者不在茲選。今又試以經術，蓋欲兼用儒者也。爾等俱以場屋之舊，明司空城旦之書而中其科。虛位既久，並舉而用。各揚乃職，使人知引經決獄之效焉。	《攻媿集》卷37，《蔣蘭、邵公翰、奚士遜、邵袞並大理評事制》
41	蔣蘭	不詳		科舉：不詳	同上	同上

42	邵公翰	不詳		科舉：不詳	同上	同上
43	邵袞	不詳		科舉：不詳	同上	同上
44	徐瑄，字純中，一字漢玉	溫州永嘉	1168～1228	蔭補	正議守潮州，遣公表賀，補官授太平州司戶參軍，未上，慶元元年，中刑法科，改授慶元府司法參軍，除大理評事。	《鶴山先生大全文集》卷86，《大理少卿贈集英殿修撰徐公墓誌銘》
45	趙希磐	不詳		科舉：進士	公族名希磐，以進士試刑法，中其科，嘗為大理評事。	《平齋文集》卷9，《餘杭重建縣治記》
46	趙立夫，字德成	寓居溫州樂清		科舉：進士	登開禧第，調龍泉簿，再中法科，由評事累遷大理寺正。	《乾隆溫州府志》卷20，《人物·名臣》
47	趙善瓊，字德純	祖籍歙州，寓居新安		科舉：進士	善瓊以父武節澤授承信郎，少有大志，刻苦問學，魁南官，登嘉定元年進士第，換修職郎，主湖州德清簿。嘗謂：「士大夫涖官臨民不明九官，無以斷疑，於是精熟。中法科，除大理評事。	《新安文獻志》卷93，《趙刑部善瓊傳》
48	胡夢昱，字季昭	吉州吉水	1185～1226	科舉：進士	嘉定丁丑登進士第，授南安君南安縣主簿，丁母憂，服闋，授南康軍都昌縣主簿，中大法科，授峽州司法，除大理評事。	《象臺首末》卷2，《行述》
49	趙與懽，字悅道	不詳		科舉：進士	嘉定七年進士，調會稽尉，改建寧司戶參軍。中明法科，攝浦城縣。	《宋史》卷413，《趙與懽傳》
50	林炎，字起晦	福州福清		科舉：進士	林炎，法科，字起晦，福清人，申之孫，前大理丞。	《淳熙三山志》卷32
51	汪應元，字尹卿	徽州歙縣	1207～1256	科舉：進士	公紹定辛卯領鄉薦，冠書經，明年登進士第，調長沙戶曹。……秩滿，調北外酒庫。……居無何，中法科，除大理評事。	《新安文獻志》卷83，《故宋提刑汪應元公墓誌銘》
52	鄭璹，字伯壽	建德壽昌		蔭補	朕患夫明法者之少也，爾嘗中其科，試邑稱治，寺評虛席，捨爾其誰！	《後村先生大全集》卷71，《鄭璹除大理評事制》

三、宋代「書判拔萃登科人」考論

前文已述，宋代書判拔萃科只在北宋初年存在過，並且兩經廢置。建隆三年（962）首次設置，於大中祥符元年（1008）廢置。第二次設置於天聖七年（1029），最終於景祐元年（1034）被廢。由此可見宋代書判拔萃科的存續時間並不長，前後不過五十年左右的時間。同時，每榜書判拔萃登科者的人數也不多，據《宋會要輯稿》記載，乾德元年，書判拔萃登科者為四人〔註195〕，天聖八年的書判拔萃登科者為兩人〔註196〕，天聖九年的書判拔萃登科者是為四人〔註197〕，景祐元年的書判拔萃登科者是為四人〔註198〕。由此可見，每榜書判拔萃登科者一般為四人。據《宋登科記考》根據《宋會要輯稿》與《長編》之記載，而錄入宋代書判拔萃登科者十四人，即：太祖乾德元年（963）田可封、宋白、孫邁、譚利用；〔註199〕仁宗天聖八年（1030）尹洙、余靖；〔註200〕仁宗天聖九年（1031）毛洵、李惇裕、吳感、張孝孫；〔註201〕景祐元年（1034）江休復、林億、張伯玉、閣詢。〔註202〕曹家齊先生亦在《宋代書

〔註195〕（清）徐松輯，劉琳、刁忠民等校點：《宋會要輯稿》選舉一〇，上海古籍出版社，2014 年，第 5451 頁。
〔註196〕（清）徐松輯，劉琳、刁忠民等校點：《宋會要輯稿》選舉一〇，上海古籍出版社，2014 年，第 5453 頁。
〔註197〕（清）徐松輯，劉琳、刁忠民等校點：《宋會要輯稿》選舉一〇，上海古籍出版社，2014 年，第 5454 頁。
〔註198〕（清）徐松輯，劉琳、刁忠民等校點：《宋會要輯稿》選舉一〇，上海古籍出版社，2014 年，第 5454 頁。
〔註199〕傅璇琮主編，龔延明、祖慧編撰：《宋登科記考·敘例》，南京：江蘇教育出版社，2009 年，第 3 頁。筆者按：此條《長編》亦載。參見（宋）李燾：《續資治通鑑長編》卷四，太祖乾德元年閏十二月丁卯，中華書局，2004 年，第 113 頁。
〔註200〕傅璇琮主編，龔延明、祖慧編撰：《宋登科記考·敘例》，南京：江蘇教育出版社，2009 年，第 143 頁。筆者按：此條《長編》亦載。參見（宋）李燾：《續資治通鑑長編》卷一〇九，仁宗天聖八年六月戊申，中華書局，2004 年，第 2540 頁。
〔註201〕傅璇琮主編，龔延明、祖慧編撰：《宋登科記考·敘例》，南京：江蘇教育出版社，2009 年，第 144 頁。筆者按：此條《長編》亦載。參見（宋）李燾：《續資治通鑑長編》卷一一〇，仁宗天聖九年五月庚申，中華書局，2004 年，第 2558 頁。
〔註202〕傅璇琮主編，龔延明、祖慧編撰：《宋登科記考·敘例》，南京：江蘇教育出版社，2009 年，第 160 頁。筆者按：此條《長編》亦載。參見（宋）李燾：《續資治通鑑長編》卷一一四，仁宗景祐元年六月丙午，中華書局，2004 年，第 2679 頁。

判拔萃考》一文中對此十四人的授官情況進行了統計。〔註203〕

筆者以為，若只依據《長編》與《宋會要輯稿》對宋代書判拔萃登科者進行考證，勢必有所遺漏。因此，很有必要對考證所依據的文獻進行拓展。此外，較之唐代書判拔萃登科人的考證，宋代書判拔萃人則較為簡單。其主要原因就在於宋代的書判拔萃考試的科目名稱的指向性較為明確，且不與其他考試科目重名。因此，凡宋代史料文獻中所出現的與「拔萃」有關的考試科目，一般都是指書判拔萃科。基於此認識，筆者在前人考證的基礎上，共考證得出宋代書判拔萃登科人共十八人，茲列表如下所示：

表 4-7　宋代「書判拔萃登科人」考訂表

序	姓　名	登科時間	籍　貫	出身	依據材料	資料出處
1	田可封	乾德元年			丁卯，召翰林學士、中書舍人於內殿覆試吏部試中應拔萃科田可封、孫邁、宋白、譚利用。上臨軒觀之，試畢稱旨，以利用為右拾遺，白為著作佐郎，各賜襲衣、犀帶。利用加賜銀鞍勒馬。可封、邁授赤縣尉。白，大名人也。	《續資治通鑑長編》卷 4，太祖乾德元年閏十二月丁卯
2	孫邁	同上			同上	同上
3	譚利用	同上			同上	同上
4	宋白，字太素	同上	大名府人	進士	建隆二年，竇儀典貢部，擢進士甲科。乾德初，獻文百軸，試拔萃高等，解褐授著作佐郎，廷賜襲衣、犀帶。	《宋史》卷 439，《宋白傳》
5	宋璫，字寶臣，		華州渭南人	進士	乾德中進士及第，拔萃登科，解褐青城主簿。	《宋史》卷 276，《宋璫傳》
6	朱賦		眉州眉山人		朱臺符字拱正，眉州眉山人。父賦，舉拔萃，歷度支判官，卒於殿中丞。	《宋史》卷 306，《朱臺符傳》
7	李若拙，字藏用，		京兆萬年人	蔭補	若拙初以蔭補太廟齋郎，復舉拔萃，授大名府戶曹參軍。	《宋史》卷 307，《李若拙傳》

〔註203〕參見曹家齊：《宋代書判拔萃科考》，《歷史研究》，2006 年第 2 期。

8	穎贄				又有穎贄、董淳、劉從義善為文章，張翼、譚用之善為詩，張之翰善箋啟。贄拔萃登科，至太子中允。	《宋史》卷439，《鄭起傳》
9	余靖，字安道	天聖八年	韶州曲江人	進士	少不事羈檢，以文學稱鄉里。舉進士起家，為贛縣尉，試書判拔萃，改將作監丞、知新建縣，遷秘書丞。	《宋史》卷320，《余靖傳》
10	尹洙，字師魯	同上	河南人	進士	少與兄源俱以儒學知名。舉進士，調正平縣主簿。歷河南府戶曹參軍、安國軍節度推官、知光澤縣。舉書判拔萃，改山南東道節度掌書記、知伊陽縣，有能名。	《宋史》卷295，《尹洙傳》
11	李惇裕	天聖九年			（天聖九年五月）十三日，詔：「應書判拔萃科入第四等前穎州司理參軍李惇裕為大理寺丞、知秀州華亭縣，洪州新建縣主簿毛詢為忠武軍節度推官、家便知縣，穎州汝陰縣主簿張孝孫為忠武軍節度推官、近地知縣，第五等湖州歸安縣主簿吳感為江州軍事推官。」	《宋會要輯稿》選舉十，P5454
12	張孝孫	同上			同上	同上
13	吳感，字應之	同上	吳縣人		同上	同上
14	毛洵，字子仁	同上	吉州吉水人	進士	天聖二年進士，又中拔萃科。	《宋史》卷456，《毛洵傳》
15	江休復，字鄰幾	景祐元年	開封陳留人	進士	少強學博覽，為文淳雅，尤善於詩。喜琴、弈、飲酒，不以聲利為意。進士起家，為桂陽監藍山尉，騎驢之官，每據鞍讀書至迷失道，家人求得之。舉書判拔萃，改大理寺丞，遷殿中丞。	《宋史》卷443，《江休復傳》

16	閻詢，字議道	同上	鳳翔天興人	進士	少時以學問著聞，擢進士第，又中書判拔萃科。累遷秘書丞，為監察御史裏行。	《宋史》卷333，《閻詢傳》
17	張伯玉，字公達	同上	建安人	進士	丙午，以應書判拔萃科、潞州司法參軍江休復為大理寺丞，張伯玉、林億、閻詢並除兩使幕職官。休復，陳留人。億，開封人。詢，鳳翔人也。	《續資治通鑑長編》卷114，仁宗景祐元年六月丙午
18	林億	同上	開封人		同上	同上

第五章　唐宋法律考試與法官職業化趨向

　　由前文所論，可知唐宋時期「試法入仕人」主要有三種類型，分別是「明法及第人」、「書判拔萃登科人」以及「試中刑法人」。綜觀史料文獻的記載，儘管唐代統治者已經開始注重要求官員掌握一定的法律知識，但始終沒有將「試法入仕人」視為法官選任的後備人選。而宋代統治者在承襲唐代舊有的法律考試的制度的同時，發現了原有的法律考試制度不能選拔合格的司法官員之弊端。由是，統治者創建「試刑法」考試以選拔能夠勝任法官之任的專門人才。隨著「試刑法」考試制度的發展，以「試中刑法人」為主體的法官後備群體也逐漸開始形成。本章以唐宋「試法入仕人」這一群體作為研究對象，整理其出身與遷轉經歷，進而考察不同類型的「試法入仕人」的知識結構，以及史料文獻中，「試法入仕人」的法律活動及其法律素養，揭示唐宋法律考試與法官職業化趨向之間的關聯。

　　儘管唐宋時期的「試法入仕人」都參加了法律考試，但法律考試也只是他們宦海沉浮中的一個重要但不唯一的機遇。不同類型的「試法入仕人」的出身與遷轉、知識結構的構成以及他們留在史冊中的形象與符號都有所不同，從而導致他們的仕宦道路也有著因人而異的走向。需要說明的是，史料文獻中的「試法入仕人」的形象與評價可能受到一定的主觀因素的影響：其一，名留青史的「試法入仕人」大多都是人生際遇較優者。他們或因才華出眾、勤政有為而名留史冊，或因與仕宦名士交遊而保持著良好的社會關係，其生平事蹟以墓誌銘文的形式保留下來。其二，文獻材料對人物的評價也具有一

定的主觀性。前文考論「試法入仕人」時所依據的材料主要是正史中記載的人物傳記、為「試法入仕人」所撰寫的行狀和墓誌銘、筆記小說裏的名人逸事以及地方志。這些文獻本身就難免帶有作者的個人情感，特別是行狀和墓誌銘，執筆者一般都是死者的親故，或是受託於死者的後人而做，這類文獻揚善隱惡的意圖就更為突出。儘管這些文獻材料中對人物作出的評價不一定完全客觀，但這些記敘一定程度上也反映歷史的客觀真實，如材料所記載的人物姓名、籍貫、出身、遷轉經歷以及生平事略大體還是可信的，使用時也可以利用其他文獻材料對其進行比對和印證。

第一節　「試法入仕人」的出身與仕宦遷轉

　　為瞭解唐宋時期「試法入仕人」的仕宦經歷與法律職業的關係，筆者對不同類型的「試法入仕人」的出身和遷轉情況分別進行了統計。〔註1〕試圖以此解決兩個問題：從歷史發展的縱向脈絡來看，唐宋之際的同類型的「試法入仕人」的仕宦發展是否有所不同？從歷史發展的橫向脈絡來看，不同類型的「試法入仕人」的仕宦生涯究竟有何不同？根據統計結果，進一步分析唐宋之際法官選任制度對「試法入仕人」仕宦發展的影響。

一、唐宋「明法及第人」多就任州縣司法官

　　（一）唐代「明法及第人」出身與遷轉情況的統計與分析

　　據前文所述，唐代「明法及第人」共有二十六人。其中查陶雖於五代時明法及第，但其仕宦經歷主要在宋代，故宜將其人歸入宋代進行分析。因此，以下僅就其餘的二十五位「明法及第人」的出身與遷轉情況進行統計與分析。

　　1. 唐代「明法及第人」初任職官的統計與分析

　　據筆者統計，明法及第後初任官職可考者共十七人。其所授官職分為京

〔註1〕唐宋時期的文官選任以科舉考試為主要方式，此外還有恩蔭補官、學校考選、攝官、流外出職等途徑。據苗書梅教授統計：《宋史》列傳（不包括后妃、宗室、烈女等傳）中所載宋代入仕官員，以科舉出身與恩蔭出身者為多。其中科舉出身者占全部人數的66.36%，其中，僅進士一科就占總數的64.7%，恩蔭出身者亦占總數的 15.54%。由此得出結論，進士出身人不但是宋代宰相等高級官員的主要來源，而且在中層以上官員中占 2/3 的比例。參見苗書梅：《宋代官員選任和管理制度》，開封：河南大學出版社，1996年，第 107 頁。

官、判司簿尉和其他（文散官）三類，如下表所示：

表5-1　唐代「明法及第人」之初任官職統計表[註2]

職　官		人物姓名	小計	合計	比　例
京官	大理評事	許樞	1	2	11.8%
	大理錄事	王植	1		
判司簿尉	司法參軍	騫晏、印崇簡	2	14	82.4%
	其他參軍	張泚	1		
	主簿	潘智、李正本	2		
	縣尉	盧醫王、張騭、李行、喬夢松、楊岌、李朝隱、陳希喬	7		
	其他	成幾、祖岳	2		
其他		皇甫文備（登仕郎）	1	1	5.9%
小計（不含信息不詳）				17	
信息不詳		裴潤、裴濟、裴淨、薛敖前、陳宰貴、房興昌、車孚、吉懷惲		8	

（1）唐代「明法及第人」之初任職官與法官職業的聯繫

由上表統計情況來看，「明法及第人」中初任京官者較少，僅有兩人。而絕大多數的「明法及第人」都授以判司簿尉之職官，判司簿尉之中又以縣尉為多。同時，「明法及第人」中只有四人被授予法官職務。其中兩人授任中央法司法官，即許樞和王植；兩人授任地方司法參軍，即騫晏和印崇簡。由是

────────────

〔註2〕需要說明的是，按成幾之墓誌銘所云：「（成幾）初以明法擢第，歷絳州曲□□□。秩滿，應詔舉遷雍州萬年縣尉。」其明法及第後所任之官名闕三字。筆者按：唐朝絳州下轄有曲沃一縣，故推測成幾所任之官可能是「絳州曲沃□□」。又，成幾秩滿後所遷之職是為萬年縣尉，可推斷其初任之具體職務不可能在縣尉之上，因此其初任之職務可能縣尉或是主簿。由於初任具體職務不可確知，故於「判司簿尉」之下，特設「其他」一欄，以示區別。又有祖岳，其父祖仲宣之墓誌稱祖岳「歷官州縣，次任京僚。」可知祖岳的初任官亦為州縣判司簿尉。故錄入其他一欄。參見《大唐故朝議郎行徐州長史成公府君（幾）墓誌銘》，收錄於吳鋼主編，《全唐文補遺》（第3輯），三秦出版1996年，第452頁。（宋）左貞：《大宋故朝散大夫試大理評事前行許州臨潁縣令兼監察御史贈太常博士祖府君（仲宣）墓誌銘並序》，收錄於河南省文物研究所、河南省洛陽地區文管所編：《千唐誌齋藏志》，文物出版社，1984年，第1252頁。

來看，唐代「明法及第人」的初任職務與法官職業的銜接並不密切。

(2) 唐代「明法及第人」初任官職之品階

據《唐六典》記載：「進士、明法甲第，從九品上。乙第，降一等。」〔註3〕由此可知，按規定：唐代明法及第者與進士及第者的授官情況一樣，甲第授任從九品上之職官，而乙第則授任從九品下之職官。

就「明法及第人」所授官職的品階而言。大理錄事之品階為從九品上，大理評事為從八品下。判司簿尉的品階因州郡之上下而有區別。按規定：上縣縣尉的品階為從九品上，其餘縣尉皆為從九品下。盧醫王授任綿上縣尉，而綿上為中縣，故綿上縣尉品階為從九品下。張鷟授任饒陽縣尉，饒陽是為望縣，故饒陽縣尉之品階為從九品上。李行授任上庸縣尉，上庸是為上縣，故上庸縣尉是為從九品上。喬夢松授任河間縣尉，河間是為望縣，故河間縣尉是為從九品上。楊炭授任葉縣縣尉。葉縣是為緊縣，故葉縣縣尉是為從九品上。李朝隱授任臨汾縣尉，臨汾是為望縣，故臨汾縣尉是為從九品上。陳希喬授任慈丘縣尉，慈丘是為上縣，故慈丘縣尉是為從九品上。

而諸縣主簿之品階比縣尉較高。上縣主簿為正九品下，其餘主簿為從九品上。潘智授任巨野主簿，巨野是為望縣，故巨野主簿品階為正九品下。李正本授任昌寧主簿，昌寧是為中縣，故昌寧主簿是為從九品上。

諸曹參軍的品階一般比諸縣主簿要高。駕晏授任洋州司法參軍，印崇簡授任舒州司法參軍。洋州為雄州，舒州為上州。按規定，上州司法參軍的品階為從七品下。張泚授任南海郡參軍，南海郡為中都督府，按規定，中都督府參軍事之品階為從八品上。

綜上，唐代「明法及第人」授任官職品階可考者共十四人，其中八人授任從九品下至從九品上之官職，六人授任從九品以上官職。由此可見，「明法及第人」的初任授官基本上還是遵守了朝廷的一般規定。但也經常出現超常規注擬之現象。筆者以為，高規格注授官職大約是因為「明法及第人」成績優異。以許樞為例，許樞之墓誌銘稱其人在參加「明法科」考試前，曾對律令多有研究：「至如周用三典，漢法九章，皋呂則科簡雲合，鍾王則條例波委。觀璧寧分，罰金無當。公乃開披靈府，綜覆彝章。」〔註4〕由是推知許樞對律

〔註3〕（唐）李林甫等：《唐六典》卷二，《尚書吏部》，中華書局，1992年，第32頁。
〔註4〕（唐）邵昇：《大周故正議大夫使持節都督夔州諸軍事守夔州刺史上柱國高陽

令的熟悉程度較高，很有可能在明法考試中取得了優異的成績，故而被授予優官。

2. 唐代「明法及第人」歷官統計與分析

如前所述，唐代「明法及第人」的初任職務與法官職業的銜接並不密切，那麼，「明法及第人」今後的仕宦發展與法官職業的聯繫情況又如何呢？因此，有必要對「明法及第人」的歷官情況進行統計與分析。二十五位「明法及第人」中，有八位仕宦經歷不詳，故以下僅根據其餘十七位「明法及第人」的仕宦經歷，擇取與法官職業的聯繫較為密切的職官，作出以下統計：

表 5-2　唐代「明法及第人」歷官統計表〔註5〕

職 官		人物姓名	人次	人數	比例（以17人為基數）
大理寺	卿	皇甫文備、李朝隱	2	8	47.1%
	正	皇甫文備、喬夢松	2		
	丞	王植、許柩、李朝隱	3		
	錄事	王植	1		
	司直	成幾	1		
	評事	許柩	1		
刑部	侍郎	皇甫文備	1	1	6%
	郎中	皇甫文備	1		
御史臺	御史大夫	李朝隱	1	2	12%
	侍御史	喬夢松	1		
	監察御史	喬夢松	1		
都督府	都督	皇甫文備	1	10	58.8%
	長史	李朝隱	1		
州	刺史	皇甫文備、李朝隱、許柩	3		
	長史	成幾、王植、許柩、李正本	4		

縣開國男許君墓誌銘並序》，收錄於收錄於周紹良主編，《唐代墓誌彙編》，上海古籍出版社，2011 年，第 970 頁。

〔註5〕筆者按：八位仕宦經歷不詳的明法及第人是：房興昌、車孚、祖岳、裴潤、裴淨、裴濟、薛教前、陳宰貴。

	其他參軍	張泚、成幾、李正本	3		
	司法參軍	楊岌、印崇簡、騫晏	3		
縣	縣令	張泚、王植、成幾、許樞、楊岌、李朝隱、騫晏	6	14	77.8%
	縣丞	盧醫王、張鷟、陳希喬、騫晏	3		
	主簿	盧醫王、王植、張鷟、潘智、成幾、李行、李正本、喬夢松、楊岌、陳希喬、李朝隱	11		
	縣尉	盧醫王、張鷟、潘智、李正本、喬夢松、楊岌	5		

表 5-3　唐代「明法及第人」終任職官統計表〔註6〕

職　　官		人物姓名	數量	合計	比　　例
京朝官	御史大夫	李朝隱	1	2	12.5%
	尚書屯田郎中	喬夢松	1		
州	刺史	許樞、皇甫文備	2	5	31.3%
	長史	成幾、李正本	2		
	推事	王植	1		
縣	縣令	張泚、楊岌、騫晏	3	8	50%
	縣丞	盧醫王、陳希喬、張鷟	3		
	縣尉	潘智、李行	2		
其他		吉懷慄（東宮左勳衛騎都尉）	1	1	6.3%
小計（不含信息不詳）				16	

從以上兩表的統計結果可得出以下幾點認識：

其一、十七位仕宦經歷可考的「明法及第人」中，有十一位曾任法官職務，比例達 64.7%。其中有八人曾供職於中央法司機關，三人曾任地方司法參軍。而中央法司機關中，以大理寺職官就職者居多。由此可見，唐代「明法及第人」的仕宦經歷與法官的聯繫還是較為密切的。十七位「明法及第人」之

〔註6〕筆者按：需要說明的是，除唐代明法及第人歷官統計表所列之八位仕宦經歷不詳的明法及第人房興昌、車孚、祖岳、裴潤、裴淨、裴濟、薛敎前、陳宰貴之外，印崇簡之終任官職亦不詳。故此表只統計了有信息可考的十六位明法及第人的終任官職情況。

中，亦不乏佼佼者，有皇甫文備與李朝隱二人曾任大理卿。

其二、唐代「明法及第人」大多具有任職於基層的實務經驗，十七人中就有十四人曾就任縣級職官，比例高達 77.8%。曾供職於中央法司的八位「試中刑法人」，除皇甫文備一人之外，其餘七人皆有基層實務經驗。

其三、唐代「明法及第人」躋身高位的幾率不大，十七人中只有皇甫文備、李朝隱、許樞曾就任三品以上職務，大多數「明法及第人」的仕宦生涯均止步州縣。

（二）宋代「明法及第人」的遷轉情況的統計與分析

據前文考證，宋代「明法及第人」共二十五位，與唐代「明法及第人」的數量差不多。此外，另有五代時登科，但仕宦經歷主要在宋代的查陶，亦在本節討論的範圍之內。因此，以下就二十六位宋代「明法及第人」的出身與遷轉情況進行統計與分析。

1. 宋代「明法及第人」初任職官的統計與分析

據筆者統計，宋代二十六位「明法及第人」中有七位仕宦經歷不詳，以下僅對十九位仕宦經歷可考者的初任官職進行統計，大致分為京官、幕職州縣官兩類，如下表所示：

表 5-4　宋代「明法及第人」之初任職官統計表

職　官			人物姓名	數量	合計	比　例
京朝官	大理詳斷		王果、崔臺符	2	5	26.3%
	大理評事		李平仲	1		
	律學教授		王壬	1		
	編敕所看檢		王堯	1		
幕職州縣官	初等職官	軍、監判官	靳懷德	1	14	73.7%
	令錄	錄事參軍	查陶、楊貫	2		
	判司簿尉	司法參軍	蕭律、西門成允、孫齊、王衣、段林	5		
		司理參軍	祝維岳	1		
		司士參軍	魏道嚴	1		
		主簿	廉正臣	1		

	縣尉	劉禹	1	
其他	助教	劉堯、狄國賓	2	
小計（不含信息不詳）			19	
信息不詳者	陳規、張巨源、楊仲臣、侯弼、范得仁、黃子淳、張鎰		7	

（1）宋代「明法及第人」之初任職官與法官職業的聯繫

據《宋史・選舉志》記載：「凡入官，……明法入上州判司、緊縣簿尉。」〔註7〕從上表的統計結果來看，宋代「明法及第人」與唐代一樣，大多授予幕職州縣官之職，比例高達 73.7%，而幕職州縣官中又以判司簿尉居多。「明法及第人」初任京官者只有五人，比例僅為 26.3%。可見，宋代「明法及第人」的初任官職之注授，基本符合朝廷的規定。

此外，十七位宋代「明法及第人」中，初任官職與法律職業有密切關係者十人，比例達 58.8%。其中五人為地方司法參軍，五人為京官，分別就任於大理寺、律學館和編敕所。由此可見，較之唐代，宋代「明法及第人」初任官職與法律職業的聯繫更為密切。

（2）宋代「明法及第人」初任職官的品階

按宋代職官品階規定，上中下州錄事參軍及上州諸司參軍事，是為從八品。而中、下州諸司參軍，諸州上中下縣主簿和縣尉，是為從九品。〔註8〕按照規定，宋代「明法及第人」的初任職官品階比唐代要高。

授予京官職務的「明法及第人」中，王果、崔臺符授任大理詳斷。按規定：大理詳斷之職一般「擇他官明法令者，若常參官則兼正，未常參則兼丞。」〔註9〕按大理正之品階為從七品，大理丞為正八品，以此推測大理詳斷的品階在從七品與正八品之間。李平仲授任大理評事。品階為正八品。王壬授任律學教授，而律學教授的品秩一般與國子監直講同，是為正八品。〔註10〕

〔註7〕（元）脫脫等：《宋史》卷一百五十八，《選舉四》，中華書局，1977 年，第3703 頁。

〔註8〕（元）脫脫等：《宋史》卷一百六十八，《職官八》，中華書局，1977 年，第4016～4017 頁。

〔註9〕（元）脫脫等：《宋史》卷一百六十五，《職官五》，中華書局，1977 年，第3899 頁。

〔註10〕（清）徐松輯，劉琳、刁忠民等校點：《宋會要輯稿》崇儒三，上海古籍出版社，2014 年，第 2791 頁。

　　授予幕職州縣官職務的「明法及第人」中，靳懷德授任為廣安軍判官，其品階是為從八品。查陶和楊貫皆授任為錄事參軍，其品階是從八品。而諸司參軍之品階視州的大小緊切而定。嘉州司法參軍孫齊、同州司士參軍魏道嚴，深州司法參軍王衣，其品階為從八品；陵州司理參軍祝維岳，廣州司法參軍蕭律，萊州司法參軍西門成允，霸州司法參軍段林，其品階為從九品。靈寶縣廉正臣、樂城縣尉劉禹、逐州軍助教劉堯、華州助教狄國賓的品階亦為從九品。可見，宋代「明法及第人」的初任官職之品階，亦基本符合朝廷的規定。

2. 宋代「明法及第人」歷官統計與分析

　　據筆者統計，二十六位宋代「明法及第人」中，有五位仕宦經歷不詳，故以下僅根據二十一位「明法及第人」的仕宦經歷，擇取與法官職業的聯繫較為密切的職官，作出以下統計：

表5-5　宋代「明法及第人」歷官統計表

職官			人物姓名	人次	人數	比例
中央法司	大理寺	判寺、卿	查陶、崔臺符、王衣、王尭	4	10	47.6%
		少卿	蕭律、王尭、王衣	3		
		正	查陶、王衣	2		
		丞	查陶、祝維岳、劉禹、李平仲、黃子淳、王衣	5		
		詳斷	王果、崔臺符	2		
		評事	查陶、李平仲、黃子淳、王衣	3		
	審刑院	知院事	查陶、崔臺符	2	3	14.3%
		詳議官	王果	1		
	刑部	侍郎	崔臺符、王衣	2	3	14.3%
		員外郎	黃子淳、王衣	2		
州	知州		查陶、靳懷德、王果、李平仲、蕭律、王衣、廉正臣、崔臺符、陳規	9	9	42.9%
	通判		靳懷德、王衣	2		

幕職州縣官	兩使職官	觀察推官	祝維岳、狄國賓	3	17	81%
	初等職官	軍事推官	劉禹	1		
		軍、監判官	靳懷德	1		
	令錄	知縣	祝維岳、劉禹、王壬	3		
		縣令	西門成允、楊貫、陳規	3		
		錄事參軍	查陶、劉禹、楊貫	3		
	判司簿尉	司法參軍	蕭律、西門成允、孫齊、劉禹、王衣、段林	6		
		司士參軍	魏道嚴	1		
		主簿	廉正臣、劉禹	2		
		縣尉	西門成允、孫齊、劉禹	3		
		助教	劉堯、狄國賓	2		

表 5-6　宋代「明法及第人」終任職官統計表

職　官		人物姓名	數量	總數	比　例
京朝官	審刑院知院事	查陶	1	3	23.1%
	刑部侍郎	王衣	1		
	金部員外郎	蕭律	1		
州	知州	王果、靳懷德、李平仲、陳規、崔臺符	5	6	46.2%
	通判	劉禹	1		
縣	縣令	祝維岳、楊貫	2	3	23.1%
	縣令	西門成允	1		
其他		孫齊（罷官入獄）	1	1	7.7%
小計（不含信息不詳者）				13	
信息不詳者		廉正臣、張巨源、劉堯、段林、范得仁、王充、王壬、侯弼、張鎰、魏道嚴、狄國賓、黃子淳、楊仲臣		13	

　　從以上兩表的統計結果可得出以下幾點認識：

　　其一，二十一位仕宦經歷可考的「明法及第人」中，有十三位曾任法官職務，比例達 61.9%。其中有十人曾供職於中央法司機關，三人曾任地方司法參軍。而中央法司機關中，以大理寺職官就職者居多。由此可見，宋代「明法

及第人」的仕宦經歷與法官職業的聯繫情況與唐代差不多，都是較為密切的。但宋代二十一位仕宦經歷可考的「明法及第人」中的精英法官較多。查陶、崔臺符都曾擔任過判大理寺和審刑院知院事，王衣曾任大理卿，蕭律和王堯擔任過大理少卿。

其二，與唐代的情況一樣，宋代「明法及第人」大多就職於基層。二十一人中就有十七人曾就任判司簿尉。比例高達 81%。據上表統計，曾供職於中央法司的十位「明法及第人」中，崔臺符、李平仲、黃子淳、王果四人雖無任職於判司簿尉之經歷。然而事實上，只能從《宋史》的人物傳記可以確定崔臺符的確無判寺簿尉之經歷，而其餘三人無判寺簿尉之經歷的原因在於史料不詳，無法確知。

其三，與唐代相比，宋代「明法及第人」躋身高位的幾率較大，十三位終任官職可考的「明法及第人」中就有九人脫離了判司簿尉的職務。總的來看，宋代「明法及第人」的政治前途要好得多。

由唐宋時期「明法及第人」的仕宦遷轉統計與分析可以看出：唐宋時期「明法及第人」與法官職業的聯繫較為密切，絕大多數的「明法及第人」都曾擔任過法官職務，其中亦不乏躋身高位者。儘管宋代統治者較為重視法律之學，「明法及第人」的社會地位也有所提高，但總的說來，唐宋時期「明法及第人」的社會地位並不高，大多數的「明法及第人」的仕宦發展均止步州縣。

二、唐宋「書判拔萃登科人」多為行政官員

（一）唐代「書判拔萃登科人」的出身、仕宦遷轉統計與分析

如前文所論，出身或仕宦經歷有史可查的唐代「書判拔萃登科人」共三十八位。以下分別針對「書判拔萃登科人」的出身、和仕宦遷轉進行統計與分析。

1. 唐代「書判拔萃登科人」的出身統計與分析

書判拔萃科與「明法科」考試的性質不一樣。「明法科」本身是科舉考試中的常科科目，是考生取得科舉出身的考試。而書判拔萃科則是吏部選官考試的一種。因此書判拔萃科的應試者，常常都是有出身或已出官者。據筆者統計，三十八位唐代「書判拔萃登科人」，出身經歷可考者共二十八位，無科舉出身或史載不詳者十位。出身經歷可考的「書判拔萃登科人」中，其出身

主要是常科中的進士科與明經科。其具體情況如下表統計：

表 5-7　唐代「書判拔萃登科人」的出身統計表

出　身		人物姓名	數量	比　例
常科	進士	王閟、于邵、白居易、李商隱、鄭亞、鄭畋、李蔚、陸贄、李珏、楊漢公、崔龜從、張巡、鄭肅、盧商、畢誠、杜審權、李夷簡、郗純、顧少連、楊發、路群、盧鈞	22	57.9%
	明經	盧邁、柳玭、韋溫、李巽、顏春卿	5	13.2%
制科	諷諫主文	鄭珣瑜	1	2.6%
無科舉出身或史載不詳		敬寬、王袞、張正矩、侯翩、黃訧、崔瑨、崔琪、顧師閔、顏杲卿、顏曜卿	10	26.3%
合計			38	

由上表統計情況來看，

其一，有出身的唐代「書判拔萃登科人」絕大多數都有常科出身，常科出身中又主要是進士科與明經科，無諸科出身者。其中，進士出身者二十二人，比例高達 57.9%。而制科出身者只有鄭珣瑜一人以「諷諫主文」制科等第。

其二，筆者以為，無科舉出身或史載不詳的「書判拔萃登科人」中，可能大多是有廕補出身。如崔瑨、崔琪出於大士族博陵崔氏。崔琪之父崔頤，貞元初進士登第，卒於同州刺史任上。崔琪兄弟八人皆至達官，時號「八龍」。《舊唐書‧崔琪傳》對崔琪父親崔頤及崔琪的兄弟崔琯、祖之出身及仕宦經歷記載甚詳。〔註 11〕如崔琪有科舉出身，斷無可能不載之本傳。又由於崔琪與崔瑨皆出於大士族，如無科舉出身之記載，則很有可能是以廕補出身參加書判拔萃考試。又如顏春卿、顏杲卿與顏曜卿兄弟。據《新唐書‧顏杲卿》本傳記載：顏春卿曾舉明經，顏杲卿又以廕補遂州司法參軍。〔註 12〕如此，若顏曜卿亦曾有科名，則不可能不錄。又因其出自琅邪顏氏，與顏真卿是同五

〔註 11〕（後晉）劉昫等：《舊唐書》卷一百七十七，《崔琪傳》，中華書局，1975 年，第 4587～4591 頁。

〔註 12〕（宋）歐陽修、宋祁等：《新唐書》卷一百九十二，《顏杲卿傳》，中華書局，1975 年，第 5529～5533 頁。

世祖兄弟，是為文儒世家。父親顏元孫曾為濠州刺史。因此，顏曜卿亦很有可能與顏杲卿一樣是蔭補出身。又查此外，又如王袞，其墓誌銘由時任庫部郎中知制誥的李珏，根據時任御史中丞兼刑部侍郎的宇文周所錄的王袞生平而撰寫，由此可見，王袞的墓誌銘的撰寫是很慎重的。如王袞曾有科名，則必定會作為逝者的重要生平經歷勒石以記之。而其墓誌不載此事，又加之王袞亦出自大士族琅琊王氏，其父祖皆入仕。〔註13〕由此，筆者以為王袞很可能亦是蔭補出身。

　　其三，據清人李慈銘《越縵堂讀書記》記載：「唐制中進士科後未即授官，往往更舉制科及拔萃科等，有一人歷舉三四科者。」〔註14〕其原因就在於：「蓋唐人登第後，須再中宏詞、賢良及拔萃諸科方得官也。」〔註15〕的確如是，二十八位出身經歷可考的唐代書判拔萃登科人中，亦有一人歷三四科者。如白居易以進士出身登書判拔萃科後，又應制科。「元和元年四月，憲宗策試制舉人，應才識兼茂、明於體用科，策入第四等，授盩庢縣尉、集賢校理。」〔註16〕崔龜從進士及第後，又登賢良方正制科，再試書判拔萃科。〔註17〕又有鄭亞，「元和十五年擢進士第，又應賢良方正、直言極諫制科。吏部調選，又以書判拔萃，數歲之內，連中三科。聰悟絕倫，文章秀發。」〔註18〕此外，陸贄在書判拔萃及第之前，亦曾應博學宏詞科。〔註19〕張巡進士及第後，更是三次舉書判拔萃入等。〔註20〕

〔註13〕　（唐）李珏：《唐故朝散大夫守尚書吏部郎中兼侍御史知雜事上柱國臨沂縣開國男食邑三百戶琅琊王府君墓誌銘並序》，收錄於周紹良、趙超主編：《唐代墓誌彙編》，上海古籍出版社，1992版，第2134頁。

〔註14〕　（清）李慈銘：《越縵堂讀書記》史部，《地理類》，上海書店出版社，2000年，第514頁。

〔註15〕　（清）李慈銘：《越縵堂讀書記》集部，《劄記》，上海書店出版社，2000年，第1317～1318頁。

〔註16〕　（後晉）劉昫等：《舊唐書》卷一百六十六，《白居易傳》，中華書局，1975年，第4340～4358頁。

〔註17〕　（後晉）劉昫等：《舊唐書》卷一百七十六，《盧商傳》，中華書局，1975年，第4572～4573頁。

〔註18〕　（後晉）劉昫等：《舊唐書》卷一百七十八，《鄭畋傳》，中華書局，1975年，第4630頁。

〔註19〕　（後晉）劉昫等：《舊唐書》卷一百三十九，《陸贄傳》，中華書局，1975年，第3791～3792頁。

〔註20〕　（後晉）劉昫等：《舊唐書》卷一百八十七，《張巡傳》，中華書局，1975年，第4899～4902頁。

2. 唐代「書判拔萃登科人」的歷官統計與分析

與「明法及第人」相比，「書判拔萃科登科人」的身份信息較為複雜。因此在討論「書判拔萃登科人」的仕宦經歷時，必須要對「書判拔萃登科人」登科時的身份與職官、登科後的初任授官以及仕宦生涯的歷官分別加以統計與分析。

（1）唐代「書判拔萃登科人」的應試身份

據前文所論，唐代書判拔萃科的應試者必須是未滿守選年限的和已滿守選年限的及第舉子以及六品以下秩滿待遷的文職官員。由此，筆者對三十八位唐代「書判拔萃登科人」應試時的身份進行了統計，其中有十一位應試時的身份不詳，現僅就其餘二十七位的應試身份進行整理，結果如下表所示：

表 5-8　唐代「書判拔萃登科人」的應試身份統計表

身　份	人物姓名	數量	比　例
及第舉子	于邵、白居易、鄭亞、楊漢公、崔龜從、鄭肅、盧商、畢諴、顧少連、楊發、路群、盧鈞、顏春卿	13	48.1%
已出官者	張正矩（和中參軍）、李商隱（弘農縣尉）、鄭畋（秘書省校書郎）、李蔚（襄陽從事）、盧邁（太子正字、藍田尉）、陸贄（華州鄭縣尉）、柳玭（秘書省正字）、韋溫（太常寺奉禮郎）、李珏（河陽幕府）、李巽（華州參軍）、杜審權（江西觀察判官）、李夷簡（鄭丞）、鄭珣瑜（陽翟丞）、顏杲卿（遂州司法參軍）	14	51.9%
合計		27	
不詳	王閲、敬寬、黃詵、崔瑨、張巡、顧師閔、郗純、顏曜卿、王衮、侯弼、崔珙	11	

由上表統計的情況可知，以及第舉子身份試中書判拔萃科者十三人，比例為 48.1%；而以秩滿待遷的文職官員身份試中書判拔萃科者十四人，比例為 51.9%。及第舉子和秩滿待遷的文職官參加書判拔萃科考試，登科的幾率大致一樣。書判拔萃科的登科概率也似乎不因及第舉子缺少實際政務經驗而有所降低。

（2）唐代「書判拔萃登科人」登科後的授官情況

據筆者統計，三十八位唐代「書判拔萃登科人」中，有十位登科後的授

官情況不詳，故以下僅根據二十八位「書判拔萃登科人」的登科後授官情況
進行統計。其次，由於唐代「書判拔萃科登科人」的仕宦經歷可謂是千差萬
別，因此，筆者僅擇取他們仕宦生涯中較具共性的職官以及與法官職業的聯
繫較為密切的職官，作出以下統計：

表 5-9　唐代「書判拔萃登科人」登科後授官統計表

職　官		人物姓名	數量	總數	比　例
京官	監察御史	李蔚	1	11	39.3%
	右拾遺	杜審權、崔龜從	2		
	校書郎	韋溫（秘書省）、于邵（崇文館）、白居易（秘書省）、楊發、盧商（秘書省）、盧鈞	6		
	秘書省正字	王衮、李商隱	2		
州司佐官	從事	侯酈、鄭亞、楊漢公、畢諴	4	7	25%
	度支判官	柳玭	1		
	統稱	崔琪、路群	2		
縣官	縣尉	鄭畋（直史館事）、李珏、李巽（鄂縣）、李夷簡（藍田）、鄭珣瑜（萬年）、鄭肅	6	10	35.7%
	主簿	盧邁（充集賢校理）、陸贄、顧少連（登封）、顏春卿（犀浦）	4		
合計				28	
不詳		張正矩、顏杲卿、王閱、敬寬、黃詵、崔瑨、張巡、顧師閔、郗純、顏曜卿		10	

表 5-10　唐代「書判拔萃登科人」歷官統計表

職　官		人物姓名	數量	總數	比　例
宰相		鄭畋、李蔚、李珏、盧邁、陸贄、崔龜從、崔琪、鄭肅、盧商、畢諴、李夷簡、鄭珣瑜、盧鈞	13	13	34.2%
刑部	尚書	白居易、崔琪	2	11	28.9%
	侍郎	白居易、鄭肅、盧商、畢諴	4		
	郎中、員外郎	盧邁、鄭亞、鄭畋、鄭珣瑜、柳玭、崔瑨	6		

御史臺	御史大夫	柳玭、李夷簡	2	16	42.1%
	御史中丞	鄭亞、盧鈞、鄭肅、李夷簡	4		
	侍御史	盧邁、李商隱、鄭珣瑜、楊發、柳玭、畢諴、李夷簡、韋溫	8		
	監察御史	李蔚、陸贄、鄭亞、楊發、路群、畢諴、李夷簡、顧少連	8		
大理寺	大理卿	盧商	1	2	5.3%
	大理評事	鄭珣瑜	1		
其他	知貢舉	杜審權、李蔚、陸贄	3	3	7.9%
	翰林學士	白居易、路群、畢諴、顧少連、侯翩、陸贄、韋溫、李珏	8	8	21.1%
	知制誥	于邵、杜審權、李蔚、韋溫、李珏、崔龜從	6	6	7.9%
	左右拾遺	白居易、崔龜從、杜審權	3		
	左右補闕	柳玭、鄭珣瑜、盧鈞、柳玭、盧邁、韋溫、李珏	7	10	26.3%

韓愈有言曰：「方聞國家之仕進者。必舉於州縣，然後陞於禮部、吏部，試之以繡繪雕琢之文，考之以聲勢之逆順，章句之短長，中其程序者，然後得從下士之列。」〔註21〕清人李慈銘亦有言：「唐最重進士，然登第後不過得遠小縣簿尉，並多不謁選者，必再登宏詞及制策諸科，（如賢良方正直言極諫才識兼茂諸科，皆名製科。）或試書判拔萃，乃得拜畿縣尉及校書郎集賢校理等官，最高者得擢左右拾遺。否則為節度觀察使辟掌書記，及推官巡官等職。由使府入者，多拜監察御史，始可望通顯。其實監察御史不過正八品官，拾遺從八品官也。」〔註22〕從上表兩表的統計情況來看，李慈銘所言不虛。

其一，與「明法及第人」相比，「書判拔萃登科人」的政治前途似乎要好很多。唐代「書判拔萃登科人」登科後授予京官的比例較高，是為39.3%，而「明法及第人」初任京官的比例僅為11.1%。唐代「書判拔萃登科人」登科後授予的京官也以校書郎、正字居多。張說為郭震撰寫的墓誌銘有云：「時輩皆

〔註21〕（唐）韓愈：《上宰相書》，收錄於（唐）韓愈撰，馬其昶校注：《韓昌黎文集校注》，上海古籍出版社，1986年，第153～158頁。

〔註22〕（清）李慈銘：《越縵堂讀書記》集部，《筍記》，上海書店出版社，2000年，第1250頁。

以校書正字為榮」。〔註23〕此外，還有授予監察御史和右拾遺者。由此可見，在時人看來，「書判拔萃登科人」的授官待遇是很榮寵的。「書判拔萃登科人」的仕宦發展不僅起點高，前景也十分廣闊。三十八位唐代「書判拔萃登科人」中，居然有十三位官至宰相，這一幾率是十分驚人的。由此亦可見，書判拔萃登科絕對是唐代士人宦海沉浮的一個重要契機。

其二，「唐代書判拔萃登科人」登科後授予的職官與法官職業幾乎沒有什麼聯繫，二十八位「書判拔萃登科人」沒有一個人在登科後被授任為法官。但從他們的歷官情況來看，「書判拔萃登科人」就職中央法司機關的幾率也很高。據前文統計，唐代「明法及第人」在中央法司的任職主要是在大理寺，而「書判拔萃登科人」則主要就職於刑部和御史臺。三十八人中，有十一人曾就職於刑部，比例為 28.9%。有十六人曾就職於御史臺，比例為 42.1%。這種情況的出現並不能說明唐代「書判拔萃登科人」的仕宦經歷與法官職業有著非常緊密的聯繫。據前文李慈銘所言，一般情況下，唐代進士的仕進之路多自州司佐官而起，再以監察御史一職轉為京官，由此晉身通達。由此可見，監察御史本身就是一般進士晉身的跳板，與是否書判拔萃登科沒有必然的聯繫。此外，儘管唐代「書判拔萃登科人」就職於刑部的幾率也很高，但史傳中也並沒有對他們的司法實踐予以特別的關注。於此相應的是，史傳中，唐代「書判拔萃登科人」往往貼著「文學優長」的標籤，而他們的文學才華也常常為統治者重視。他們當中，有八人曾經充任翰林學士，有六人擔任知制誥，還有三人還擔任過科舉考試的主考官。相比其他「試法入仕人」，史料文獻中的唐代「書判拔萃登科人」卻是一種熟於禮學，能文善書的形象。

其三，唐代「書判拔萃登科人」的仕宦經歷與唐代榮升宰相所須經歷的主要職官相一致。《封氏見聞記》有云：「宦途之士，而歷清貴，有八俊者：一曰進士出身，制策不入。二曰校書正字不入。三曰畿尉不入。四曰監察御史、殿中不入。五曰拾遺、補闕不入。六曰員外、郎中不入。七曰中書舍人、給事中不入。八曰中書侍郎、中書令不入。言此八者尤為俊捷，直登宰相，不要歷餘官也。同僚遷拜，或以此更相譏弄。」〔註24〕由此可見，「八俊」之職，是

〔註23〕（唐）張說：《兵部尚書代國公贈少保郭公行狀》，收錄於（清）董誥等：《全唐文》卷二百三十三，中華書局，1983 年，第 2453 頁。

〔註24〕（唐）封演撰，趙貞信校注：《封氏聞見記校注》卷三，《制科》，中華書局，2005 年，第 18～19 頁。

唐之士子仕宦升遷中最俊捷之途徑，而唐代「書判拔萃登科人」的仕宦之路也大致與這「八俊」之職相一致。

（二）宋代「書判拔萃登科人」的出身、仕宦遷轉統計與分析

如前文所論，由於宋代書判拔萃科的存續時間不長，同時其考試制度也屢經變動。宋代書判拔萃科雖沿用其名，但考試性質已發生了重大變化。前文考證有宋代「書判拔萃登科人」共十八位。以下分別對「書判拔萃登科人」應試時的身份、試中後的授官情況以及和歷官情況進行統計與分析。

1. 宋代「書判拔萃登科人」的應考時的身份與前任官之統計與分析

據筆者統計，十八位宋代「書判拔萃登科人」中，應考時身份與前任官不詳者共七位。以下僅根據資料可考的十一位的相關情況，作出如下統計：

表 5-11　宋代「書判拔萃登科人」出身統計表

出　身	人物姓名	數量	比　例
進士	宋白、宋瑙、李若拙、余靖、尹洙、吳感、毛洵、江休復、閻詢、張伯玉	10	55.6%
無科舉出身或史載不詳	田可封、孫邁、譚利用、朱賦、穎贄、李惇裕、張孝孫、林億	8	44.4%
合計		18	

表 5-12　宋代「書判拔萃登科人」應考時的身份與前任官統計表

身份與前任官			人物姓名	數量	總數	比　例
已出官者	令錄	知縣	尹洙	1	9	81.8%
	判司簿尉	司法參軍	江休復	1		
		司戶參軍	張伯玉	1		
		司理參軍	李惇裕	1		
		縣尉	余靖	1		
		主簿	毛洵、張孝孫、吳感	3		
	其他	太廟齋郎	李若拙	1		

及第舉子	進士	宋白、宋璫	2	2	18.2%
小計（不含信息不詳）				11	
信息不詳		田可封、孫邁、譚利用、朱賦、穎贄、閻詢、林億		7	

由上表統計的情況可知：有宋一代，以新及第舉子的身份試中書判拔萃科的應試者較少，僅有兩人。絕大多數都是任滿待遷的已出官人，其比例高達81.8%。這與唐代二者比例平分秋色的情況不一樣。此種情況的出現，主要是因為宋代書判拔萃科考試的性質一度發生了轉變。據前文所述，建隆三年（962）至大中祥符元年（1008），書判拔萃科考試是允許及第舉子與任滿待遷的已出官人一同應試的。而天聖七年（1029）到景祐元年（1034）年間的書判拔萃科考試則不允許新及第舉子應試。宋白和宋璫這兩位新及第舉子的登科時間正好也就在乾德年間，而天聖七年之後，則無其他及第舉子書判拔萃登科了。

2. 宋代「書判拔萃登科人」登科後的授官情況

儘管據前文所論，宋代「書判拔萃登科人」共有十八位，且宋史入傳者亦有七位，但是除此七人以外，其餘十一位的仕宦經歷不詳。若以七人之仕宦經歷做列表統計，似乎不具備代表性。所幸的是，宋代史料文獻中，「書判拔萃登科人」登科後授官情況可考者共十六人，以下僅對「書判拔萃登科人」登科後的授官情況及終任情況做一統計。

表 5-13 宋代「書判拔萃登科人」登科後授官統計表

職官		人物姓名	數量	總數	比例
京官	大理寺丞	李惇裕、江休復	2	4	25%
	右拾遺	譚利用	1		
	著作佐郎	宋白	1		
幕職州縣官	兩使職官	閻詢、張伯玉、林億、吳感	4	12	75%
	知縣	尹洙、余靖、毛洵、張孝孫	4		
	判司簿尉	田可封、孫邁、宋璫、李若拙	4		

小計（不含信息不詳）		16
信息不詳	朱賦、穎贄	2

表 5-14 宋代「書判拔萃登科人」終任職官統計表

職	官	人物姓名	數量	總數
京朝官	工部尚書	余靖	1	3
	吏部尚書	宋白	1	
	刑部郎中	江休復	1	
州	知州	宋璫、李若拙、閻詢	3	4
	監當官	尹洙	1	
小計（不含信息不詳）			7	
信息不詳		田可封、孫邁、譚利用、朱賦、穎贄、李惇裕、張孝孫、吳感、張伯玉、林億、毛洵	11	

由以上兩表之統計情況可知：

其一，按乾德二年（964）頒布的銓選之法：「凡拔萃、制舉及進士、《九經》判中者，併入初等職官，判下者依常選。」〔註25〕按規定，「書判拔萃登科人」登科後即授予初等職官，而由以上兩表統計情況來看，這一規定並未得到實際執行。書判拔萃登科人登科後既然授予了初等職官以上的京官、兩使職官，也授予了初等職官以下的令、錄與判寺簿尉，獨獨沒有授予初等職官者。

其二，較之唐代，宋代「書判拔萃登科人」的政治地位有所下降。宋代「書判拔萃登科人」登科後多授予州縣幕職官，比例高達 75%。唐代「書判拔萃登科人」授予京官的幾率是為 39.3%，而宋代僅為 25%。其次，儘管十八位宋代「書判拔萃登科人」有七位於《宋史》有傳，但從仕宦經歷來看，他們難以躋身高位，而唐代「書判拔萃登科人」中，多有拜相者。

其三，與唐代「書判拔萃登科人」一樣，宋代「書判拔萃登科人」的仕宦經歷與法官職業的聯繫亦不密切。儘管李惇裕、江休復在登科後被授予了大理寺丞的職務，但朝廷的這一決定並非基於他們具有良好的法律素養而有意為之。按宋代選人選京官制：「有出身：判、司、簿、尉，七考除大理寺丞。

〔註25〕（元）脫脫等：《宋史》卷一百五十八，《選舉四》，中華書局，1977 年，第3596 頁。

（不及七考，光祿寺丞。不及五考，大理評事。不及三考，奉禮郎。）初等職官，知令、錄，六考除大理寺丞。（不及六考，光祿寺丞。不及三考，大理評事。）兩使職官，知令、錄，六考除著作佐郎。（不及六考，大理寺丞。不及三考，光祿寺丞。）支、掌、防、團判官，六考除太子中允。（不及六考，著作佐郎。）節、察判官，六考除太常丞，（不及六考，太子中允。）無出身：判、司、簿、尉，七考除衛尉寺丞。（不及七考，大理評事。不及五考，奉禮郎。不及三考，守將作監主簿。）初等職官，知令、錄，六考除衛尉寺丞。（不及六考，大理評事。不及三考，奉禮郎。）兩使職官，知令、錄，六考除大理寺丞。（不及六考，衛尉寺丞，不及三考，大理評事。）支、掌、防、團判官，六考除著作佐郎。（不及六考，大理寺丞。）〔註26〕由此可見，李惇裕與江休復在應試書判拔萃之前已出官，授任大理寺丞應該就是遵循了選人改京官的一般規則。儘管江休復的仕宦生涯中，曾歷任判尚書刑部，提點陝西路刑獄，累遷刑部郎中，但這種情況的出現，似乎也僅是個例。

三、宋代「試中刑法人」多出任中央法司法官

　　「試刑法」考試始於北宋初年，從設置之初，它就是選拔中央法司法官的專門考試。正因為「試刑法」考試的存在，可以替代「新科明法」選拔法律人才的功能，從而導致了新科明法的最終廢置。就史料文獻對「試刑法」考試制度的相關記載情況來看，「試刑法」考試制度大致經歷了三個發展階段：熙寧變法前，「試刑法」考試制度雖已逐漸完善，但並非一門形成定制的考試；熙寧變法時期，由於統治者的高度重視，「試刑法」考試的相關規則也就此形成定制；宋室南渡之後，「試刑法」考試制度也一直存續，然常常有應試者鮮少之憾。較之熙豐時期，「試刑法」考試也進入了一個衰落期。那麼，「試刑法」考試制度的興衰是否影響了「試中刑法人」的職業發展，不同時期的「試中刑法人」的出身、仕宦遷轉與他們的法律職業的關係又如何呢？據前文所論，筆者共考訂出宋代「試中刑法人」五十二位。其中，北宋熙寧變法前的「試中刑法人」九位，北宋熙寧變法後，「試中刑法人」十一位，南宋「試中刑法人」三十二位。以下對五十二位「試中刑法人」分別從應試時的身份、試中後的授官以及歷官情況進行了統計與分析。

〔註26〕（元）脫脫等：《宋史》卷一百六十九，《職官九》，中華書局，1977 年，第4038～4039 頁。

（一）宋代「試中刑法人」的出身、應試時的身份和職官之統計與分析

1. 宋代「試中刑法人」出身統計與分析

宋代文官選任以科舉考試為主要方式，此外還有恩蔭補官、學校考選、攝官、流外出職等途徑。筆者對五十二位「試中刑法人」的出身情況按科舉、蔭補與不詳三類進行了統計，結果如下表所示：

表 5-15　宋代「試中刑法人」出身統計表

出　身		北宋				南宋		合計
		熙寧前		熙寧後				
		姓　名	數量	姓　名	數量	姓　名	數量	
科舉	進士	許遵	1	莫君陳、孫諤、尹躬	3	吳交如、趙善養、錢宇、葉子高、奚士遜、趙希磐、趙立夫、趙善璙、胡夢昱、趙與懽、林炎、汪應元	12	16
	明經	劉安仁	1	王吉甫、祝康	2			3
	明法			王衣	1			1
	其他諸科	劉元規、韓晉卿	2	邵公輔	1			3
	科目不詳					蔣藺、邵公翰、邵袞	3	3
蔭補		閻諤、劉偓	2	毛澥	1	王次張、周自強、徐子寅、俞長吉、蔡洸、莫濛、沈作賓、俞澂、徐瑄、	9	12
不詳		劉永錫、劉直、韓嘉言	3	祝庶、王柏、孫輔道	3	李洪、李志行、單夔、吳師尹、胡僅、史彰祖、王補之、鄭璘	8	14
合計		9		11		32		52

由上表可知，「試中刑法人」以科舉出身和恩蔭入仕為多，這一特點亦大略符合苗書梅教授對《宋史》列傳中所載宋代入仕官員的出身作出的統計之規律。

其一，無論是南宋還是北宋，「試中刑法人」大多都有科舉出身。北宋時

期「試中刑法人」的科舉出身既有進士也有諸科，而南宋時期「試中刑法人」的科舉出身幾乎都是進士及第。這種情況的出現，與神宗熙寧年間罷廢「明經」諸科，獨留進士科，又立「新科明法」以待諸科不能業進士者的改革舉措有關。

其二，南宋時期蔭補出身的「試中刑法人」所佔的比例也大幅增加。這種情況的出現，可能與南宋時期恩蔭補官泛濫有關。宋室君主為籠絡人心，與士大夫分享政治特權，恩蔭補官的人數逐年上升，數量大大超過科舉入仕者。而與此同時，宋代統治者也認識到蔭補入仕者多是養尊處優，不學無術之輩，因此也注意對蔭補入仕者的晉用加以限制。蔭補入仕者補授品階較低，差遣升遷速度緩慢，銓試、呈試不合格的蔭補入仕者也不能獲得實際的差遣。如此一來，就導致了難以解決的冗官問題。在這種情況下，試中「試刑法」後的優厚待遇，一定程度上激勵了有才華學識的蔭補入仕者中紛紛赴考，這或許也是南宋時期蔭補出身的「試中刑法人」所佔比例大幅提高的原因之一。

2. 宋代「試中刑法人」應試時的身份與職官之統計與分析

研究「試中刑法人」的仕宦遷轉經歷，其職業發展的起點，是我們必須瞭解的基本內容。據前文索倫，筆者共考訂出宋代「試中刑法人」五十二位，但所有「試中刑法人」中，應試時的身份與所任職官可考者只有三十一位，現將相關情況統計如下表所示：

表 5-16　宋代「試中刑法人」應試時身份、職官之統計表

職　官		北宋試中刑法人				南宋試中刑法人		人數合計	比例
		熙寧前		熙寧後					
		姓　名	人數	姓　名	人數	姓　名	人數		
京官	大理評事					李洪、李志行	2	3	9.7%
	刑部檢法			祝康	1				
令錄	縣令	劉永錫、韓晉卿	2					5	16.1%
	縣丞					吳交如、周自強	2		
	司錄參軍	韓嘉言	1						

判司簿尉	司理參軍	劉直、劉安仁	2						
	司法參軍			孫諤、王衣	2	俞長吉	1		
	司戶參軍					趙與懽	1	11	35.5%
	主簿					趙立夫、趙善璙、胡夢昱	3		
	縣尉			邵公輔	1				
	教授					錢宇	1		
其他				毛澥（郊社齋郎）	1	徐子寅（監南嶽廟）、沈作賓（監饒州永平監）、汪應元（監北外酒庫）、王次張（承務郎）、莫濛（將仕郎）、蔡洸（將仕郎）徐瑄（補司戶參軍不赴）	7	8	25.8%
及第舉子				王吉甫、尹躬	2	單夔、趙希磐	2	4	12.9%
不詳		許遵、劉元規、閻諤、劉偓	4	莫君陳、祝庶、王柏、孫輔道	4	吳師尹、趙善養、俞澂、史彰祖、胡僅、王補之、葉子高、奚士遜、蔣藺、邵公翰、邵袞、林炎、鄭璹	13	21	
合計		9		11		32		52	

由上表統計情況來看：

其一、宋代「試中刑法人」參加考試的身份以已出官人居多，未出官的及第舉子僅有四人，僅占12.9%。熙寧以前沒有「試中刑法人」是以及第舉子身份應試，這是因為熙寧變法時期，才規定允許未出官的選人才加「試刑法」考試，這種情況的出現與歷史記載是相符的。

其二、試中前已出官的「試中刑法人」，其所任職官普遍較低。其中，以判司簿尉之官職者居多，比例達到35.5%。只有只有三位「試中刑法人」試中前的身份是京官。

（二）宋代「試中刑法人」試中後授任職官統計與分析

據筆者統計，五十二位「試中刑法人」中，有尹躬一人在試中「試刑法」之後沒有接受朝廷的任命。據曾敏行《獨醒雜志》記載：「其登科時年甚少，復中法科，繼聞以法科進者不大拜，悔之，不受省劄。」〔註27〕因此，在討論「試中刑法人」試中後授任的職官與歷官情況時，不宜將其統計在內。而其餘五十一位「試中刑法人」中，又有十一位「試中刑法人」試中後的授官信息不詳，因此，以下僅對四十位相關資料可考的「試中刑法人」試中後的授任職官情況進行統計與分析。

表 5-17 宋代「試中刑法人」試中後授任職官統計表

職　　官		北宋試中刑法人				南宋試中刑法人		總數	比例
		熙寧前		熙寧後					
		姓　名	人數	姓　名	人數	姓　　名	人數		
京官	大理寺丞	劉永錫、劉直、閻諤、劉偓、韓晉卿	5					36	87.5%
	大理寺詳斷	許遵	1						
	大理評事			王吉甫、王衣	2	吳交如、單夔、吳師尹、趙善養、俞長吉、蔡洸、莫濛、錢宇、奚士遜、蔣蘭、邵公翰、邵袞、趙立夫、趙善璙、胡夢昱、汪應元、鄭璹	17		
	大理寺法直			祝康	1				

〔註27〕（宋）曾敏行著，朱傑人標校：《獨醒雜志》卷六，《尹商老博聞強記》，上海古籍出版社，1986 年，第 54 頁。

	大理寺職官（籠統）			祝庶	1				
	提刑司檢法官					王次張、徐子寅、沈作賓、周自強	4		
	刑法官（籠統）			莫君陳	1				
	監製敕庫			孫諤	1				
	光祿寺丞	韓嘉言、劉安仁	2						
州縣官	縣令					趙與懽	1	5	12.5%
	司法參軍	劉元規	1	毛澥、邵公輔	2	徐瑄	1		
不詳				王柏、孫輔道	2	李洪、李志行、俞澂、史彰祖、胡僅、王補之、葉子高、趙希磐、林炎	9	11	
合計		9		10		32		51	

由上表統計情況來看，

其一，「試刑法」考試改變了應試者的政治命運。原本任職較低的已出官人，在試中「試刑法」後，基本上都改任京官，其比例高達87.5%。

其二，由於「試中刑法人」在試中前皆有官職，因此，他們試中後授予的職務之品秩也與他們試中前的身份與所任職務有較大關係。因此，研究「試中刑法人」試中後授官之品秩問題較為複雜。但不可否認的是，「試中刑法人」試中後授予的職官與法官職業的聯繫非常緊密，他們絕大多數都直接授予了中央法司法官職位，儘管韓嘉言和劉安仁沒有直接授任中央法司法官，但據前文所引，光祿寺丞之職亦為「廷尉之署」。四十人中，僅有趙與懽被授予縣令之職，其職官與法官職業沒有太大的直接聯繫。

其三，「試中刑法人」試中後一般授予大理評事職務。據統計，宋代「試中刑法人」授予大理評事者多達十九人。南宋以前，雖也有對「試中刑法人」授以大理寺職務的情況，而「試中刑法人」授予大理評事的現象出現在南宋時代。

（三）宋代「試中刑法人」歷官統計與分析

由於朝廷給予「試中刑法人」遷敘上的優待，吸引了諸多士人紛紛投考。對於數量龐大的低級文官而言，「試刑法」考試是他們人生中的一個重要機遇，也是他們仕宦經歷的轉折點。據筆者統計，除上文曾提到雖試中「試刑法」，但是最終沒有接受省劄文書的尹躬之外，還有孫輔道一人的仕宦經歷不可考，以下對其餘五十位「試中刑法人」的遷轉仕歷進行了統計：

表 5-18　宋代「試中刑法人」歷官統計表

職　官		北宋試中刑法人				南宋試中刑法人		小計	總計
		熙寧前試中		熙寧後試中					
		姓　名	人次	姓　名	人次	姓　名	人次		
大理寺	判寺、卿	許遵、韓晉卿	2	王衣	1	李洪、莫濛、周自強、吳交如、奚士遜、王補之	6	9	
	少卿	韓晉卿	1	王吉甫、莫君陳、王衣、	3	李洪、周自強、吳交如、莫濛、徐子寅、俞澂、王補之、奚士遜、徐瑄	9	13	
	正			王吉甫、王衣	2	莫濛、周自強、徐子寅、單夔、吳交如、俞澂、沈作賓、史彰祖、奚士遜、蔣蘭、趙立夫、俞長吉、鄭璹	13	15	43
	丞	劉永錫、劉直、閻諤、劉偃、韓晉卿	5	王吉甫、莫君陳、王衣	2	李志行、莫濛、周自強、蔡洸、俞長吉、徐子寅、單夔、吳交如、俞澂、王補之、奚士遜、蔣蘭、趙善璙、邵公翰、林炎	15	22	
	詳斷	許遵、韓晉卿、劉安仁	3					3	

	評事			王吉甫、王衣、祝康、王吉甫	4	李洪、李志行、吳交如、周自強、單夔、吳師尹、趙善養、俞長吉、蔡洸、莫濛、錢宇、奚士遜、蔣蘭、邵公翰、邵袞、趙立夫、趙善璙、胡夢昱、汪應元、鄭璹、徐子寅、沈作賓、胡僅、史彰祖、王補之、葉子高、徐瑄、趙希磐、趙與懽、林炎	30	34
	法直			祝康	1			1
	籠統			祝庶	1			1
刑部	尚書					單夔、趙立夫	2	2
	侍郎			王衣	1	周自強、莫濛、俞澂、汪應元	4	5
	郎中、員外郎	韓晉卿	1	王吉甫、祝康、祝庶、王柏、莫君陳、王衣	6	李志行、周自強、蔡洸、趙善養、吳交如、俞澂、沈作賓、王補之、奚士遜、邵袞、徐瑄、趙立夫、鄭璹、趙善璙、汪應元	15	22	25
	詳覆官			邵公輔	1			1
審刑院詳議官		許遵、韓晉卿	2					2
編敕所詳定、刪定官				祝康、孫諤、王衣、	3	周自強、單夔	2	5
提刑司	提點刑獄	許遵	1	莫君陳、王吉甫、王柏、孫諤	4	李志行、吳交如、周自強、徐子寅、趙立夫、莫濛、汪應元	7	12	16
	檢法官					王次張、徐子寅、沈作賓、周自強、徐子寅、俞澂、徐瑄	7	7

州 、 府 、 軍	知州、 府、軍	許遵、韓 晉卿	2	莫君陳、 祝康、王 吉甫、王 衣、孫諤	5	王次張、吳交如、 周自強、徐子寅、 單夔、俞長吉、蔡 洸、莫濛、沈作賓、 王補之、徐瑄、趙 立夫、趙善璙、趙 與懽、汪應元、鄭 璹	16	23	23
	通判	韓晉卿	1	王衣	1	王次張、趙善養、 沈作賓、王補之	4	6	
	司法參 軍	劉元規	1	毛瀚、邵 公輔	2	徐瑄、胡夢昱	2	5	

由上表統計的情況可以看出：

其一，「試中刑法人」不僅試中後就授予了法官職位，並且從「試中刑法人」的遷轉經歷來看，他們大多也都以此為契機，開始了他們的法官職業生涯。從統計數據來看，「試中刑法人」多就職於大理寺、刑部與諸路提點刑獄司。五十位仕宦經歷可考的「試中刑法人」中，有四十三位曾就職於大理寺，有二十五位有就職於刑部的經歷，亦有十六位曾就職於諸路提點刑獄司。

其二，「試中刑法人」中多有問鼎中央法司之最高職位者。據李之亮教授《宋代京朝官通考》一書之考訂，宋代可考的曾擔任過判大理寺或大理卿的人物共一百三十四位，擔任過大理少卿的人物共一百八十五位，擔任過大理正的人物共八十七位。〔註28〕而據筆者考訂，五十二位宋代「試中刑法人」中就有九位擔任過判大理寺或大理卿，十三位擔任過大理少卿，十五位擔任過大理正。由這些數據看來，「試中刑法人」躋身大理寺高位的幾率是十分驚人的。此外，還有十二位「試中刑法人」曾擔過提點刑獄公事，二位擔任過刑部尚書。

其三，南宋時期，「試中刑法人」以大理評事一職為起點而開始他們的法官職業之路的現象十分顯著。五十二位「試中刑法人」中有三十四位擔任過大理評事之職。北宋時期雖時有「試中刑法人」就任大理評事的情況，但時至南宋，三十一位「試中刑法人」就有三十位曾就任大理評事，比例高達96.8%。

〔註28〕 此數據是筆者根據李之亮教授《宋代京朝官通考》一書的考訂而統計的數據，並非書中直接給出的數據，因此可能存有些許誤差。參見李之亮：《宋代京朝官通考》，巴蜀書社 2003 年。

四、以「試中刑法人」為主體的法官後備群體之形成

儘管唐宋統治者都十分清醒地認識到：「法官之任，人命所懸。」〔註29〕其選任必須慎重，不可輕忽。但據前文對唐宋時期的「明法及第人」「書判拔萃科登科人」以及宋代「試中刑法人」的出身與仕宦經歷的整理與分析來看，儘管唐代統治者在科舉考試中創設了專門的法律考試科目，在吏部銓選中亦要求試判。但統治者始終沒有將「試法入仕人」視為法官選任的後備人選之意識。從總體上看，唐代「明法科」始終未能擺脫「最為下科」之命運，「明法及第人」的政治地位較低，難以獲得統治者的青睞。其仕途大多止於州縣，鮮有躋身朝序者。儘管唐代「書判拔萃登科人」最有政治前途，但試判能力只是他們綜合素質優秀的表現之一，其仕宦生涯與法官職業的聯繫並不大。

而真正將法律考試作為法官選任的方式則始於宋代。一方面，與唐代相比，宋代統治者對「試法入仕人」的態度有所不同。儘管宋代承襲了唐以來的「明法科」與「書判拔萃」科考試，但「書判拔萃」科只在北宋前期短暫存在，很快就因脫離實際需求而被廢置。而「明法科」考試制度則在神宗變法時期發生了蓋頭換面般的變革，如此「明法及第人」的政治地位才從「最為下科」轉自「最為榮寵」。同時，宋代統治者也認識到，普通官僚固須具備一定的法律素養，而對於法官而言，其所具備的法律素養則必須有著更高的要求，必須以法律考試的方式精加選擇。「試刑法」考試的設置目的就在於選拔中央法司法官。這種從基層官員中選拔具備法律素養的人才來擔任中央法司法官的選任模式，也因具有較大的現實意義，而最終取代了明法科考試。隨著法律考試的不斷發展，以「試中刑法人」為主體的法官後備群體也逐漸開始形成。

（一）唐代法官選任自選人中精擇

由史料文獻的相關記載來看，唐代統治者是很重視法官選任的。貞觀元年（627）唐太宗曾對臣僚言：「大理之職，人命所懸，此官極須妙選。」〔註30〕開成四年（839）唐文宗有敕云：「刑法之官，人命所繫。」由是頻有詔旨，

〔註29〕（唐）徐堅：《論刑獄表》，收錄於（清）董誥等：《全唐文》卷二百七十二，中華書局，1983 年，第 2764 頁。相關言論亦見於（宋）李燾：《續資治通鑒長編》卷四十七，真宗咸平三年五月丙寅，中華書局，2004 年，第 1021 頁。

〔註30〕（宋）王溥：《唐會要》卷六十六，《大理寺》，中華書局，1955 年，第 1148 頁。

令中書門下選拔才能之士。〔註31〕

　　而就具體選拔方式而言，唐玄宗時開元十四年（726）曾頒布《慎選法官敕》：「比來所擬法官，多不慎擇，或以資授，或未適才。宜令吏部，每年先於選人內精加簡試，灼然明閒法理者留擬。其評事以上，仍令大理長官相加簡擇。並不得授非其人。」〔註32〕由此可見，唐玄宗時法官的選任主要是從吏部銓選中挑選較具法律素養的選人來擔任，而大理評事以上的官員則有大理寺卿親自選任。天寶九年（750）又特別規定：「大理評事，今後子弟及至親中，有未歷幾縣者，不得注授」〔註33〕這就是要求大理評事之職，必須挑選有基層工作經驗的人方可授任。唐穆宗時亦有詔稱：「稱成康之盛，則舉措刑。贊文景之德，亦言斷獄。況自文祖太宗皇帝親錄囚徒，躬省冤滯，法官所選，豈易其人。其大理寺官屬，比來吏部所授，多非其才，宜令精選有志行詞學，兼詳明法律注擬。」〔註34〕由此可見，儘管唐穆宗時朝廷也希望能選拔到合適的法官人選，但其多為的「精選」方式，也無非是從吏部選人中挑選，其具體標準是必須精通刺血，法律素養只是次要要求。

　　唐武宗會昌二年（842）十月，中書門下奏請慎選法官：「大理寺法官，伏見衛覬稱：刑法者，國家之所貴重，而私議之所輕賤。獄吏者，百姓之所懸命，而選任之所卑下。王政之弊，未必不由此也。臣等商量，望委中書門下，精擇法官，選任不得在文學官之後。如有缺員，兼委大理卿自舉所知，舉不得人，顯加殿罰。向後御史臺取御史，數至三人以上，即須取法官一人。所冀刑法之官，皆知勸勵。」〔註35〕衛覬所言可謂是道盡了唐代法官地位的現實情況。儘管朝廷屢次強調刑法之重，而在士人看來，法官之地位仍屬卑下之列，序在文學官之後。直至會昌五年（845），唐武宗在《加尊號後郊天赦文》中才首次規定：「向後諸州府推事，並須差見任官仍在兩考內者，其刑部大理

〔註31〕（宋）王溥：《唐會要》卷六十六，《大理寺》，中華書局，1955年，第1149頁。

〔註32〕（清）董誥等：《全唐文》卷三十五，《慎選法官敕》，中華書局，1983年，第383頁。

〔註33〕（宋）王溥：《唐會要》卷六十六，《大理寺》，中華書局，1955年，第1148頁。

〔註34〕（清）董誥等：《全唐文》卷六十六，《南郊改元德音》，中華書局，1983年，第703頁。

〔註35〕（宋）王溥等：《唐會要》卷六十六，《大理寺》，中華書局，1955年，第1150頁。

法直，並以明法出身人充。」〔註36〕如是之後，才有了中央法司的法官以明法出身人充任之制。

綜上所述，儘管唐代統治者非常重視法官之職的選授，但就法官選任之條件而言，法律素養則不是主要的考慮因素。一般的要求是「志行詞學，兼詳明法律」，法律素養反而是通曉文學的陪襯因素。而就法官的法律素養而言，其要求也較為寬泛，缺乏一個具體的規範化、條理化的評價機制。儘管在科舉考試與吏部銓選中都規定有法律考試的內容，但從唐代法官選任方式來看，法律考試與法官選任並沒有太大的聯繫。

（二）宋代法官選任須經法律考試

據《續資治通鑒》記載：「五代以來，州郡牧守多武人，任獄吏，恣意用法。」〔註37〕為改變五代以來法官不明律令，武人擅權弄法之現象，宋代統治者開始對法官選任制度進行改革。早在宋朝初年，宋太祖就開始重視以法律考試作為法官選任的主要方式。建隆三年（962）八月乙未，在知制誥高錫的建議下，宋太祖下令：「注授法官及職官，各宜問書法十條以代試判。」〔註38〕這就是說，自此以後的法官選任必須以法律考試作為選拔方式，同時還加大了考試的難度，以試法書十條代替試判考試。

真宗時期，已有朝臣開始建議以「明法及第人」擔任基層法官。咸平三年（1000）五月丙寅，京東轉運副使孫何上疏有云：「又法官之任，人命所懸，太宗嘗降詔書，諸州司理、司法，峻其秩，益其俸。今吏部擬授之際，但問資歷相當，精律令者或令捕盜，憎章程者或使詳刑，動至紛拏，即議停替，小則民黎負屈，大則旱嘆延災。欲望自今司理、司法，並擇明法出身者授之，不足，即於見任司戶、簿、尉內選充，又不足則選嫻書判、練格法者考滿無私過，越資擬授。庶臻治古之化，用闡太平之基。」〔註39〕按孫何此言，諸州司法參軍和司理參軍之職須從「明法及第人」中選拔，不足員闕之時，方可從見任的其

〔註36〕（清）董誥等：《全唐文》卷七十八，《加尊號後郊天赦文》，中華書局，1983年，第818頁。

〔註37〕（清）畢沅：《續資治通鑒》卷二，《宋紀二》，太祖建隆二年五月庚寅，中華書局，1957年，第32頁。

〔註38〕（宋）李燾：《續資治通鑒長編》卷三，太祖建隆三年八月乙未，中華書局，2004年，第71頁。

〔註39〕（宋）李燾：《續資治通鑒長編》卷四十七，真宗咸平三年五月丙寅，中華書局，2004年，第1020頁。

他判司簿衛人中選充。大中祥符五年（1012）七月壬申，又有臣僚上言請求以「明法及第人」擔任諸州司法參軍，其言有云：「諸州軍司法參軍多不得其人，致刑法差枉，望令吏部銓謹擇明法出身者授之。」真宗詔群臣商議，而宰輔王旦有言：「明法雖習律文，亦須有才識。頃法官闕，多取屬縣簿、尉習刑名者代之，今請令銓司參酌施行。」〔註40〕真宗最終採納了王旦的意見，法官選任不僅要看是否有明法出身，也要看此人是否具備真才實學。

仁宗時期，朝廷開始注意以試中刑法人充任中央法司法官。天聖九年（1031）二月，朝廷頒布詔令：「自今後所舉大理詳斷、法直官，須有出身、令錄已上，歷任中曾充司法或錄事參軍或職官各成資官者。詳斷、法直官闕，並須先取索目前乞試斷案人但歷五考已上者，令眾官將元試卷看詳，取其通數稍多、引用不失者，並許保舉，更不拘資品。」〔註41〕這就說，大理寺詳斷、法直官的選任，必須優先考慮資歷五考以上的「試中刑法人」。為防止虛濫，還要對試中刑法人的試卷重新進行查驗，其中成績較好的「試中刑法人」，可以不拘資歷，保舉任官。

南宋時，《吏部條法》也明文規定，「試中刑法人」第三等以上、律學生在律學公試中三次試中第一以及新科明法及第之人，都可以授任提刑司檢法官。「提刑司檢法官，右注承務郎以上，次選人並曾任大理寺斷刑官，次曾任此職，（謂在職二年以上，非因本職過犯離任人。）次試中刑法第三等中以上，次曾為律學生公試三預第一人，次試中刑法第三等下人。（以上並謂經任人。）若出闕至見任人去替，一手無應選人就者，注進士新科明法出身、曾任司法任滿無過犯人，不限舉主。」〔註42〕

此外，「試中刑法人」以及在律學公試中獲得優異成績之人亦在司理參軍、司法參軍候選人之列。「注闕司理參軍（兼管同）。右注年未陸拾無贓罪人。仍先注曾歷刑獄差遣，或曾任司法無失出入人，作一等依名次差注。次曾試中刑法得推恩人，次律學公試中上、中等應曾推恩人，次銓試斷案入中上等人，（以上並謂經任人。）次初出官，試中刑法得推恩，與經任二考人，作一

〔註40〕（宋）李燾：《續資治通鑑長編》卷七十八，真宗大中祥符五年七月壬申，中華書局，2004年，第1774～1775頁。

〔註41〕（清）徐松輯，劉琳、刁忠民等校點：《宋會要輯稿》職官十五，上海古籍出版社，2014年，第3430頁。此條亦見於同書刑法一，第8279頁。

〔註42〕劉篤才、黃時鑒點校：《吏部條法》差注門三，收錄於楊一凡、田濤主編：《中國珍稀法律典籍續編》第二冊，黑龍江人民出版社，2002年，第103頁。

等依名次差注。次經任二考，與流外出身經任二考人，作一等依名次差注。司法參軍（兼管同）。右注年未陸拾無贓罪人。仍先注曾試中刑法得推恩人，次曾歷刑獄差遣無差失人，與曾任司法人作一等依名次差注。次銓試斷案入中上等人，（以上並謂經任人。）次初出官試中刑法得推恩與經任二考人。（謂不緣罪犯罷任件者。）作一等依名次差注。次經任二考，與流外出身經任二考人。作一等依名次差注。」〔註 43〕

宋代法官選任制度中，除重視以「試法入仕人」充任法官之外，統治者還特別規定有一些法官選任之禁止性規定。一是通過繳納錢財而獲得官職者不能擔任法官。如慶曆七年（1047），朝廷規定：「應納粟授官人，不除司理、司法參軍洎上州判官。」〔註 44〕南宋紹興六年（1136），朝廷也規定：「別作名目授官人，毋得親民刑法官，已授者並罷。」〔註 45〕二是恩蔭入仕者不經銓試也不得授以法官職務。熙寧四年（1071）的銓試之制規定：「任子年及二十，聽赴銓試。其試不中或不能試，選人滿三歲許注官，惟不得入縣令、司理、司法。」〔註 46〕

（三）宋代法官後備群體以「試中刑法人」為主體

宋初，「刑部、大理寺、三司法直官、副法直官等，自來以令史轉充。」〔註 47〕也正是由於「試刑法」考試制度的建立，才逐漸轉變了中央高級法官多出身於吏人的狀況，逐漸形成了以「試中刑法人」為主體的法官後備群體。「試刑法」考試成績優秀者不僅可直接充任法官之職。並且，若後來法官有員闕，亦優先從「試中刑法人」中選任。

「試中刑法人」以分數辨等級，別恩例，充任於不同層級的法官職位。每次考試只有成績最優的佼佼者可直接差充中央法司高級法官。神宗熙寧三

〔註 43〕 劉篤才、黃時鑒點校：《吏部條法》差注門二，收錄於楊一凡、田濤主編：《中國珍稀法律典籍續編》第二冊，黑龍江人民出版社，2002 年，第 84～85 頁。

〔註 44〕 （宋）李燾：《續資治通鑒長編》卷一百六十，仁宗慶曆七年二月丁未，中華書局，2004 年，第 3862 頁。

〔註 45〕 （宋）李心傳：《建炎以來繫年要錄》卷九十七，紹興六年正月丁丑，中華書局，1956 年，第 1599～1600 頁。此條亦見於：（清）徐松輯，劉琳、刁忠民等點校：《宋會要輯稿》職官五十五，中華書局，2014 年，第 4521 頁。

〔註 46〕 （元）脫脫等：《宋史》卷一百五十八，《選舉四》，中華書局，1977 年，第 3705 頁。

〔註 47〕 （清）徐松輯，劉琳、刁忠民等校點：《宋會要輯稿》職官十五，上海古籍出版社，2014 年，第 3426 頁。此條亦見於同書刑法一，第 8275 頁。

年（1070）規定：「第一等選人改京朝官，（京朝官）進一官，並補審刑、大理、刑部官；第二等選人免循一資，京朝官減二年磨勘；第三等選人免選，京朝官減一年磨勘。法官闕，亦聽補。考試關防，如試諸科法。」〔註48〕

熙寧五年（1072）五月又補充規定，「三司檢法官及開封府法曹、功曹參軍遇有闕，乞於新試中法官人內差填。」〔註49〕同月，朝廷又隨後聽從大理寺之建議，增置大理寺詳斷官二員，以新試中的試中刑法人中選充。〔註50〕

成績次優的「試中刑法人」也有可能差充為刑部、大理寺習學公事，或提刑司檢法官。如熙寧六年（1073）三月，除莫君陳外，次四人送法寺試斷案，或充提刑司檢法官；〔註51〕元豐元年（1078）規定：「刑部、大理寺，自今奏舉習學公事，並舉曾試刑法得循兩資以上人。」〔註52〕《會稽志》亦載：「浙東路提刑司幹辦公事一員或雙員，檢法官一員，銓注試中明法或曾歷任法曹掾人。」〔註53〕

宣和七年（1125）朝廷也特別規定：「比來法官之選寖輕，試法雖存，而試者日益鮮少。不經試入等人，宜毋使預法官之選。」〔註54〕這就是說，法官之任，寧缺毋濫。儘管應試者鮮少，但若非「試中刑法人」，就不能授予法官之職。

由前文對宋代「試中刑法人」仕宦經歷的統計可知，南宋時期的「試中刑法人」的仕宦經歷有一個非常特別的現象，就是幾乎所有的「試中刑法人」

〔註48〕（清）徐松輯，劉琳、刁忠民等校點：《宋會要輯稿》選舉一三，上海古籍出版社，2014 年，第 5522 頁。

〔註49〕（宋）李燾：《續資治通鑑長編》卷二百三十三，神宗熙寧五年五月壬辰，中華書局，2004 年，第 5657 頁。

〔註50〕（宋）李燾：《續資治通鑑長編》卷二百三十三，熙寧五年五月壬寅，中華書局，2004 年，第 5665 頁。筆者按：此條《宋會要輯稿》亦載。參見（清）徐松輯，劉琳、刁忠民等校點：《宋會要輯稿》職官二十四，上海古籍出版社，2014 年，第 3657 頁。

〔註51〕（宋）李燾：《續資治通鑑長編》卷二百四十三，神宗熙寧六年三月己巳，中華書局，2004 年，第 5925～5926 頁。（清）徐松輯，劉琳、刁忠民等校點：《宋會要輯稿》選舉一三，上海古籍出版社，2014 年，第 5523 頁。

〔註52〕（宋）李燾：《續資治通鑑長編》卷二八七，神宗元豐元年閏正月甲申，中華書局，2004 年，第 7029 頁。

〔註53〕（宋）施宿等撰：《嘉泰會稽志》卷三之七，收錄於《宋元方志叢刊》，第 6764 頁。

〔註54〕（清）徐松輯，劉琳、刁忠民等校點：《宋會要輯稿》選舉一三，上海古籍出版社，2014 年，第 5529 頁。

都有就任大理評事的經歷。北宋時「試中刑法人」與大理評事之職任的關係並不十分密切。宋太宗太平興國二年（977）規定：第一、第二等進士及九經及第者可授任大理評事。〔註55〕慶曆年間，制科入第三等，與進士第一等，除大理評事。〔註56〕由是可見，北宋初年，大理評事之職並沒有特別要求就任者必須具備一定的法律素養。在「試刑法」考試較為冷門的時期，大理評事亦可由以下方式遷敘，諸寺、監主簿，秘書省校書郎，秘書省正字（有出身轉大理評事），太常寺太祝、奉禮郎，中無出身可轉任大理評事。若是選人改京官，判、司、簿、尉，有出身者不及五考，可任大理評事，無出身者須不及七考；初等職官，知令、錄，有出身者不及三考，可任大理評事，無出身者須不及六考；兩使職官，知令、錄，無出身者不及三考，可任大理評事。〔註57〕由是可知，北宋初年，大理評事之職一般是選人改京官或京官遷敘時的通常途徑。

查諸史料，大理評事由「試中刑法人」充任之制，至遲自宣和七年（1125）始。據《宋會要輯稿》記載，是年七年四月十八日，朝廷為改變大理寺「比歲選任非人，議法不中」的現狀，而頒布詔令：「大理寺官評事以上，並差試中刑法人，見任人並罷。」〔註58〕宣和七年，正是宋庭風雨飄搖之際，統治者猶能關切法官選任，亦是難能可貴。

紹興四年（1134）七月，朝廷又下令再次重申：「大理寺評事今後依格差試中刑法第二等上人外，其第二等下人，令刑寺議，申朝廷除授。」按照舊法，大理評事之職必須以試中刑法第二等上者充任，第二等下者須由大理寺「選議保明」，再提交吏部差充。由於近年來「試中刑法人」日益鮮少，因此，朝廷也逐漸放寬了選任標準，有時試中第三等以下的也可以充任大理評事。〔註59〕據《宋會要輯稿》記載，淳熙十年（1183）間，朝廷曾聽從刑部尚書

〔註55〕（宋）馬端臨著：《文獻通考》卷三十，《選舉考三》，中華書局，2011 年，第 878 頁。

〔註56〕（宋）馬端臨著：《文獻通考》卷三十一，《選舉考四》，中華書局，2011 年，第 901 頁。

〔註57〕（元）脫脫等：《宋史》卷一百六十九，《職官九》，中華書局，1977 年，第 4023 頁。

〔註58〕（清）徐松輯：《宋會要輯稿》職官二四，上海古籍出版社，2014 年，第 3664 頁。

〔註59〕（清）徐松輯：《宋會要輯稿》職官二四，上海古籍出版社，2014 年，第 3666 頁。

謝廓然之建議，規定「試中刑法人」須先經諸路提刑司檢法官後方可充任大理評事。然大理少卿吳宗旦則持不同意見，大理評事本來就有員闕，如今又增加候選人資格，則難以選擇合適人選，建議恢復原來大理評事選授之舊法規定。按舊法規定：「試中刑法人未經外任，不得除大理評事。」朝廷最終聽從了吳宗旦之建議，恢復了大理評事選授舊法。〔註60〕

由於大理評事以「試中刑法人」充任的制度已經形成，因而，南宋史料文獻中，大理評事也常常被稱為「試刑法評事」。大理評事負責全國重大刑事案件的檢法斷刑，根據案件情況，草擬刑名，並從法典中找出應當適用的刑法。「天下奏劾命官、將校及大辟以下疑請讞者，隸左斷刑，則司直、評事詳斷，丞議之，正審之。」〔註61〕大理評事雖位於大理寺職位末端，卻又身處審斷重大案件的第一線，其所處理的實務也最為繁瑣。隆興二年（1164），大理評事鞏衍曾在上言中提及：「評事之職，檢斷天下獄案，並係躬自節案，親書斷語，最為勞苦，與其他差遣不同。舊額評事十四員，後來節次減作五員；斷刑寺丞舊額六員，又減作兩員。雖各竭力盡心，晝夜看詳書斷，實以官數累減，奏案益多，檢斷不辦。今來冬至詔書之後，在寺合斷案狀二百餘道。」〔註62〕由此可見，大理評事職責不可謂之不重，必須以專業的法律人才方可勝任。故而，以「試中刑法人」充任大理評事也成為了時代所需。

按制，元豐時期，大理寺評事以十二員為額。隆興二年（1164），又詔評事以八員為額，以雷、霆、號、令、星、斗、文、章為號。〔註63〕紹熙元年（1190）十一月，朝廷又針對以「試中刑法人」充任大理評事的員額展開了一場討論，有臣僚認為：八員大理評事，只須其中四員以「試中刑法人」充任，另四員宜參用儒者或有政績人。中書舍人倪思力排眾議，堅持不可減少「試刑法評事」的數量。他認為，大理寺獄案甚多，只用四員「試刑法評事」擬斷，力有不逮。「試刑法評事」數量不但不可減少，還須由有出身，曾有歷任的司直、主簿兼評事銜。〔註64〕

〔註60〕　（清）徐松輯：《宋會要輯稿》職官二四，上海古籍出版社，2014年，第3675頁。

〔註61〕　（宋）馬端臨著：《文獻通考》卷五十六，《職官考十》，中華書局，2011年。

〔註62〕　（清）徐松輯：《宋會要輯稿》職官二四，上海古籍出版社，2014年，第3670頁。

〔註63〕　（宋）馬端臨著：《文獻通考》卷五十六，《職官考十》，中華書局，2011年。

〔註64〕　（清）徐松輯：《宋會要輯稿》職官二四，上海古籍出版社，2014年，第3676～3677頁。

「廷尉，天下之平，國朝以來，知審刑院、判大理寺各以儒臣為之，所以重其選。」而熙寧「試刑法」考試形成定制之後，也多有「試中刑法人」躋身大理寺高位。這一定程度上打破了原本以儒臣就任大理寺高官的局面。「方今大理之官，初官試中刑法，多除評事，自評事改秩，即除寺丞，繼而遷正，遷郎，雖卿少，亦可以循次而進。」〔註65〕又據《宋史》記載，大理評事秩滿的遷轉規律一般是：有出身的可轉任大理寺丞，第一人及第出身的可轉任著作佐郎。無出身的轉任諸寺、監丞。內帶館職同有出身。〔註66〕由此可見，「試中刑法人」可以大理評事為起點，循例遷轉，由評事至丞至正，再遷刑部郎官，最終亦有可能擢升為大理寺卿。

「試刑法評事」遷轉速度太快，也引起一些朝臣反對。他們認為，大理評事之任固然要求具備專業的法律知識，也要求一定的司法經驗。「大理之官備，自非更歷州縣，諳練人情，洞曉法意者，未易居此。」而現在多有未出官人試中「試刑法」後直接授任大理評事，儘管未出官人沒有基層司法經驗，然而一旦他們由「試刑法」考試進入了大理評事之列，則有可能按照遷轉之例，位至卿少。如此則「問以法意，揆以民事，或未兩盡。」因此，隆興二年（1164）二月，朝廷下令提高「試中刑法人」任大理評事的資格：「雖試中刑法，必待歷任，然後除評事，自評事改秩，再歷外任，然後除丞，方為允當。」〔註67〕嘉泰三年（1203）五月，有臣僚上言，較之其他科目，「試刑法」為速化之科，有取於空名之嫌。近來考試選人不精，「既而入寺，一閱獄案，茫如煙海，始從寺官之先進者而問津焉。迨其習熟，汲汲外補，視棘寺如傳舍，以法律為假途，今日易秩，則明日請邑以行矣。」為了保證大理評事的在任員數，朝廷又詔令限制大理評事的遷轉速度：「試刑法評事」改秩，「必實歷兩考，方許外任知縣。任知縣滿三考後，又入為大理評事。」〔註68〕

「祖宗立法，垂之萬世，試中刑法人方許踏逐入寺，所以公天下之選。

〔註65〕（清）徐松輯：《宋會要輯稿》職官二四，上海古籍出版社，2014年，第3669～3670頁。

〔註66〕（元）脫脫等：《宋史》卷一百六十九，《職官九》，中華書局，1977年，第4023頁。

〔註67〕（清）徐松輯：《宋會要輯稿》職官二四，上海古籍出版社，2014年，第3670頁。

〔註68〕（清）徐松輯：《宋會要輯稿》職官二四，上海古籍出版社，2014年，第3678頁。

以故大理寺左斷刑官雖有員闕，不曾試中刑法之人，終莫得而覬也。」〔註69〕由此可見，除大理評事之外，宋代大理寺斷刑官也必須由「試中刑法人」擔任。斷刑官必須具體負責草擬斷決文書，輯出案件應當適用的法條，具有較強的專業性。因此，即便是在大理寺內部，主掌治獄的職務不得隨便與主掌斷刑的職務調任。紹興十二年（1142）六月，臣僚討論大理寺丞葉庭珪升任大理正之職有議云：「庭珪前日為丞，乃治獄之丞，今日為正，實斷刑之正。斷刑職事與治獄異，祖宗舊制，必以試中人為之。」儘管葉庭珪資歷頗深並且詳於刑法，只因不曾試中「試刑法」，故而不能轉升任大理正之職。〔註70〕又如孝宗乾道元年（1165）八月，刑部侍郎方滋上言：「大理寺正斷刑，寺正自來差試中刑法人，其右治獄繫差有出身或蔭補及試中刑法人，竊見見今左斷刑大理正向汸不曾試中刑法人，欲乞令逐官兩易其任。」最終，朝廷下令向汸與曾試中刑法的吳交如互換職位。〔註71〕

　　刑部詳議官、大理寺評事、寺正、左斷刑和右治獄都應從「試中刑法人」中選任，選舉不如法則有可能遭致彈劾。如神宗元豐四年（1081），判刑部陳睦因舉程伯孫為詳議官而招致御史朱服的彈劾，其原因就在於程伯孫並非「試中刑法人」，不符合奏舉條件。〔註72〕

　　「試中刑法人」在仕途遷轉上可享受的多種優待刺激了選人紛紛赴考。首先，考試最優者得改京官。蘇軾曾上書云：「選人改京官，常須十年以上。薦更險阻，計析毫釐，其間一事聱牙，常至終身淪棄。」〔註73〕由此可見選人改京官之艱。而「試刑法」則為選人改京官提供了一條捷徑。其次，成績稍次者亦得循資，減免磨勘。蘇軾曾云：「今之君子，爭減半年磨勘，雖殺人亦為之。」〔註74〕循資與磨勘直接決定官員的階秩升遷，儘管蘇軾此說有誇張

〔註69〕（清）徐松輯：《宋會要輯稿》職官二四，上海古籍出版社，2014 年，第 3670頁。

〔註70〕（清）徐松輯：《宋會要輯稿》職官二四，上海古籍出版社，2014 年，第 3677頁。

〔註71〕（清）徐松輯：《宋會要輯稿》職官六一，上海古籍出版社，2014 年，第 4717頁。

〔註72〕（宋）李燾：《續資治通鑒長編》卷三百十四，神宗元豐四年七月甲午，中華書局，2004 年，第 7604 頁。

〔註73〕（宋）馬瑞臨著：《文獻通考》卷三十八，《選舉考十一》，中華書局，2011 年，第 1112 頁。

〔註74〕（元）脫脫等：《宋史》卷三百三十八，《蘇軾傳》，中華書局，1977 年，第 10810 頁。

之嫌，但由此可見，「試中刑法人」可享受的循資和減免磨勘的優待，對處於下層的低級文官而言必然有著相當大的吸引力。但值得一提的是，有史可考的五十二位試中刑法人中，以博聞強志著稱的尹躬，少年登科，後來又試中「試刑法」，「繼聞以法科進者不大拜，悔之，不受省劄。」儘管他後來充任了一兩個大縣的知縣，以善斷稱聞。但也正是由於年少時涉世不深，放棄了試中「試刑法」之後的遷敘機會，他的仕途也就止步於此，從而再也沒能再進入到中央高級法官的序列，這或許也是他終身的遺憾。〔註 75〕

第二節　「試法入仕人」的知識結構

金耀基先生曾有云：「中國的考試制度的內容，主要是相應於原始儒家『君子』的理型而設的，因此具有濃厚的人文倫理氣息，它的功能是培養一批具有德品的通才。」〔註 76〕與此相應的是，唐宋時期的文官選任制度也旨在選拔既通文學，又精吏事的政務官員。但與此同時，統治者也意識到：人之品類，至不齊也。博識通才，百無一人。「文學政事，本是異科，求備一人，百中無一，況古來良宰，豈必文人。」〔註 77〕既然「世乏全材，則各錄其所長而用焉。」〔註 78〕正因如此，唐宋統治者在科舉考試與文官選任制度中設置了門目繁多的考試，以靈活多樣的科目來選拔各具所長的人才。

在「學而優則仕」的社會背景下，「試法入仕人」的知識結構很大程度上是由他們所受的教育及所參加的考試決定的。由是，科舉考試與文官選任考試也成為了影響「試法入仕人」知識結構的重要因素。由前文討論可以知，唐宋時期的「明法及第人」、「書判拔萃登科人」以及宋代「試中刑法人」的出身與仕宦經歷不同，那麼他們的知識結構也必然有所不同。按史料文獻的記載，「試法入仕人」的知識和能力，無非來自於以下幾條途徑：一是學校和家學啟蒙；二是本人日常閱讀與學習；三是應試學習；四是政務工作之實際經驗。筆者試以法律知識的來源途徑為切入點，對唐宋「試法入仕人」的知識結構進行討論。

〔註 75〕（宋）曾敏行著，朱傑人標校：《獨醒雜志》卷六，上海古籍出版社，1986 年，第 54 頁。

〔註 76〕金耀基：《從傳統到現代》，北京，中國人民大學出版社，1999 年，第 34 頁。

〔註 77〕（宋）王溥：《唐會要》卷六十九，《縣令》，中華書局，1955 年，第 1217 頁

〔註 78〕（元）脫脫等：《宋史》卷三百九，列傳第六十八，中華書局，1977 年，第 10179 頁。

一、唐宋「明法及第人」的精於律令，疏於經義

「明法科」是唐宋科舉考試中的一個科目，是獲得科舉出身的考試。除偶有恩蔭入仕人應試之外，「明法及第人」一般以未出官人居多，故而他們基本上沒有實際政務經驗。較之其他「試法入仕人」，「明法及第人」的身份與知識結構都較為單一。

（一）學校和家學啟蒙

據前文所論，律學生是唐宋明法科的考生來源之一。據唐代律學生的學習內容主要是明習律令，「律令為顓業，兼習格式法例。」〔註79〕即全面而系統的學習律令及其他形式的法律規範。而宋代律學下分兩個攻習方向，一個是斷案，另一個是律令大義。但律學生不分攻習方向，「每日講律一授」。「講律」的範圍也主要是《刑統》、編敕、律令格式及其他與法律規範。與唐代律學的教學內容差別不大。查諸文獻，在前文考證得出的二十六位唐、五代「明法及第人」與二十五位宋代「明法及第人」中，並無一人有律學學習的經歷。

據張鷟之墓誌銘記載：張鷟之父早年去世，故而自幼於外祖父家成長。「外王父大理丞某，重世為士，府君傳其憲章，博施精理。年十九，明法擢第，解褐饒陽尉。」〔註80〕由此可見，張鷟其先祖是范陽人，本出身於大族，而近世則門庭凋落。「家世尚儒，不及伯魚之訓。外祖為理，遂讀皋陶之書。」〔註81〕張氏一家本世代崇尚儒學，只因張鷟幼年喪父，而外祖父之族，世代為法官，因此張鷟攻習法律也是受到了外祖父的影響。

（二）自主學習

從史料文獻的記載來看，至少有五位「明法及第人」都是因對法家之學感興趣，而在日常之學中就開始專注於習識律令。張汦之墓誌銘有云：「以為經者訓人之本，或僻左丘明之傳，法者理道之先，故精志蕭何之律。」〔註82〕吉懷惲墓誌銘亦有云：「君覃精三尺，鏡十簡之明科；專懷九章，洞五刑之妙

〔註79〕（宋）歐陽修、宋祁等：《新唐書》卷四十八，《百官三》，中華書局，1975 年，第 1267 頁。

〔註80〕（唐）張說：《府君墓誌銘》，收錄於（清）董誥等編：《全唐文》卷二百三十二，中華書局，1983 年，第 2245～2246 頁。

〔註81〕（唐）張說：《唐贈丹州刺史先府君碑》，收錄於（清）董誥等編：《全唐文》卷二百二十八，中華書局，1983 年，第 2301～2303 頁。

〔註82〕《大唐故吳郡常熟縣令上柱國張公（汦）墓誌銘並序》，收錄於收錄於周紹良主編，《唐代墓誌彙編》，上海古籍出版社，2011 年，第 1591 頁。

蹟。既該條憲，俄應襃然，高第文昌，佇升清列。」〔註83〕許樞之墓誌銘稱其人在參加「明法科」考試前，曾對律令多有研究：「至如周用三典，漢法九章，皋呂則科簡雲合，鍾王則條例波委。觀璧寧分，罰金無當。公乃開披靈府，綜覆彝章，解褐以明法授詳刑評事。」〔註84〕楊岌也是：「常覽庭堅相虞，釋之佐漢，遂究法家之學，以作登科之首。」〔註85〕而李正本則是在平時讀律學時心生感悟，因自己是皋陶後裔，而身兼弘揚家學之使命。「後讀書至哀敬折獄，因歎曰：『我祖先皋陶為堯理官，豈可不明刑以求仕。』乃明法舉及第，解褐慈州昌寧縣主簿。」〔註86〕

宋代「明法及第人」，有張巨源，本就是因「素習法律」而被皇帝賜以明法及第出身。另有王衣，其墓誌銘有云：「公之宦學自致，蓋本家法。少習進士業蚤成，未冠已預鄉舉，用紫金公餘澤，奏補太廟齋郎，乃曰：『吾將仕矣，吏道以法令為師，可不務乎。』因為法家學試入等。」〔註87〕由此可見，王衣本來是自小攻習進士業的，並且亦曾試中鄉試。又以門蔭入仕，但他卻認為熟悉律令是為政者所必備之技能，由是又開始攻習法律，最終又獲得明法及第出身。

如名相張說之父張騭，年少時「好學不倦，問一反三，道機元鍵，罔不幽探。」〔註88〕在外祖父的影響下，張騭對法家之書有鑽研之功，但其神道碑又有云：「過四十始閱六籍：觀《詩》得之厚，觀《書》得之恒，觀《樂》得之和，觀《禮》得之別，觀《春秋》得之正，觀《易》得之元。曰：『君子多乎哉。事斯一言而已矣。』每誦道記，三復三寶，曰：『至人之心，有以垂

〔註83〕《唐故東宮左勳衛騎都尉宣義郎馮翊吉君墓誌銘並序》，收錄於周紹良主編，《唐代墓誌彙編》，上海古籍出版社，2011年，第750頁。

〔註84〕（唐）邵昇：《大周故正議大夫使持節都督巂州諸軍事守巂州刺史上柱國高陽縣開國男許君墓誌銘並序》，收錄於收錄於周紹良主編，《唐代墓誌彙編》，上海古籍出版社，2011年，第970頁。

〔註85〕《故河內郡武德縣令楊公（岌）墓誌銘並序》，收錄於周紹良、趙超主編：《唐代墓誌彙編（下冊）》，上海古籍出版社，1992版，第1601頁。

〔註86〕《唐故朝散大夫行洋州長史李府君（正本）墓誌銘並序》，收錄於吳鋼主編：《全唐文補遺》（第4輯），三秦出版社，1997年，第15頁。

〔註87〕（宋）綦崇禮：《北海集》卷三十五之一，《故右中大夫充集英殿修撰提舉江州太平觀歷城縣開國男食邑五百戶賜紫金魚袋王公墓誌銘》，收錄於《宋集珍本叢刊》，第312頁。王衣之生平亦見於（元）脫脫等：《宋史》卷三百七十七《王衣傳》，中華書局，1977年，第11659頁。

〔註88〕（唐）張說：《府君墓誌銘》，收錄於（清）董誥等編：《全唐文》卷二百三十二，中華書局，1983年，第2245～2246頁。

世。』」〔註89〕由是知，張鷟四十歲之後才開始關注儒家經典，可見其十九歲明法及第時，並沒有對儒家經典進行過系統的學習。

當然，據墓誌明文所載，有的「明法及第人」的知識結構並不侷限於法律，如盧醫王，「孝友忠信，盡萌於心，詩書禮樂，皆暗於口。」〔註90〕王植，其墓誌銘稱：「君幼挺聰異，博綜典墳。」〔註91〕又潘智，其人「倜儻瑰奇，博達聰敏，貫通六籍，馳騖九流。」〔註92〕然而，墓誌銘文常常對墓主多有褒美之辭，因此，此三人是否真正具有博綜典墳，貫通六籍的能力，還需要其他材料加以佐證。

（三）應試學習

據《唐六典》記載，唐代「明法科」的考試內容，主要是律、令各一部。「識達義理、問無疑滯者為通。（粗知綱例、未究指歸者為不。所試律、令，每部試十帖。策試十條：律七條，令三條。全通者為甲，通八已上為乙，已下為不第。）」〔註93〕據此可見，「明法科」考試範圍在律學館授業範圍之內。要求考生能夠熟悉律令條文，並且能夠貫通法意。及第者必須答對十分之八以上的考題。考生作答時，必須用詞準確，如所答模棱兩可，含糊不清，則不能給分。直至唐高宗永隆二年（681）之後，朝廷才規定「明法科」增加帖經的考試內容。

而是至宋代，「明法科」不僅要試律令，也要試經義。《宋史・選舉志》記載了宋朝初年，「明法科」的考試內容：「凡明法，對律令四十條，兼經並同《毛詩》之制。」〔註94〕所謂「毛詩之制」，是指《毛詩》對墨義五十條，《論語》十條，《爾雅》、《孝經》共十條，《周易》、《尚書》各二十五條。」〔註95〕真宗

〔註89〕（唐）張說：《唐贈丹州刺史先府君碑》，收錄於（清）董誥等編：《全唐文》卷二百二十八，中華書局，1983年，第2301～2303頁。

〔註90〕《唐故滑州匡城縣丞范陽盧府君（醫王）墓誌銘並序》收錄於吳鋼主編，《全唐文補遺》（第8輯），三秦出版社，2005年，第12～13頁。

〔註91〕《大唐故司宗寺丞上騎都尉王君（植）墓誌銘並序》，收錄於吳鋼主編：《全唐文補遺》第三輯，三秦出版社，1996年5月版，第379頁。

〔註92〕《大唐故潞州鄉縣尉上柱國潘府君（智）墓誌銘並序》，收錄於吳鋼主編，《全唐文補遺》（第8輯），三秦出版社，2005年，第379頁。

〔註93〕（唐）李林甫等：《唐六典》卷二，《尚書吏部》，中華書局，1992年，第45頁。

〔註94〕（元）脫脫等：《宋史》卷一百五十五，《選舉志一》，中華書局，1977年，第3605頁。

〔註95〕（元）脫脫等：《宋史》卷一百五十五，《選舉志一》，中華書局，1977年，第3605頁。

景德二年時朝廷將「明法科」的考試內容又更定為通試七場，其中五場試律令，兩場試小經。〔註96〕「試小經」，就是考察《周禮》、《論語》、《爾雅》、和《孝經》知識。仁宗慶曆四年（1044），「明法科」又增加了試斷案的考試內容。「明法科願對大義者，並立甲乙罪犯，引律令斷罪。每道所斷與律令相合，文理可采者為通，五通為合格。其中深明律義，文理俱優者，仍為上等。」〔註97〕試律令主要考察考生對律令的記誦，而試斷案則更為靈活。其考試方式是「假立甲乙罪」，即假設案件，讓考生運用相適應的律令條文進行擬判。「合律令，知法意，文理優，為上等。」〔註98〕要求考生作答時使用律令條文合理，並且通曉法意，文理通順。

而熙寧六年（1073）年創置的「新科明法」，則一律試以律令、《刑統》大義和斷案，取消了經義的考試內容。元豐二年（1079）七月十八日，朝廷有規定，參加新科明法的考生在試斷案時，可以自備法條。〔註99〕由此可見，試斷案的考試方式十分靈活，應試者必須明晰法意，徒有記誦而不知法理者肯定很難過關。不過，哲宗元祐三年（1088），朝廷又頒布詔令，「明法科」考試又增加了經義的考試內容。「五路不習進士新人，今後令應新科明法，許習《刑統》。仍於《易》、《詩》、《書》、《春秋》、《周禮》、《禮記》內各專一經，兼《論語》、《孝經》。發解及省試分為三場，第一場試《刑統》義五道，第二場試本經義五道，第三場《論語》、《孝經》義各兩道，以三場通定高下。」〔註100〕由是，「新科明法」考試中的法律部分大大減弱，三場考試中僅有一場是法律專業考試，原有的試律令和試斷案考試被廢止，只保留了試《刑統》大義。與此同時又大大增加了經義考試的比重。第二場試本經義五道，第三場還要試《論語》、《孝經》大義兩道，三分之二的考試內容都是經義。南宋「新科明

〔註96〕（宋）李燾：《續資治通鑑長編》卷六十一，真宗景德二年十二月己卯，中華書局，2004 年，第 1376 頁。

〔註97〕（清）徐松輯，劉琳、刁忠民等點校：《宋會要輯稿》選舉三，上海古籍出版社，2014 年，第 5299 頁。

〔註98〕（宋）李燾：《續資治通鑑長編》卷一百四十七，仁宗慶曆四年三月乙亥，中華書局，2004 年，第 3563～3565 頁。

〔註99〕（清）徐松輯，劉琳、刁忠民等點校：《宋會要輯稿》選舉一四，上海古籍出版社，2014 年，第 5531 頁。此條亦見於（宋）李燾：《續資治通鑑長編》卷二百九十九，神宗元豐二年七月甲申，中華書局，2004 年，第 7273 頁。

〔註100〕（清）徐松輯，劉琳、刁忠民等點校：《宋會要輯稿》選舉一四，上海古籍出版社，2014 年，第 5531 頁。

法」復置之後，「新科明法」考試也回復了熙豐時期的原貌。不再試以經義。

　　綜上所述，唐宋時期的「明法及第人」中，有不少人是出於興趣愛好或是受到家族成員的影響而選擇了參加「明法科」考試，在準備參加考試之前已經閱讀了大量的法學書籍。既然他們曾試中「明法科」，那麼也就必然對「明法科」考試的內容是比較熟悉的。唐代「明法科」考試內容比較簡單，偏重於記誦。宋代「明法科」的考試內容則較為靈活，應試者須能熟練運用法條解決實際問題。如曾在北宋時期明法及第的楊貫，曾兩次參加進士科考試不中，後改習明法而遭致旁人譏笑。楊貫答曰：「我誦法令，苟得入仕，則官業已精熟矣。」〔註101〕由是可知，當時「明法科」是士人所不屑的科目，而楊貫由進士改習明法，其行為雖有功利之嫌，但其回答也道出一定的事實。即，「明法科」考試內容確實也與吏事關係極為緊密，法律之學也的確是為政者之所需。

　　但是，唐宋時期「明法及第人」的知識結構又是較為單一的。儘管唐代永隆二年（681）以後，「明法科」增加了帖經的內容，宋代「明法科」亦常有試經義的內容，但是他們終究沒有經過系統的經學訓練，同時也沒有基本的為政經驗。也正因為如此，太宗太平興國四年（979），曾下詔「以明法科於諸書中所業非廣」而廢之。〔註102〕由於缺少對儒家經典的系統學習，「明法及第人」也常常為士人所輕視，也被士人譏之為「法吏」。如崔臺符為刑部侍郎時，曾因「邵武軍婦人阿陳案」而遭致御史楊畏的彈劾。「臺符本法吏，陛下擢置近列，不思報銷，尋默苟簡，無任責之心。」〔註103〕又有宋人柳開曾有家書勸其兄由攻習「明法科」改為攻習進士科，其言有云：「夫法者，為士之末者也，亂世之事也。……且執法者，為賤吏之役也。國家雖設而取人，亦明知其不可為上者也。故試有司而得中者，不得偕名於禮籍，附而下之，所以示其帝王之賤者也。……是法之用於國，為其衰代之政，習於身，非上士之業明矣。……將明法之以求其爵位者，不足得而榮之，豈不失也。況先生材志碩茂，行義淳樸，大有文章以盈於編策也，而反屈辱於一衰代賤吏之業。……先生苟不從開之言，而世之有識者，將謂先生非儒士也，曰是法吏

〔註101〕　（宋）張師正：《括異志》卷七，《楊貫》，中華書局，2006年，第81頁。
〔註102〕　（宋）李燾：《續資治通鑒長編》卷二十，太宗太平興國四年，中華書局，2004年，第464頁。
〔註103〕　（宋）李燾：《續資治通鑒長編》卷三百三十三，神宗元豐六年二月辛酉，中華書局，2004年，第8021頁。

者也。」〔註104〕由是可知，北宋熙寧改革前，法官的社會地位不高，是為「賤吏之役」，同時明法出身者的社會認可度也不高，為「士之末者」。即便是在宋神宗時，新科明法人一度敘名在進士之上，但這也僅僅是曇花一現。總的來說，由於知識結構的單一性，唐宋時期的「明法科」終究未能掙脫「最為下科」的政治命運，「明法及第人」往往難以獲得為政者之青睞。

二、唐宋「書判拔萃登科人」精通文學，兼通法意

「書判拔萃」科是唐宋時期吏部主持的一種選官考試。參加書判拔萃科考試的應試者可以是選人，也可以六品以下秩滿待遷的已出官人。宋人蔡啟之《蔡寬夫詩話》有云：「唐舉子既放榜，止云及第，皆守選而後釋褐，選未滿而再試，判為拔萃於吏部，或就制舉而中，方謂之登科。」〔註105〕由此可見，「書判拔萃科登科人」在試中前已參加了多種考試，較之「明法及第人」，「書判拔萃登科人」的知識結構是較為複合的，而其知識結構的形成也主要與他們參加的各種考試有關。史料文獻中，唐宋時期的「書判拔萃登科人」留下的往往也是文學優長，精通儀禮的形象，其仕宦發展也與法律職業並沒有太大的關係。

（一）科舉考試與儒學背景

據前文 4.07 唐代「書判拔萃登科人」的出身統計表所示，仕歷可考的三十八位唐代「書判拔萃登科人」中，有科舉出身者占絕大多數。出科舉出身或史載不詳者僅占十位，這十位中有的可能是以門蔭入仕，有的也可能有科舉功名，只是史載不詳而已。二十八位有科舉功名的「書判拔萃登科人」中，進士出身者多達二十二位，明經出身者五人，制科一人。這種情況的出現亦與杜佑《通典》所說的：「自是士族所趨鄉，唯明經、進士二科而已。」〔註106〕的歷史現象相吻合。又據前文宋代書判拔萃登科人出身統計表所示，十八位宋代「書判拔萃登科人」中，有十位是進士身份，其餘八位無科舉出身或史載不詳。由此可見，宋代「書判拔萃登科人」中也大多有進士出身。

〔註104〕 （宋）柳開：《河東集》卷七，《請家兄明法改科書》，收錄於曾棗莊、劉琳主編：《全宋文》（第 6 冊），上海辭書出版社，安徽教育出版社，2006 年，第 315～316 頁。

〔註105〕 （宋）蔡啟：《蔡寬夫詩話》，《唐制舉情形》，收錄於郭紹虞輯：《宋詩話輯佚》，中華書局，1980 年，第 418 頁。

〔註106〕 （唐）杜佑：《通典》卷十五，《選舉三》，中華書局，1988 年，第 354 頁。

　　書判拔萃科創置於唐開元年間，最終廢置於宋天聖年間。由是，以下著重對這一時間段的進士科考試考試內容來分析書判拔萃登科人的知識結構問題。《封氏聞見記》有云：「國初，……進士試實務策五道。」〔註107〕《通典》亦載：「自是士族所趣鄉，唯明經、進士二科而已。其初止試策，貞觀八年詔加進士試讀經史一部。至調露二年，考功員外郎劉思立始奏二科並加帖經。」〔註108〕由此可見，唐朝初年進士科的考試內容止有試實務策一項。直至高宗年間方才增加了試帖經。唐初至高宗時期，進士策文的評價標準，主要是看用典與辭藻是否華麗。而永隆二年（681），朝廷頒布《條流明經進士詔》，其目的就在於改變明經、進士科考試不甚實用的現狀。「明經射策，不讀正經，抄撮義條，才有數卷。進士不尋史傳，惟誦舊策，共相模擬，本無實才。所司考試之日，曾不簡練，因循舊例，以分數為限。至於不辨章句，未涉文詞者，以人數未充，皆聽及第。其中亦有明經學業該深者，惟許通六，進士文理華贍者，竟無科甲。銓綜藝能，遂無優劣。試官又加顏面，或容假手，更相囑請，莫憚糾繩。繇是僥倖路開，文儒漸廢，興廉舉孝，因此失人，簡賢任能，無方可致。」由是，朝廷規定明經要加試帖經，進士要加試雜文。「自今已後，考功試人，明經試帖，取十帖得六已上者。進士試雜文兩首，識文律者，然後並令試策，仍嚴加捉搦。必材藝灼然，合昇高第者，並即依令。」〔註109〕所謂試雜文，就是試箋、表、銘、賦之類的各色文學作品，到後來試雜文也逐漸變為試詩賦。進士加試雜文的目的，在於提高進士及第人的文字水平。由是之後，進士科考試開始形成試帖經、試雜文和對策之三場試格局。此後，進士科考試考試的具體內容及錄取標準也在不斷地發生變化，大致說來，中唐時期，進士科偏重於雜文中詩賦考試，後期則偏重於經史。

　　據《文獻通考》記載，北宋初年的進士科考試亦基本上延續了唐代三場試的格局：「凡進士，試詩、賦、雜文各一首，策五道，帖《論語》十帖，對《春秋》或《禮記》墨義十條。」〔註110〕由此可見，北宋初年的進士科

〔註107〕　（唐）封演撰，趙貞信校注：《封氏聞見記校注》卷三，《貢舉》，中華書局，
　　　　　2005年，第15頁。
〔註108〕　（唐）杜佑：《通典》卷十五，《選舉三》，中華書局，1988年，第354頁。
〔註109〕　（宋）宋敏求編：《唐大詔令集》卷一〇六，《條流明經進士詔》，中華書局，
　　　　　2008年，第549頁。
〔註110〕　（宋）馬端臨著：《文獻通考》卷三十，《選舉考三》，中華書局，2011年，
　　　　　第875頁。

除試雜文、對策、帖經之外，還增加了經義的考試內容。雖然帖經與經義都要求應試者熟練掌握儒家經典，但帖經重在記誦，而經義則重在把握經典背後所蘊含的義理，因此，試經義的考試難度也最大，也更能選拔真才實學的官員。

綜上所述，由於「書判拔萃登科人」很多都有進士出身，因此他們一方面具有較高的文學素養，同時也大多對經義知識進行過系統的學習，有著較為深厚的儒學背景。

（二）書判拔萃考試與法律知識

唐舉子及第後，必須守選方可參加吏部銓試。若要提前出官，則必須參加吏部主持的科目選考試或參加制舉。由是，書判也就成為唐代士人不得不重視的一種寫作文體。

由前文對唐宋試判考試考題的整理情況來看，「試判」考試與「明法科」的考試難點與對法律知識的掌握程度是不一樣的。首先，「試判」考試固然需要一定的法律知識，但其考選的要求則重在「詞美」。而「明法科」考試要求則重在「識達義理，問無疑滯。」其次，就法律知識而言，其本身也可以大致分層。黃正建先生在《唐代司法參軍的知識背景初探》一文中，亦曾將法律知識分為一般法律知識和專業法律知識兩個層次。同時，學習法律知識的人也可以分為「兼習」和「專修」兩總。他認為：「一般為考『判』而學習的屬於前者，明法類學生和專門攻讀律令的屬於後者。」〔註111〕筆者以為，黃正建先生所言甚是，但具體說來，兩種的法律知識層面的背後，也有著不同的知識背景。學習法律知識的第一個層次就在於通曉法意，能夠把握律令背後的精神和原則。而唐宋律素有「一准乎禮而得古今之平」之美譽，律令條文的背後無不浸潤者「禮義」和「仁道」的精神，由是，但掌握這一層次的法律知識也必須具備一定的儒學經義知識，方能使法律與儒學融會貫通，從而達到「通物情、知義理」的境界；而法律知識的第二個層次則在於具備司法實務的專業技能，其具體要求是熟悉法律條文、熟練掌握司法實務的技術性知識。而這一層次的法律知識則僅需誦讀法律之書即可掌握。基於此，由於是專修法律知識，而無儒學背景，「明法及第人」所掌握的法律知識是為第二個

〔註111〕 黃正建：《唐代司法參軍的知識背景初探》，收錄於榮新江主編：《唐研究》第二十卷，北京大學出版社，2014 年 12 月版。

層面，即具備司法實務的專業技能；而「書判拔萃登科人」因備考試判考試而兼習法律，同時又有著較為深厚的儒學背景，由是其掌握的法律知識的也僅限於通曉法意的一般層面。

（三）為官經驗

據唐代「書判拔萃登科人」的應試身份統計表與宋代「書判拔萃登科人」應考時的身份與前任官統計表所示，51.9%的「唐代書判拔萃登科人」在登科前已經出官，81.8%的宋代「書判拔萃登科人」在登科前已出官，由此可見，他們大多都是已出官人，且多任職於州縣。與毫無為政經驗的「明法及第人」相比，他們大多具有政務處理的實際能力。但是，仕宦經歷可考的五十六位唐代「書判拔萃登科人」中也僅有唐代顏杲卿與宋代張伯玉在登科前曾任司法參軍。可見，他們在低級文官職任上所積累的司法經驗也是有限的。

綜上所述，儘管在備考試判考試時，「書判拔萃登科人」也兼習了一定的法律知識，但他們並沒有經過系統的法律教育，也沒有對律令知識進行過系統的學習。就對法律知識的掌握與運用能力而言，「書判拔萃登科人」的熟練程度肯定要大大低於「明法及第人」。但「書判拔萃登科人」的知識結構則更為豐富，他們往往在參加試判考試之前已經對傳統的儒學經典進行過系統的學習，同時又兼習了一定的法律知識，並且他們中的不少人在參加試判考試前已經擔任過幾年的基層官員，由是，較之「明法及第人」，「書判拔萃登科人」的綜合能力要強很多，因此他們往往能夠勝任更多的行政職務。

在舊有的官員選任理念看來，「書判拔萃登科人」不僅是一般行政職務的人選，也可以勝任法官職務。「經術儒雅自足飾吏事。雋不疑，北海一文學，而能決獄；徐有功，東郡一明經，而用法無冤。至杜周、張湯輩，號明知憲令，而弄文舞法，至使人重足而立。且吏道自有資材，何至使待舉之士敝精神於末學？」〔註112〕由是，只曉律令而不通法意的法吏往往被認為是苛刻深文之徒，而以進士和明經起家，又兼通吏術的「書判拔萃登科人」，則往往更能獲得統治者的認可。

但是，以「書判拔萃登科人」擔任法官的弊端也是顯而易見的。由於「書判拔萃登科人」對法律知識的掌握僅限於通曉一般的法律原則，而對紛繁複

〔註112〕（宋）葛勝仲：《丹陽集》卷六之二十，《律令》，收錄於《宋集珍本叢刊》，第 562 頁。

雜的律令條文的具體運用並不十分熟練。由是出現了「官吏多不曉習刑法，決獄治訟，唯胥吏是聽」〔註113〕的情況。唐大曆年間，洋州刺史趙匡就曾上言有論：「疏以釋經，蓋筌蹄耳。明經讀書，勤苦已甚，其口問義，又誦疏文，徒竭其精華，習不急之業。而當代禮法，無不面牆，及臨人決事，取辦胥吏之口而已。所謂所習非所用，所用非所習者也。故當官少稱職之吏。」〔註114〕由於官少稱職之吏，大量的刑獄案件多委派胥吏實際處理，從而胥吏也就成為了獄訟案件的直接審判者，掌握著生殺予奪的權利。胥吏在獄訟中的作用不斷擴張，降低了司法裁判工作的正當性和公正性。如此一來，司法裁判活動不但不能發揮穩定社會秩序的功能，反而成為了導致社會動亂和社會矛盾激化的因素。

三、宋代「試中刑法人」詳於刑書，明於經義

正如前文所述，由於唐代的「明法及第人」與「書判拔萃登科人」的知識結構存在瑕疵，這兩類「試法入仕人」都不是特別適合擔任法官。隨著唐宋時期法律考試制度的不斷改革與完善，以「試中刑法人」為主體的法官後備群體也逐漸形成。那麼應當繼續追問的是，「試中刑法人」與其他「試法入仕人」相比，其知識結構究竟有何不同？綜觀歷史文獻的記載，影響「試中刑法人」知識結構的因素主要有以下幾端：

（一）家族啟蒙與法律知識

黃正建先生在《唐代司法參軍的若干問題——以墓誌資料為主》一文中考察了唐代 135 個州府 15 個王府共 343 名司法參軍，統計出 13 例司法參軍所在的法官家族。他認為，唐代前期由於君主對法治的重視，司法官地位較高，由是形成了父子三代或祖孫三代初任法官的現象。〔註115〕時至宋代，司法官出自法官家族的現象更為突出，史載上述考證的五十二位「試中刑法人」中就有十二人有明顯的家學淵源。這當然也與宋室君主重視法律，給予專職司法官遷轉優待有關。「試中刑法人」出自法官家族，其法律知識的啟蒙，很

〔註113〕（清）徐松輯，劉琳、刁忠民等點校：《宋會要輯稿》選舉一三，上海古籍出版社，2014 年，第 5524 頁。

〔註114〕（唐）杜佑撰，王文錦、王永興等點校：《通典》卷十七，《選舉五》，中華書局，1988 年，第 419 頁。

〔註115〕參見黃正建：《唐代司法參軍的若干問題——以墓誌資料為主》，收錄於柳立言主編：《近世中國之變與不變》，「中央研究院」2013 年，第 105～140 頁。

有可能就來自家族。

　　五十二位「試中刑法人」的生平資料中，就有九位在年少習讀經典時就表現出超常的記誦天賦。韓晉卿為童子時，日誦書數千言。〔註116〕祝康少時獨喜念書，載籍略皆誦記，名能文辭。〔註117〕邵公輔，幼警敏，日誦書累百千言，謂為神童。〔註118〕孫諤，幼敏慧，讀書數過輒成誦不忘。〔註119〕尹躬，自來以博聞強識著稱。〔註120〕周自強，幼績學能文。〔註121〕單夔，五歲讀書，歷歷如迎刀。〔註122〕當然，這些描述可能有過譽之嫌。但可以確定的是，「試中刑法人」大多出身於官宦之家，有著良好的家庭環境。他們從小就開始習讀儒家經典，有著較好的儒學功底。

　　出自法官家族的「試中刑法人」，其法律知識很有可能就來源於家學教育。父祖在法官職業上的成功，有可能使之心生嚮往。自小就對法律知識的耳濡目染，自然更能掌握習法學律之精髓。五十二位「試中刑法人」中，就有三對人物具有直系血緣關係。熙寧六年（1073），莫君陳參加「試刑法」考試，中首選。莫家家學甚厚，近代藏書家劉承幹在為莫君陳《月河所聞集》所題寫的跋中稱：莫家代有人才，時號「三莫累世簪纓」。〔註123〕據《嘉泰吳興志》載：莫君陳之長子莫砥，字彥平，智識疏通，嘗知永嘉，因贈養士額，士人為立生祠。莫君陳之孫莫伯虛，歷知溫州、常州，有祥瑞之應。曾孫多中進士，皆有俊聲，時號「三莫後濟」。〔註124〕其中，莫君陳之曾孫莫濛亦為「試中刑

〔註116〕　（元）脫脫等：《宋史》卷四百二十六，《韓晉卿傳》，中華書局，1985年，第12705頁。

〔註117〕　（宋）葛勝仲：《丹陽集》卷一三之一，《左朝議大夫致仕祝公墓誌銘》，收錄於《宋集珍本叢刊》，第621頁。

〔註118〕　（宋）董詢撰：《宋故泗州軍事判官邵君墓銘》，收錄於國家圖書館善本金石組編：《宋代石刻文獻全編》第二冊，北京圖書館出版社，2003年，第3頁。

〔註119〕　（宋）楊時：《龜山先生文集》卷三四之八，《孫龍圖墓誌銘》，收錄於《宋集珍本叢刊》，第548頁。

〔註120〕　（宋）曾敏行著，朱傑人標校：《獨醒雜志》卷六，上海古籍出版社，1986年，第54頁。

〔註121〕　（宋）韓元吉：《南澗甲乙稿》卷二二，《龍圖閣侍制知建寧府周公墓誌銘》，收錄於王雲五主編：《叢書集成初編》，商務印書館1936年，第445頁。

〔註122〕　（宋）袁說友：《東塘集》卷二十之二十二，《故太淑人葉氏行狀》，收錄於《宋集珍本叢刊》，第477頁。

〔註123〕　（宋）莫君陳：《月河所聞集》跋，民國嘉業堂本。

〔註124〕　（宋）樓鑰撰：《嘉泰吳興志》卷十七之五，收錄於《宋元方志叢刊》，第4825頁。

法人」，官至刑部侍郎。

熙、豐年間試中刑法的祝康，其祖父祝維岳在真宗咸平年間曾試中「明法」科，歷陵州司理參軍，以慎於決獄稱聞於世，遷大理寺丞，後以虞部員外郎卒官，贈戶部尚書。〔註125〕祝康的父親祝諮，兩第進士，積官至太常少卿、糾察在京刑獄，贈金紫光祿大夫。祝諮「屢更中外法理之選，小大之獄，申理枉橈甚眾。」祝康與其兄祝庶同時試中刑法，並遊法寺，衣冠慕之。由於祝氏家族世為法官，因而祝康「於刑名之學目儒耳染，不習以能。」〔註126〕

曾明法及第，又試中「試刑法」的王衣，其家學淵源亦厚。祖父王異以醇儒厚德，淹留文館幾三十年，以道始終，時稱為長者。父親王宿力學，有文武材，初從武舉，又換試經義，皆中，歷武學博士初從武舉，又換試經義，皆中，歷武學博士，知名於時。後來，王衣的兒子王次張繼承家學，亦為「試中刑法人」。〔註127〕

此外，同樣出身於法官家族的還有俞長吉、林炎和鄭璹。俞長吉紹興年間試中「試刑法」，其祖父俞康直歷任杭州觀察推官、泗州軍事推官、知舒州桐城，簽書武寧軍節度判官所公事，通判睦州。父親俞向曾任提點福建路刑獄。〔註128〕還有南宋後期試中刑法的林炎、鄭璹。林炎的祖父林申，官至大理丞。鄭璹的父親鄭穎，字茂叔，嘉定十年進士，曾為理官，以執法平允著稱。

另外，還有一些「試中刑法人」自小就受親友訓誡勉勵，習學法律。如神宗熙、豐年間試中「試刑法」的孫諤，自小就被父親要求習法。其父孫迪，曾任太常博士，同提舉兩浙市易司，累贈通議大夫。孫迪認為孫諤性情謹厚，靜默寡言笑，恐其不更事，而司法民命所屬，不可忽，故令就學律。〔註129〕

〔註125〕 （清）畢沅、阮元撰：《山左金石志》卷十六，《尚書祝維岳神道碑》，收錄於國家圖書館善本金石組編：《宋代石刻文獻全編》，北京圖書館出版社，2003年，第804～806頁。

〔註126〕 （宋）葛勝仲：《丹陽集》卷一三之一，《左朝議大夫致仕祝公墓誌銘》，收錄於《宋集珍本叢刊》，第621頁。

〔註127〕 （宋）綦崇禮：《北海集》卷三十五之一，《故右中大夫充集英殿修撰提舉江州太平觀歷城縣開國男食邑五百戶賜紫金魚袋王公墓誌銘》，收錄於《宋集珍本叢刊》，第312頁。王衣之生平亦見於（元）脫脫等：《宋史》卷三百七十七，《王衣傳》，中華書局，1977年，第11659頁。

〔註128〕 （宋）劉宰：《京口耆舊傳》卷二，《俞康直傳》，四庫全書本。

〔註129〕 （宋）楊時：《龜山先生文集》卷三四之八，《孫龍圖墓誌銘》，收錄於《宋集珍本叢刊》，第548頁。

紹興年間試中刑法的徐子寅，其父徐立之，紹聖元年進士。時法官多山東人，與徐立之厚善，因而勉勵徐子寅習法。〔註130〕乾道年間試中「試刑法」的單夔，其祖父單煒曾任吏部郎中，父親單莘曾任通判舒州。單夔試中刑法，將就職大理評事，其母葉氏誠云：「是官非州縣比，汝能信吾說即往，否則勿就。今天子仁聖，愛及螻蟻。我聞廷評閱天下獄案，罪所輕重在筆端，『寧失不經，哀矜勿喜』，聖人格言，汝當守此。」單夔在大理寺任職六年，「自評而丞，丞而正，讞議訊鞫，一無有濫冤者，而緩死之議蓋什九焉，夫人之訓然也。」〔註131〕

　　從相關史載來看，出身於法官家族的「試中刑法人」自小就耳濡目染地受到父祖的影響，從而意識到研習法令的重要性，習學法律也自然成為了他們的職業理想。如王衣幼習進士，少有能名。恩蔭入仕後，王衣他認識到法令對於為吏者的重要性，歎曰：「吾將仕矣，吏道以法令為師，可不務乎？」由是立志習法。他以明法出身，連調深、冀二州司法參軍。後來又試中「試刑法」，大觀二年（1108）選為大理評事。〔註132〕又如趙善璙，他少有大志，刻苦學問，以恩蔭授承信郎，登嘉定元年（1208）進士第。他嘗言：「士大夫涖官臨民不明九官，無以斷疑。」於是精讀律令，研習法意，後來亦中「試刑法」。〔註133〕

（二）選拔考試與知識結構

　　儘管宋代「試刑法」考試的內容代有釐革，但其考試內容主要還是試律義和斷案，「試中刑法人」掌握法律知識的熟練程度自不待言。然而不同出身的「試中刑法人」的知識結構也有一定的差別，在其出官前所參加的選拔考試也必然影響他們的知識結構。據前文宋代「試中刑法人」出身統計表之統計，「試中刑法人」以科舉出身和恩蔭入仕為多。

〔註130〕　（宋）樓鑰：《攻媿集》卷九十一，《直秘閣廣東提刑徐公行狀》，收錄於王雲五主編：《叢書集成初編》，商務印書館1936年，第1249頁。

〔註131〕　（宋）袁說友：《東塘集》卷二十之二十二，《故太淑人葉氏行狀》，收錄於《宋集珍本叢刊》，第477頁。

〔註132〕　（宋）綦崇禮：《北海集》卷三十五之一，《故右中大夫充集英殿修撰提舉江州太平觀歷城縣開國男食邑五百戶賜紫金魚袋王公墓誌銘》，收錄於《宋集珍本叢刊》，第312頁。

〔註133〕　（明）程敏政：《新安文獻志》卷九三，《趙刑部善璙傳》，四庫全書本。此處趙善璙所言「士大夫士大夫涖官臨民不明九官，無以斷疑。」「九官」在《明一統志》卷十六中記載為「九章」。其意應為律令之學。

1. 科舉出身的「試中刑法人」的知識結構

從科舉考試的內容來看，北宋初年，承唐舊制，以帖經墨義試諸科，以詩賦取進士。具體而言：「凡進士，試詩、賦、雜文各一首，策五道，帖《論語》十帖，對《春秋》或《禮記》墨義十條。九經，帖書一百二十帖，對墨義六十條。五經，帖書八十帖，對墨義五十條。《三禮》，對墨義九十條。《三傳》，一百一十條。《開元禮》《三史》各三百條。學究，《毛詩》對墨義五十條，《論語》十條、《爾雅》、《孝經》其十條、《周易》、《尚書》各二十五條。明法，對律令四十條，兼經並同《毛詩》之制。各間經引試，通六為合格，仍抽卷問律，本科則否。」〔註 134〕從這段記載來看，宋朝初年進士科主要以詩、賦、論、策為考試內容，不以儒家經典為重。只要加以記誦，帖經與墨義亦不難回答。要之，宋初科舉取士以文學為主，儒家經學考試方法僵化，重記誦，守注疏。務求浮華澆薄的辭藻，無補於政事；徒有記誦而不通曉義理，亦多庸才。時至熙寧年間，「神宗篤意經學，深憫貢舉之弊。」〔註 135〕因而改革科舉制度，「罷詩賦、明經、諸科，以經義、論、策試進士。」〔註 136〕旨在革除科場流弊，恢復儒學經世致用的傳統。

而另一方面，宋朝統治者深刻認識到五代十國以來武人恣擅刑獄之弊，重視提高官員的法律素養。如前文所引，即使是在重視考察文學能力的北宋初年，除了「明法科」之外，應試進士科與其他諸科的生員在考完本業之後，還要「抽卷問律」，這是宋代科舉考試的一大創舉。而到熙寧年間，神宗皇帝銳意變法，更是有力的推動了法律考試制度的發展。其一，為轉變「先時官吏多不曉習刑法，決獄治訟，唯胥吏是聽」〔註 137〕之現狀，熙寧六年（1073）年規定進士、諸科同出身及授試監簿人，出官時須試律令、大義或斷案。如累試不中或不能就試，須候二年注官。〔註 138〕元豐四年（1081）又詔令，在

〔註 134〕（宋）馬端臨著：《文獻通考》卷三十，《選舉考三》，中華書局，2011 年，第 875 頁。

〔註 135〕（元）脫脫等：《宋史》卷一百五十五，《選舉一》，中華書局，1977 年，第 3616 頁。

〔註 136〕（宋）馬端臨著：《文獻通考》卷三十一，《選舉考四》，中華書局，2011 年，第 906 頁。

〔註 137〕（清）徐松輯，劉琳、刁忠民等點校：《宋會要輯稿》選舉一三，上海古籍出版社，2014 年，第 5524 頁。

〔註 138〕（宋）李燾：《續資治通鑑長編》卷二百四十三，神宗熙寧六年三月丁卯，中華書局，2004 年，第 5923 頁。

進士科中增加試律義的考試內容，「進士試本經、《論語》、《孟子》大義，論、策之外，加律義一道，省試二道。」〔註139〕此則詔令要求習學進士科的考生，鄉試時須試律義一道，省試時試律義二道。

其二，科舉考試中新置「新科明法」，以待諸科之不能業進士者，以律令、刑統大義和斷案為考試內容。〔註140〕「自不許新人取應，欲銷盡明經及諸科舊人。當日務從朝廷之意，而改應新科者十有七八。」〔註141〕明法出身的「試中刑法人」以斷案律義為本業，與其他出身者相比，其通過「試刑法」考試要相對容易許多。熙寧選舉變法之初，的確有許多「明法及第人」，就當年秋參加試刑法考試。然而很快，朝廷就下詔限制明法出身者試中「試刑法」後的推恩優遇。熙寧十年（1077），中書門下建言：「新科明法人既係試中斷案、律義登科，若更以本業再『試刑法』，登第推恩，頗為大優。況進士及第人既不許試律義出官，武臣武藝出身人亦不許試武藝弓馬，豈新科明法人獨許以舊學再試？今欲應新科明法及第人就試刑法，如試中，除入第一等合差充刑法官人與依例推恩外，其合入免試以上登第，並與免試，更不推恩。」〔註142〕此則詔令一出，大大打擊了明法出身者參加「試刑法」考試的積極性。據前文考證，宋代明法出身又試中「試刑法」的也僅有王衣一人。

2. 廕補入仕的「試中刑法人」的知識結構

廕補入仕者補官前也需要參加一定考試，宋初，廕補人出官試的內容較為簡單，除年貌合格外，只須試念書精熟。建隆四年（963）規定：「尚書禮部所補太廟、郊社齋郎，自今每歲以十五人為額。其廕補人並須年貌合格，試念書精熟。如經復試，引念不合元敕，其本司官並當貶降。」〔註143〕大中祥符二年（1009 年）亦規定廕補人「如內有年及二十五以上，願就差遣

〔註139〕 （宋）李燾：《續資治通鑑長編》卷三百十一，神宗元豐四年正月庚子，中華書局，2004 年，第 7538 頁。

〔註140〕 （宋）馬端臨著：《文獻通考》卷三十一，《選舉考四》，中華書局，2011 年，第 908 頁。

〔註141〕 （宋）李燾：《續資治通鑑長編》卷四百八十三，哲宗元祐八年四月戊辰，中華書局，2004 年，第 11486 頁。

〔註142〕 （清）徐松輯，劉琳、刁忠民等點校：《宋會要輯稿》選舉一三，上海古籍出版社，2014 年，第 5531 頁。

〔註143〕 （清）徐松輯，劉琳、刁忠民等點校：《宋會要輯稿》職官二二，上海古籍出版社，2014 年，第 3624 頁。

者，試習經書、或有講學，據所也考試奏聞。」〔註144〕慶曆三年（1043）
又規定：「自今試初入官選人，其習文辭者，試省題詩或賦論一首；習經者，
試墨義十道。……其年四十以上，依舊格讀律，通，即與注官。」〔註145〕
而熙寧變法時期，除免選之恩，重出官之試，強調人才能夠經世致用。按熙
寧四年所規定的銓試之法，「應奏補京朝官及選人年二十以上，並許逐年經
審官東院、流內銓投狀，依進士例試所習經書、大義十道者亦聽。如所試及
得合放選人等第，便與差遣，入優等者亦賜出身。……如試不中或不能就
試，候年及三十，方與差遣。」〔註146〕要之，宋代蔭補人初出官，須具備
一定的經學知識，否則將無法通過銓試考試，無法獲得實際差遣。由於蔭補
出身補官品階低，晉升慢，因此也有一些有才幹的蔭補出官人，不滿足於父
祖榮蔭，出仕後也積極參加「鎖廳試」，再獲得科舉出身。如前文考證的試
中刑法人祝康，就先以蔭補出身解褐將作監主簿，又於熙寧五年第試異等，
賜明經出身。

需要特別指出的是，並非所有出身的都可以參加「試刑法」考試。由於
進納補官出身者未必有真才實學，因此朝廷在對他們注授差遣時加以限制，
特別規定進納補官人不得為擔任令錄、司理、司法以上親民刑法官。這一政
策貫穿兩宋始終。仁宗慶曆七年（1047）二月規定：「應納粟授官人，不除
司理、司法參軍及上州判司，資考深，無過錯，方注主簿，縣尉。如循資如
縣令，錄事參軍者，銓司依格注擬，止令監臨物務。」〔註147〕高宗紹興六年
（1136）正月規定：「別作名目授官人，毋得親民刑法官，已授者並罷，自
今到部，隱漏不實者抵其罪。」〔註148〕《吏部條法》亦規定流外進納人不

〔註144〕（清）徐松輯，劉琳、刁忠民等點校：《宋會要輯稿》崇儒一，上海古籍出
版社，2014 年，第 2742 頁。

〔註145〕（宋）李燾：《續資治通鑑長編》卷一百五十五，仁宗慶曆五年五月癸未，
中華書局，2004 年，第 3773 頁。

〔註146〕（清）徐松輯，劉琳、刁忠民等點校：《宋會要輯稿》選舉一三，上海古籍
出版社，2014 年，第 5523 頁。

〔註147〕（宋）李燾：《續資治通鑑長編》卷一百六十，仁宗慶曆七年二月丁未，中
華書局，2004 年，第 3862 頁。

〔註148〕（宋）李心傳：《建炎以來繫年要錄》卷九十七，紹興六年正月丁丑，中華
書局，1956 年，第 1599～1600 頁。此條亦見於：（清）徐松輯，劉琳、刁忠
民等點校：《宋會要輯稿》職官五十五，上海古籍出版社，2014 年，第 4521
頁。

注司理、司法、司戶參軍。〔註149〕

綜上，「試中刑法人」無論是科舉出身還是蔭補入仕，他們所參加的選拔考試，其內容主要有以下幾種：「經義」與「論」都是一種論說文，旨在闡發儒家經典中所包含的義理。「經義」須嚴守經傳注疏，不能自由發揮。而「論」則是假借題目，自作別解。「經義」與「論」，重在考察考生是否瞭解傳統中國治國方略的綱要和基礎。而「策」則與時事政治相關，重在考察考生運用儒家經義解決現實問題的能力。「詩賦」講求聲律法度，旨在考察考生熟練運用典故、修辭與聲韻撰寫文章的能力。客觀說來，科舉出身的「試中刑法人」的知識結構的全面性略高於蔭補入仕者。

（三）為官經歷與司法經驗

前文已述，「試中刑法人」與「明法及第人」的區別還在於，「試中刑法人」一般是在任官員，而「明法及第人」幾乎沒有任何行政工作經驗。那麼，「試中刑法人」的為官經歷，是否有助於他們將來所從事的中央法官職務？由上文對宋代試中刑法人應試時身份、職官之統計情況可知，有文可考的「試中刑法人」，其試中前的身份主要是州縣官。其中，有相當一部分「試中刑法人」在試中前曾擔任基層司法官，直接承擔了大量的司法實務工作。儘管史料文獻對「試中刑法人」試中前的為官經歷大多略而不書，但我們也可以根據具體職位的職掌來瞭解他們的具體實踐活動。

宋代的地方行政區劃主要分為「路、州、縣」三個級別。宋代縣級司法官主要有知縣或縣令、縣丞、主簿和縣尉。這四種職官都直接參與到司法活動之中。其中，知縣或縣令總治民政，「勸課農桑，平決獄訟，有德澤、禁令則宣布於治境。凡戶口、賦役、錢穀、賑給之事皆掌之。」〔註150〕縣丞、主簿、縣尉都是縣級衙門的屬官。小縣不置縣丞，繁劇縣分主戶二萬已上，增置丞一員。這些大縣往往是疆界闊遠，詞訟繁劇。縣丞掌「二令之職」，為縣令的助手，亦參與縣級司法活動。千戶已上的縣置縣令、主簿、縣尉，四百戶以上置縣令、縣尉，縣令知主簿事。四百戶以下置主簿、縣尉，以主簿兼知縣事。主簿和縣尉的職責主要也是佐理縣務。其中主簿專掌出納官物，銷注簿

〔註149〕劉篤才、黃時鑒點校：《吏部條法》差注門一，收錄於楊一凡、田濤主編：《中國珍稀法律典籍續編》第二冊，黑龍江人民出版社，2002 年，第 28 頁。

〔註150〕（清）徐松輯，劉琳、刁忠民等校點：《宋會要輯稿》職官四八，上海古籍出版社，2014 年，第 4326 頁。

書。在不置縣丞的縣，主簿要承擔縣丞的職責。縣尉，位在主簿之下，掌追捕盜賊及檢覆之事。在不置主簿的縣，縣尉還要承擔主簿的職責。〔註 151〕

　　宋代朝廷規定，「杖罪以下在縣斷遣。」〔註 152〕這就是說，案情重大的案件，縣沒有判決權。南宋時期縣衙每年主動送交州衙的徒罪以上案件不過十數件。〔註 153〕縣衙能處理的罪行較輕的案件往往涉及婚姻、田土糾紛，這些案件幾乎就是縣級單位所處理的司法案件的主體。民間細故案件數量繁多，所涉及的事務也十分瑣碎。縣官在審理獄訟案件之時，必須直面百姓，若不能體察民情，通達人情世故，則無法妥善處理。

　　「試中刑法人」應試前的另一個主要身份是州級屬官中的參軍諸曹官。按制，「錄事參軍掌州院庶務，糾諸曹稽違。戶曹參軍掌戶籍賦稅，倉庫受納。司法參軍掌議法斷刑。司理參軍掌訟獄勘鞫之事。」〔註 154〕司錄參軍位於諸曹官之首，在總領州院庶務的基礎上，還負責監督諸曹官職責的行使，此外，司錄參軍還負責掌管州印，州縣的訴訟案牘都要經過錄事參軍簽署。司理參軍專職治獄推鞫，確定案件事實。由於縣級司法機關無權處理徒以上案件，因此，司理參軍處理的多是較為重大的案件。若是刑事案件，一般由縣尉捕獲嫌疑人後，再送至州司理院，由司理參軍審訊。司理參軍有時也參與戶婚案件的審理，《名公書判清明集》中就有幾則例證。〔註 155〕司法參軍的職責主要在於根據司理參軍審訊而得出的案件事實，從刑律中找出應當使用的法條，確定應當判處的刑法，以供長吏依法判決。若檢法不當，司法參軍要受到相應的處分。〔註 156〕司戶參軍雖然主要掌管戶籍登記與賦稅催理，由於其

〔註 151〕（清）徐松輯，劉琳、刁忠民等校點：《宋會要輯稿》職官四八，上海古籍出版社，2014 年，第 4326 頁。

〔註 152〕（清）徐松輯，劉琳、刁忠民等校點：《宋會要輯稿》刑法三，上海古籍出版社，2014 年，第 8398 頁。

〔註 153〕參見劉馨珺著：《明鏡高懸：南宋縣衙的獄訟》，北京大學出版社，2007 年，第 63 頁。

〔註 154〕（元）脫脫等：《宋史》卷一百六十七，《職官七》，中華書局，1977 版，第 3953 頁。

〔註 155〕參見《名公書判清明集》卷七，《戶婚門・女受分》，吳恕齋「遺囑與親生女」，中華書局，1987 年，第 237 頁，以及《名公書判清明集》卷五，《戶婚門・爭業下》，姚立齋「重疊交易合監契內錢歸還」，中華書局，1987 年，第 142 頁。

〔註 156〕（宋）李燾：《續資治通鑑長編》卷七十三，真宗大中祥符三年四月丙辰，中華書局，2004 年，第 1663 頁。

掌管戶婚、田產等各種簿書，因此也有可能參與到司法活動之中，有時甚至直接負責草擬訴訟判決文書。〔註157〕

「大理之官備，自非更歷州縣，諳練人情，洞曉法意者，未易居此。」〔註158〕「試中刑法人」在基層文官任上的經歷，使得他們瞭解民間疾苦，洞察人情世故，熟悉民間細故的處理規則。這些經驗都助於他們之後在中央法官任上應付斷案實踐。

有關唐宋士人的知識結構問題，陳植鍔先生曾有云：「時代對北宋士人的知識要求，與前代已大不相同。一個最明顯的區別便是漢人重經、唐人重文，並輕政事，宋人則經術、文藝、政事兼顧。」〔註159〕由於時代的變化，宋代政治舞臺上的士大夫既有著深厚的文學寫作功底，又兼具精明幹練的行政能力，常常表現出經世致用，以天下為己任的情懷。熙寧變法時期，全面推行法律考試之後。宋代士人之間也逐漸形成了通曉法律、爭言法令的時尚。儘管以王安石為首的守舊派對法律考試仍抱有異議，認為「日誦徒流絞斬之書，習鍛鍊文致之事，為士已成刻薄，從政豈有循良，非所以長育人材，敦厚風俗也。」但他們不得不承認，「律令敕式，皆當官者所須。」〔註160〕宋人秦觀亦曾上奏反對試法。其文有云：「臣聞古今異世，不可同日而語。以今天下，而欲純用詩書，盡去法律，則是腐儒不通之論也，要使詩書不為法律所勝而已。祖宗之時，二端雖號並行，而士大夫頗自愛重，以經術為職，文藝相推，間有喜刑名、精案牘者，則眾指以為俗吏，而恥與之言。……昔者以詩書為本，法律為末；而近世以法律為實，詩書為名。……法吏之與儒臣，所聞異趣，所見異途，猶方圓曲直之不相入也。」〔註161〕儘管，秦觀對試法入仕者百般詆毀，但他也認識到，「純用詩書，盡去法律」已不符

〔註157〕《名公書判清明集》中有多篇判決提及司戶參軍擬筆斷刑的事例。如《寺僧爭田之妄》，第247頁。卷七《立繼》「先立已定不當以孽子易之」，中華書局，1987年，第206頁。卷七《立繼》吳恕齋「不可以一人而為兩家之後別行選立」，中華書局，1987年，第208頁。
〔註158〕（清）徐松輯，劉琳、刁忠民等校點：《宋會要輯稿》職官二四，上海古籍出版社，2014年，第3669～3670頁。
〔註159〕陳植鍔：《論北宋知識分子的知識結構》，《社會科學研究》1988年第1期。
〔註160〕（宋）司馬光：《司馬光奏議》，王根林點校，陝西人民出版社，1986年，第403頁。
〔註161〕（宋）秦觀撰，徐培均箋注：《淮海集箋注》卷十四，《法律下》，上海古籍出版社，1994年，第563頁。

合現實的需要。

「議獄而詳刑，責任至不輕也。以是待文學、法理之士而精其選焉。」
〔註162〕法官之任，事關人命，故於選拔之時，不得不慎重至再。法官的職業
化也成為當時社會發展的客觀需求。「試中刑法人」與其他「試法入仕人」的
知識結構有所不同。明法考試以試律令為主，因而他們的知識結構較為單一，
常被儒生譏之為俗吏；而「書判拔萃登科人」雖大多對儒學經典進行過系統
的學習，但對法律知識的掌握程度又僅限於通曉法意的程度，對具體的條文
規定並不十分詳練；而「試中刑法人」既有較好的儒學功底，又熟練掌握了
司法審判的有關知識和技巧，可謂是「文學法理，咸精其能」。並且，「試中刑
法人」大多曾就職於基層，對民間人情世故又有一定的瞭解。「縉紳之徒，莫
先儒雅以飾事；刀筆之吏，類多慘刻而少恩。惟二者之兼通，乃一時之盡善。」
〔註163〕也正因為「試中刑法人」的知識結構較為全面，以「試中刑法人」為
主體的法官後備群體也由此逐漸開始形成。相較於一般士大夫以及其他「試
法入仕人」，「試中刑法人」更具現代法學意義上的職業法官的特徵。他們明
於經義、嫻於吏道而又詳於刑書，既有傳統儒家士大夫的人文精神，又有明
刑善斷的司法職業素質。通過「試刑法」考試後，從此，他們也從低級文官走
向了法官職業之路。

第三節　「試法入仕人」的形象與法律素養

史料文獻中，作為一個人物群體，「試法入仕人」常常因法科背景而被士
人冠以才識淺陋，刻薄殘酷的標籤，譏為「法吏」或者「俗吏」。然而事實上，
不同類型的「試法入仕人」的知識結構有所不同，他們的仕宦發展與法官職
業的聯繫也不同。並且，史料文獻中的「試法入仕人」的個人形象，也並非一
般士人所想像的那般不堪。他們多以明法決斷，慎刑仁恕而名垂史冊。綜觀
文獻材料的記載，「試法入仕人」在立法、司法以及法律知識的傳播活動中，
都表現出了極高的法律素養。

〔註162〕（清）徐松輯，劉琳、刁忠民等校點：《宋會要輯稿》職官二四，上海古籍
　　　　出版社，2014年，第3678頁。

〔註163〕（宋）史浩：《鄮峰真隱漫錄》卷二十七，《代人謝曹知府舉試刑法啟》，收
　　　　錄於曾棗莊、劉琳主編：《全宋文》（第199冊），卷四四一二，上海辭書出
　　　　版社，安徽教育出版社，2006年，第381頁。

一、「試法入仕人」的形象與評價

從總體上，由於不同類型的「試法入仕人」有著不同的仕宦發展之路，故而他們在史料文獻中的形象也不盡相同。「明法及第人」和「試中刑法人」的仕宦經歷與法律職業的聯繫較為緊密，而「書判拔萃登科人」則由於綜合能力較強，他們的仕宦發展是多面向的，並不侷限於法官職業。當然，並非所有「試法入仕人」的社會評價都很高，由於「試法入仕人」的個人品行和職業操守各異，其中亦不乏以負面形象出現者。

（一）唐宋「明法及第人」的形象

1. 唐代「明法及第人」的形象與評價

前文考證的二十六位唐代「明法及第人」中，有十七位的生平經歷有史可徵。除祖岳與吉懷惲的為官經歷沒有詳細評價之外，其餘十五位皆有明刑善斷，詳練法律之稱。此十五中，僅有李朝隱一人於《舊唐書》有傳，其餘十四人的形象與評價則來自於墓誌或神道碑文。

李朝隱少年明法及第，歷任臺憲，「素有公直之譽。」其在大理丞任上時，朝廷曾發生了一件要案。神龍二年（706），神龍政變的功臣敬暉、桓彥範等人遭武三思構陷下獄，侍御史鄭愔奏請處以敬暉等人死刑。時任大理卿的李朝隱則認為敬暉等人的犯罪事實尚未查清，不可急於定罪量刑。而大理卿裴談為阿附武三思，不惜枉法裁斷，判以敬暉等人死刑及籍沒家產。李朝隱堅持不可急於處斷，由是抗旨。中宗欲降罪，將李朝隱貶為嶺南遠惡官，而侍中韋巨源、中書令李嶠奏曰：「朝隱素稱清正，斷獄亦甚當事，一朝遠徙嶺表，恐天下疑其罪。」由此可見，由於用刑允當，李朝隱在當時社會有著公正廉明的形象。對於他的堅持，連皇帝都要退讓三分，最終也只是將其調離了大理寺丞的職務，而外任為聞喜令。〔註164〕

而其餘十四人的形象與評價多由其墓誌銘或神道碑文得來，而墓誌材料又具有一定的主觀性，撰寫人常常為逝者諱，多隱其惡，對其生平多有溢美之詞，故而字裏行間難免有不盡客觀公允之處。如皇甫文備是神龍元年（705）被朝廷處理的二十三位酷吏中的一員。〔註165〕據劉餗《隋唐嘉話》有云：「皇甫文備，武后時酷吏也，與徐大理論獄，誣徐黨逆人，奏成其罪。

〔註164〕（後晉）劉昫等：《舊唐書》卷一百，《李朝隱傳》，中華書局，1975 年，第 3126～3127 頁。

〔註165〕（宋）王溥：《唐會要》卷四十一，《酷吏》，中華書局，1955 年，第 744 頁。

武后特出之。無何，文備為人所告，有功訊之在寬。或曰：『彼曩時將陷公於死，今公反欲出之，何也。』徐曰：『汝所言者，私忿也。我所守者，公法也。安可以私害公。』」〔註166〕由是可見，皇甫文備是為武后時酷吏，與徐有功討論案件時，污衊徐有功與逆黨勾結，武則天特赦徐有功之罪。不久，皇甫文備又為他人所告，而徐有功以德報怨，以公正仁恕之心待之。這段記載中，皇甫文備的狡詐陰險的形象正好成為了徐有功公正執法的反襯。除污衊徐有功之外，據《資治通鑑》記載，皇甫文備還曾與來俊臣一起誣告監察御史李昭德謀反，事未成而下獄。「監察御史李昭德素惡俊臣，又嘗庭辱秋官侍郎皇甫文備，二人共誣昭德謀反，下獄。」〔註167〕如此看來，皇甫文備的酷吏形象與墓誌銘中「雋不疑之寬貸，實賴明刑；于定國之平反，多行陰德」的描述不符。儘管如此，墓誌銘中稱皇甫文備因「久掌邦憲，諳練刑書」而被授任刑部侍郎的歷史事實又是可信的。同時，皇甫文備授任大理卿的詔書亦有云：『三典之職，人命所懸；九列之班，眾難其選，惟刑之恤，僉曰爾諧。宜輟美南宮，再光北寺，可重守司刑卿。」〔註168〕由此可見，皇甫文備歷任中央法司法官之職，就在於其人詳練法律，具備較高的法律素養。從這一角度來看，墓誌銘文雖對逝者多有褒美之譽，但字裏行間又留有歷史本真的痕跡。

除李朝隱與皇甫文備曾任大理卿之外，其餘十三位唐代「明法及第人」多位列下僚，難以躋身高位。但就目前所搜集到的文獻材料來看，唐代「明法及第人」的法科出身在其仕宦生涯中亦留下了濃墨重彩的一筆。

盧醫王雖出身於范陽盧氏大族，十八歲就明法及第，但是仕途發展不順。七十八歲去世時，止任滑州匡城縣丞。盧醫王歷任縣尉、主簿，任內有明法之稱。墓誌銘述其事蹟稱：「科條惟明，終當理體；刀筆以振，且慰人心。」〔註169〕

〔註166〕（唐）劉餗撰，程毅中點校：《隋唐嘉話》卷下，中華書局，1979年，第35～36頁。

〔註167〕（宋）司馬光編著：《資治通鑑》卷二百六，《唐紀二十二》，神功元年四月癸未，中華書局，1956年，第6518～6519頁。

〔註168〕《大周故正議大夫使持節都督姚宗等卅六州諸軍事守姚州刺史上柱國皇甫君（文備）墓誌》，收錄於吳鋼主編，《全唐文補遺》（第2輯），三秦出版社，1995年，第387頁。

〔註169〕《唐故滑州匡城縣丞范陽盧府君（醫王）墓誌銘並序》收錄於吳鋼主編，《全唐文補遺》（第8輯），三秦出版社，2005年，第12～13頁。

　　王植二十三歲時，雍州貢明法及第，授任為大理寺錄事。在任上，「丹筆無冤，黃沙絕滯。」為長安縣尉時，亦「日覺耳聰，片言折獄，堆幾之案云撤，盈庭之訟霧收。」〔註170〕表現出優秀的司法能力和素養。

　　張鷟年十九即明法及第，解褐饒陽縣尉，但歷官亦不顯，年五十二去世時仍止任洪洞縣丞。不過，張鷟雖位沉下僚，但其為政有聲。「內清淨以化人，外平反以悅親，不樂歸美，而善隱德，故下車無赫赫之聲，所去有遺愛之戀。」〔註171〕

　　弱冠之年明法及第的潘智，六十四歲去世時仍止任潞州鄉縣縣尉。雖位不充量，但有循吏之稱。其墓誌稱其「有捍城之材，懷經邦之略。」「泊乎下車作則，臨政有方，綱紀一曹，而兼併五美。君子曰多乎，潘公之循良也。……公之所理，聞義必從。……嗟乎！生蘊大才而無貴仕。」〔註172〕

　　同樣於弱冠之年明法及第的騫晏，在湖城縣丞任上時亦有出色的表現：「詳刑則噬膚滅鼻，潔己乃枯魚在竿。」後來，騫晏調任宜君縣令，治內有政聲。「不小千室，始聞操刀。為之數年，遂以去殺。」〔註173〕

　　張泚亦於弱冠之年明法及第，歷任州縣，終任於常熟縣令。「清明激歷，畏之者若神，宣慈惠和，愛之者如父。……議者以公持法無頗，有於公之隱德，臨事不撓，有尚父之明斷。」〔註174〕

　　明法出身的成幾，七十歲終任於徐州長史之位。雖位沉下僚，但是其在地方任上，也是「縣無公事，鄉間稱歎。」〔註175〕

　　許樞明法季候，解褐授大理評事，任內因「盛筆無冤」而轉任鞏縣縣令。「天子以公有連率之才，授公以一方之任。」因此，許樞仕途發展較為順利，

〔註170〕　《大唐故司宗寺丞上騎都尉王君（植）墓誌銘並序》，收錄於吳鋼主編：《全唐文補遺》第三輯，三秦出版社，1996年，第379頁。

〔註171〕　（唐）張說：《府君墓誌銘》，收錄於（清）董誥等編：《全唐文》卷二百三十二，中華書局，1983年，第2245～2246頁。

〔註172〕　《大唐故潞州鄉縣尉上柱國潘府君（智）墓誌銘並序》，收錄於吳鋼主編，《全唐文補遺》（第8輯），三秦出版社，2005年，第379頁。

〔註173〕　《唐故朝議郎行中部郡宜君縣令騫府君（晏）墓誌銘並序》，收錄於吳鋼主編，《全唐文補遺》（第2輯），三秦出版社，1995年，第23頁。

〔註174〕　《大唐故吳郡常熟縣令上柱國張公（泚）墓誌銘並序》，收錄於收錄於周紹良主編，《唐代墓誌彙編》，上海古籍出版社，2011年，第1591頁。

〔註175〕　《大唐故朝議郎行徐州長史成公府君（幾）墓誌銘》，收錄於吳鋼主編，《全唐文補遺》（第3輯），三秦出版社，1996年，第452頁。

官至巂州刺史，拜正議大夫。〔註176〕

「神采岳立，才華天縱」的李行，於弱冠之年明法及第，解褐授房州上庸縣尉。在任上，李行有仁恕之名。「馴致其道，濫觴其人，務非苟合，仁以知名。」〔註177〕

李正本年少時以孝聞名鄉里。後立志習法，遂舉明法及第。解褐慈州昌寧縣主簿，遷河北縣尉。任內有「幹理」稱，由是受到狄仁傑的賞識，曾奉詔鞫獄。為河東縣尉時，「大邑繁劇，甚多疑獄，君到官斷決，皆使無訟。」後遷汾州孝義縣丞，「縣闕令長，先禮後刑，人不敢為非。」又除相州司士參軍，「攝官諸曹，法理為一州最。」〔註178〕

喬夢松「早以義烈稱，剛勁而不犯，文而有禮。」後因明法及第，授任瀛洲河間縣尉，遷京兆三原主簿。墓誌稱其人「在官有政，所蒞可徵。於左輔，則為前御史中丞李懷讓以精干名聞。在王畿，則為前御史中丞徐知仁以政理□進。於是皇帝稱善久之。」而後，喬夢松曾於中央法司任職，亦以公正仁恕知名。「除侍御史。抗簡三載，凌霜一質，雄以雕鶚，視之紀綱然。後遷大理正，執國之憲，惟刑之恤。」〔註179〕

楊岌明法及第後，解褐仙州葉縣縣尉，歷蒲州安邑縣尉、赤水軍節度判官、宋州司法參軍。墓誌稱其任內「用簡削煩，執謀能遠，橋玄之幹理雙舉，定國之精明再出。」後以課最上聞朝廷，官止武德縣令。〔註180〕

陳希喬以明法擢第，起家授唐州慈丘縣尉，又轉恒州真定縣丞。墓誌稱其人：「決案以仁，疏牘以正，上得其用，下不稱冤。既當時之規模，亦將來之軌範。實邦家之寶，王佐之才。」〔註181〕

〔註176〕 《大周故正議大夫使持節都督巂州諸軍事守巂州刺史上柱國高陽縣開國男許君墓誌銘並序》，收錄於收錄於周紹良主編，《唐代墓誌彙編》，上海古籍出版社，2011年，第970頁。

〔註177〕 《大唐故括州松陽縣尉李君（行）墓誌銘並序》，收錄於趙君平、趙文成編：《河洛墓刻拾零》上冊，北京圖書館出版社，2007年，第226頁，圖板176。

〔註178〕 《唐故朝散大夫行洋州長史李府君（正本）墓誌銘並序》，收錄於吳鋼主編：《全唐文補遺》（第4輯），三秦出版社，1997年，第15頁。

〔註179〕 《唐故朝請大夫上柱國檢校尚書屯田郎中梁郡喬府君（夢松）墓誌銘並序》，收錄於吳鋼主編，《全唐文補遺》（第7輯），三秦出版社，2000年，第44頁。

〔註180〕 《故河內郡武德縣令楊公（岌）墓誌銘並序》，收錄於周紹良、趙超主編：《唐代墓誌彙編（下冊）》，上海古籍出版社，1992版，第1601頁。

〔註181〕 《唐故恒州真定縣丞潁川陳公（希喬）墓誌文》，收錄於趙君平、趙文成編：《河洛墓刻拾零》下冊，北京圖書館出版社，2007年，第419頁，圖板310。

2. 宋代「明法及第人」的形象與評價

據筆者前文考證得出的結果，唐宋「明法及第人」皆在二十五左右，數量差不多。儘管「明法及第人」於《宋史》有傳者僅有五人，但其他宋代「明法及第人」的記載並不十分詳盡。並且，從目前所能搜集到的文獻材料來看，宋代「明法及第人」的法科特徵在他們的仕宦生涯中並不十分明顯。

《宋史》有傳的五位「明法及第人」中，有三位是因戰功而名留史冊。太平興國年間明法及第的靳懷德，咸平中契丹入寇時，因固守城壁知名，由是以武幹見知。歷官有強幹之稱，但有因酗酒多失。在州頗著政績，多有稱譽。〔註182〕又有王果，明法及第後曾為審刑院詳議官。但史傳中，王果多以戰功知名，曾多次與契丹交鋒。歐陽修曾有《保舉王果》一文，其文稱王果「為性剛勇，奮不顧身，但務盡忠，不恤毀譽。」〔註183〕而《宋史》對其的評價也是「持法峭深，治軍嚴辦，茲其長也。」〔註184〕又有北宋抗金名將陳規，雖試中「明法科」，但其人則是以戰功知名於世。史傳稱：「陳規以文儒之臣有聲鎮守，可謂拔乎流俗者焉。」〔註185〕北宋末年，陳規多次與金人交手，屢建奇功。

《宋史》有傳的崔臺符曾在御試時表現優秀，仁宗皇帝賜以「盡美」二字。〔註186〕崔臺符的仕宦發展與當時引起朝臣熱議的「阿雲之獄」有關。知登州許遵在處理此案時欲「立奇以自鬻」，作出與中央法司不同的裁決。神宗皇帝詔令王安石與司馬光分辨是非，從而引起了朝堂兩派之間的論爭。這場討論的結果是，神宗皇帝最終認可了王安石與許遵的觀點。滿朝皆以為非，而此時崔臺符為阿附王安石，「獨舉手加額曰：『數百年誤用刑名，今乃得正。』」由是，崔臺符得到了王安石的賞識，後歷知審刑院，拜大理卿。在大理卿任上時，崔臺符與大理少卿楊汲鍛鍊文字，麗文法者上萬人。時有朱光庭上奏請求罷免崔臺符與楊汲：「臣竊見刑部侍郎崔臺符、戶部侍郎楊汲務為深刻，

〔註182〕　（元）脫脫等：《宋史》卷三百九，《靳懷德傳》，中華書局，1977 年，第 10168
　　　　　～10179 頁。

〔註183〕　（宋）歐陽修：《歐陽修集》卷一一七，《保舉王果》，中華書局，2001 年，
　　　　　第 1789 頁。

〔註184〕　（元）脫脫等：《宋史》卷二百三十六，《王果傳》，中華書局，1977 年，第
　　　　　10539 頁。

〔註185〕　（元）脫脫等：《宋史》卷三百七十七，《陳規傳》，中華書局，1977 年，第
　　　　　11660 頁。

〔註186〕　（元）脫脫等：《宋史》卷三百五十五，《崔臺符傳》，中華書局，1977 年，
　　　　　第 11186 頁。

致位高顯，久任大理官，稔為刑罰虧仁德之事，乃不忠之臣也。臣欲乞罷大理獄，並黜崔臺符、楊汲刻薄不忠之臣於外，俾天下知聖人唯尚仁德以化民，則刑罰愈清，而萬民咸服。」〔註187〕

《宋史》中亦在《蕭貫傳》中附帶提及了「明法及第人」孫齊的生平事蹟。「有撫州司法參軍孫齊者，初以明法得官，以其妻杜氏留里中，而紿娶周氏入蜀。後周欲訴於官，齊斷髮誓出杜氏。久之，又納倡陳氏，挈周所生子之撫州。未逾月，周氏至，齊捽置廡下，出偽券曰：『若傭婢也，敢爾邪。』乃殺其所生子。周訴於州及轉運使，皆不受。人或告之曰：『得知饒州蕭史君者訴之，事當白矣。』周氏以布衣書姓名，乞食道上，馳告貫。撫非所部，而貫特為治之。更赦，猶編管齊、濠州。」〔註188〕由是可見，孫齊以法科出身，但行止無法度，竟有棄妻殺子之惡行，最終為執法無偏的蕭貫處置下獄。曾鞏亦有文述此事，以孫齊所捽親兒為名，作《禿禿記》以警示後人。〔註189〕

儘管，宋代「明法及第人」中有人因戰功文聞名於世，也有因枉法或違法的負面形象而留名史冊者。但總體來看，史料文獻中以明刑善斷，執法仁恕的形象出現的「明法及第人」還是占大多數。

如《宋史》入傳的王衣，就曾因議法詳明受到高宗皇帝的嘉獎，史傳稱王衣「明恕而用刑不刻。」「質直和易，持法不阿，議者賢之。」〔註190〕此外，據墓誌記載，真宗咸平年間明法及第的祝維岳在陵州理參軍任上，曾全活被冤入獄者十餘人，「燭物發奸，明允篤實，即張釋之于定國不能過也。」為河中府龍門知縣時，「縣多健訟，惟岳剔蠹奸惡，消沮不敢犯。」〔註191〕景德間明經及第的蕭律，為廣州司法時有寬仁之名。「民誤犯銅論死流者百餘人，律曰：『利令智昏，縉紳不免。小民失錯，詎宜深罪。』惟杖遣之，其寬仁類

〔註187〕 《宋名臣奏議》卷九十九，《歷代名臣奏議》卷二百十六，亦載此。

〔註188〕 （元）脫脫等：《宋史》卷四百四十二，《蕭貫傳》，中華書局，1977年，第13072頁。

〔註189〕 （宋）曾鞏撰：《曾鞏集》卷一七《禿禿記》，收錄於曾棗庄，劉琳主編《全宋文》（第58冊），卷一二六一，上海辭書出版社，安徽教育出版社，2006年，第135頁。

〔註190〕 （元）脫脫等：《宋史》卷三百七十七，《王衣傳》，中華書局，1977年，第11658～11660頁。

〔註191〕 （清）畢沅、阮元撰：《山左金石志》卷十六，《尚書祝維岳神道碑》，收錄於國家圖書館善本金石組編：《宋代石刻文獻全編》，北京圖書館出版社，2003年，第804～806頁。

此。」〔註192〕又如景德間明法及第的西門成允，墓誌稱：「公以法進，而寬平毋害。……仕三十年，當官行已不問人之知不知，所謂通塞未嘗以經意徘徊，小官無不足，色其行事，雖古所稱循良吏者，不過如此。」〔註193〕清人陸心源亦根據此墓誌銘，而為西門成允作傳，收於《宋史翼》之循吏傳中。〔註194〕仁宗年間明法及第的劉禹，解褐補樂城縣尉，為官不顯，但其仕宦生涯中也以能捕盜，善決獄知名。為資州錄事參軍兼司法事也因善決獄而備受郡守倚信，「始至，將佐皆易之，見其決獄乃大驚。郡有難辦事，輒倚君。」〔註195〕

（二）唐宋「書判拔萃登科人」的形象

與「明法及第人」不同的是，唐宋時期的「書判拔萃登科人」的職業發展是多面向的，他們大多都具有較高的文學才華，也因為深厚的文學背景而獲得統治者的青睞。

1. 文學優深，長於禮學

唐代「書判拔萃科人」中，以文學才能著稱於世的，莫過於白居易和李商隱。「詩魔」白居易曾與平判入等登科的元稹同年登科，二人共同倡導新樂府運動，世稱「元白」。李商隱擅長詩歌與駢文，與杜牧有「小李杜」之稱。新舊《唐書》中亦多有以文學優深、長於禮學著稱的書判拔萃登科人。如曾在唐宣宗時拜相的崔龜從，史傳稱其人「長於禮學，精歷代沿革，問無不通。」〔註196〕唐僖宗時的宰輔鄭畋年二十二時書判拔萃登科，他留於史冊的印象也是：「文學優深，器量弘恕。美風儀，神采如玉，尤能賦詩。與人結交，榮悴如一。」〔註197〕德宗朝時拜相的陸贄亦有出色的文學才能。「時天下叛亂，機務填委，徵發指蹤，千端萬緒，一日之內，詔書數百。贄揮翰起草，思如泉注，初若不經思慮，既成之後，莫不曲盡事情，中於機會。胥吏簡札不暇，同

〔註192〕（清）魯曾煜：《廣東通志》卷三十九，《名宦志省總二》，四庫全書本。

〔註193〕（宋）劉摯撰，裴汝誠、陳曉平點校：《忠肅集》卷十三，《贈諫議大夫西門公墓誌銘》，中華書局，2002年，第261頁。

〔註194〕（清）陸心源：《宋史翼》卷十八，列傳第十八，循吏一之三，中華書局，1991年12月版，第184頁。

〔註195〕（宋）黃庭堅撰《朝奉郎通判汾州劉君墓誌銘》，收錄於《豫章黃先生文集》卷二十二，四部叢刊本。

〔註196〕（後晉）劉昫等：《舊唐書》卷一百七十六，《崔龜從傳》，中華書局，1975年，第4572～4573頁。

〔註197〕（後晉）劉昫等：《舊唐書》卷一百七十八，《鄭畋傳》，中華書局，1975年，第4630頁。

舍皆伏其能。」〔註198〕唐武宗朝拜相的鄭肅也是「能為古文，長於經學，左丘明、《三禮》、儀注疑議，博士以下必就肅決之。」〔註199〕以儒術進用，又居相位的畢諴，也是「博通經史，尤能歌詩。」〔註200〕天寶末年書判拔萃的于邵，曾任知制誥，「朝有大典冊，必出其手。」〔註201〕憲宗朝以進士身份試中書判拔萃的路群，史傳有稱：「群精經學，善屬文。性仁孝，志行貞潔。父母歿後，終身不茹葷血。歷踐臺閣，受時君異寵，未嘗以勢位自矜。與士友結交，榮達如一。」〔註202〕

　　史料文獻中的宋代「書判拔萃登科人」也常常是是博學多才的印象。歐陽修曾為余靖、江休復、尹洙三人作墓誌銘，字裏行間滿是對逝者文學才華的崇敬之情。如余靖，其墓誌有云：「公為人質重剛勁，而言語恂恂，不見喜怒。自少博學強記，至於歷代史記、雜家、小說、陰陽、律曆外，暨浮屠、老子之書，無所不通。……雖在兵間，手不釋卷。有文集二十卷，奏議五卷，三史刊誤四十卷。」〔註203〕又有江休復，歐陽修稱：「其為人外若簡曠，而內行修飭，不妄動於利欲。其強學博覽，無所不通，而不以矜人，至有問輒應，雖好辯者不能窮也，已則默若不能言者。其為文章淳雅，尤長於詩，淡泊閒遠，往往造人之不至。善隸書，喜琴、弈、飲酒。與人交，久而益篤。孝於宗族，事孀姑如母。……君所著書，號《唐宜鑒》十五卷，《春秋世論》三十卷，文集二十卷。又作《神告》一篇，言皇嗣事，以謂皇嗣，國大事也，臣子以為嫌而難言，或言而不見納，故假神告祖宗之意，務為深切，冀以感悟。」〔註204〕

〔註198〕（後晉）劉昫等：《舊唐書》卷一百三十九，《陸贄傳》，中華書局，1975 年，第 3791～3792 頁。

〔註199〕（後晉）劉昫等：《舊唐書》卷一百七十六，《鄭肅傳》，中華書局，1975 年，第 4573～4574 頁。

〔註200〕（後晉）劉昫等：《舊唐書》卷一百七十七，《畢諴傳》，中華書局，1975 年，第 4608～4610 頁。

〔註201〕（宋）歐陽修、宋祁等：《新唐書》卷二百三，《于邵傳》，中華書局，1975 年，第 5783 頁。

〔註202〕（後晉）劉昫等：《舊唐書》卷一百七十七，《路群傳》，中華書局，1975 年，第 4603 頁。

〔註203〕（宋）歐陽修：《盧陵文鈔》卷二十三，《贈刑部尚書余襄公神道碑銘》，收錄於高海夫主編：《唐宋八大家文鈔校注集評》，三秦出版社，1998 年，第 2423～2426 頁。

〔註204〕（宋）歐陽修：《盧陵文鈔》卷二十九，《江鄰幾墓誌銘》，收錄於高海夫主編：《唐宋八大家文鈔校注集評》，三秦出版社，1998 年，第 2629～2631 頁。

特別是尹洙，更是以文學才華名重當世，天下士人皆知其名。其墓誌有云：「師魯，河南人，姓尹氏，諱洙。然天下之士識與不識皆稱之曰師魯，蓋其名重當世。而世之知師魯者，或推其文學，或高其議論，或多其材能。至其忠義之節，處窮達，臨禍福，無愧於古君子，則天下之稱師魯者未必盡知之。師魯為文章，簡而有法。博學強記，通知古今，長於《春秋》。其與人言，是是非非，務窮盡道理乃已，不為苟止而妄隨，而人亦罕能過也。遇事無難易，而勇於敢為，其所以見稱於世者，亦所以取嫉於人，故其卒窮以死。……師魯當天下無事時獨喜論兵，為《敘燕》、《息戍》二篇行於世。自西兵起，凡五六歲，未嘗不在其間，故其論議益精密，而於西事尤習其詳。其為兵制之說，述戰守勝敗之要，盡當今之利害。又欲訓土兵代戍卒，以減邊用，為禦戎長久之策，皆未及施為。而元昊臣，西兵解嚴，師魯亦去而得罪矣。然則天下之稱師魯者，於其材能，亦未必盡知之也。〔註205〕

2. 精於吏術，善於治民

史料文獻中的「書判拔萃登科人」，亦不乏精於吏術，善於治民而著稱者。史傳中，唐武宗時拜相的崔珙，「性威重，尤精吏術。」〔註206〕曾於唐懿宗朝為相的畢諴，也是為人謹重，「長於文學，尤精吏術。」〔註207〕所謂吏術者，即為政之方也。顧少連以進士出身登書判拔萃科，後為京兆尹。「政尚寬簡，不為灼灼名。先是，京畿租賦薄厚不能一，少連以法均之。」任東都留守，「表禁苑及汝閒田募耕以便民，閱武力，利鎧仗，號良吏。」〔註208〕楊發為是蘇州刺史時，「恭長慈幼，人士稱之。」又改任福州刺史、福建觀察使。「甌閩之人，美其能政，耆老以善績聞。」〔註209〕

前文所提及的江休復和余靖也是既通文學，又善臨民。余靖「經制五管，

〔註205〕　（宋）歐陽修：《廬陵文鈔》卷二十九，《尹師魯墓誌銘》，收錄於高海夫主編：《唐宋八大家文鈔校注集評》，三秦出版社，1998年，第2647～2649頁。

〔註206〕　（後晉）劉昫等：《舊唐書》卷一百七十七，《崔珙傳》，中華書局，1975年，第4588頁。

〔註207〕　（後晉）劉昫等：《舊唐書》卷一百七十七，《畢諴傳》，中華書局，1975年，第4608～4610頁。

〔註208〕　（宋）歐陽修、宋祁等：《新唐書》卷一百六十二，《顧少連傳》，中華書局，1975年，第4994～4995頁。

〔註209〕　（後晉）劉昫等：《舊唐書》卷一百七十七，《楊發傳》，中華書局，1975年，第4596～4597頁。

前後十年，凡治六州，所至有惠愛。」〔註210〕江休復「於治人，則曰：『為政所以安民也，無擾之而已。』故所至，民樂其簡易。至辨疑折獄，則或權以術，舉無不得，而不常用，亦不自以為能也。」〔註211〕

3. 剛正不阿，執法公正

　　儘管從總體來看，大多數「書判拔萃登科人」的仕宦生涯中最出彩之處並不彰顯於明刑決獄方面，但其中也有不少人也因剛正不阿，執法公正而知名於時。

　　如盧鈞曾於唐宣宗時為相，史傳稱其人「性仁恕，為政廉潔。」其為官之初，因與同僚審理宰相宋申錫被誣案而知名。「太和五年，遷左補闕。與同職理宋申錫之枉，由是知名。」〔註212〕與盧鈞一同為宋申錫呼冤的韋溫，亦是書判拔萃登科人。韋溫素有「忠鯁救時」之名，李德裕曾評價韋溫有云：「此人堅正中立，君子也。」宰相宋申錫被誣之時，韋溫時任右補闕，他倡言曰：「宋公履行有素，身居台輔，不當有此，是奸人陷害也。吾輩諫官，豈避一時之雷電，而致聖君賢相蒙蔽惑之咎耶。」〔註213〕於是率領同僚據理力爭，亦由是知名。又有王晏為監察御史時，「奉詔鞫權長孺獄，委屈得情。」後為殿中丞，「有鹽鐵贓吏，本罪抵死，大理斷流，敕下東臺。公不奉詔，抗疏論奏，竟當厥辜。由是穆宗深奇之。」〔註214〕文學之譽滿天下的李商隱，為官之初亦曾因公正執法，全活囚犯而忤逆上司，險致罷官。〔註215〕宋代書判拔萃登科人宋璫雅好書法，在知益州時也因捕盜而受璽書嘉獎。「屬歲饑多盜，

〔註210〕（宋）歐陽修：《廬陵文鈔》卷二十三，《贈刑部尚書余襄公神道碑銘》，收錄於高海夫主編：《唐宋八大家文鈔校注集評》，三秦出版社，1998年，第2423～2426頁。

〔註211〕（宋）歐陽修：《廬陵文鈔》卷二十九，《江鄰幾墓誌銘》，收錄於高海夫主編：《唐宋八大家文鈔校注集評》，三秦出版社，1998年，第2629～2631頁。

〔註212〕（後晉）劉昫等：《舊唐書》卷一百七十七，《盧鈞傳》，中華書局，1975年，第4591～4593頁。

〔註213〕（後晉）劉昫等：《舊唐書》卷一百六十八，《韋溫傳》，中華書局，1975年，第4377～4380頁。

〔註214〕（唐）李玨撰：《唐故朝散大夫守尚書吏部郎中兼侍御史知雜事上柱國臨沂縣開國男食邑三百戶琅琊王府君墓誌銘並序》，收錄於周紹良、趙超主編：《唐代墓誌彙編》，上海古籍出版社，1992版，第2134頁。

〔註215〕（宋）歐陽修、宋祁等：《新唐書》卷二百三，《李商隱傳》，中華書局，1975年，第5792頁。

瑙始至，以方略擒捕招輯，盜皆首伏屏息，下詔嘉獎。」〔註216〕

「書判拔萃登科人」極少被譏為「法吏」或「俗吏」，較之其他「試法入仕人」，「書判拔萃登科人」的社會評價較高，史料文獻中的「書判拔萃登科人」總是有諸多優點。筆者以為，這種現象的出現與「書判拔萃登科人」的知識結構有關。古典中國的教育體制下，向來就是重通才而輕專才。一方面，必須以專業性人才就任的官職較少，且級別也較低。若止以專業見長，也無法再官場中謀求高位；另一方面，要想在仕途中有所發展，則必須經歷親民之官。而作州作縣者既須專業知識，更須綜合素養。如是，專業性的人才遭受冷落，而博通之士則備受青睞，也就不足為奇了。

（三）宋代「試中刑法人」的形象

綜觀「試中刑法人」的仕宦經歷，他們大多因其出色的法律素養而名揚史冊，史載中多有對其司法活動和人格修養的褒獎之詞。

《宋史》與《續資治通鑒》中的「試中刑法人」常常是忠厚仁恕的形象。如韓晉卿，為政「視民所宜而不戾法指」，累遷至大理卿。「元豐置大理獄，多內庭所付，晉卿持平考核，無所上下。神宗稱其才，每讞獄雖明，若事連貴要、屢鞫弗成者，必以委之，嘗被詔按治寧州獄，循故事當入對，晉卿曰：『奉使有指，三尺法具在，豈應刺候主意，輕重其心乎。』受命即行。」由於韓晉卿為人忠厚仁恕，決獄公平持允，「故士大夫間推其忠厚，不以法家名之。」〔註217〕有如王吉甫為大理少卿時多「持論寬平」，史傳贊「吉甫老於為吏，廉介不回，但一於用法，士恨其少緣飾云。」〔註218〕趙與懽為知臨安府時，也是「剖決明暢，罪者咸服。」世以其為長者。莫濛就職於大理寺時，連破張子華贓賄案、吏部失火案以及黃州卒奏擒盜案，得其史，受到皇上賞識。〔註219〕沈作賓為紹興府通判時，「從容禆贊，每濟以寬。」〔註220〕《宋史》論贊

〔註216〕（元）脫脫等：《宋史》卷二百七十六，《宋瑙傳》，中華書局，1977年，第9391～9392頁。

〔註217〕（元）脫脫等：《宋史》卷四百二十六，《韓晉卿傳》，中華書局，1977年，第12705～12706頁。

〔註218〕（元）脫脫等：《宋史》卷三百三十，《王吉甫傳》，中華書局，1977年，第10637～10638頁。

〔註219〕（元）脫脫等：《宋史》卷三百九十，《莫濛傳》，中華書局，1977年，第11956頁。

〔註220〕（元）脫脫等：《宋史》卷三百九十，《沈作賓傳》，中華書局，1977年，第11960頁。

有云：「時則有若洸、濛、涼、章、作賓，班班有善，同傳亦宜。」〔註221〕據《續資治通鑑》記載，趙立夫為知臨安府時，曾與宋理宗有一段對話：「太尉少卿、知臨安府趙立夫言：『請將茶槽、下沙合為一寨。』帝曰：『每寨幾人？』立夫曰：『多者百二十人。』帝曰：『京城民訟如何？』對曰：『臣幸與民相安。』帝曰：『都民當撫摩，使常在春風和氣中，不可使有愁歎。』又問：『刑獄如何？』對云：『獄常空。』帝曰：『民命所關，不可淹延。』」〔註222〕

由於精通法令，通於吏術，「試中刑法人」也常常受到朝臣舉薦。如吳師尹「有質直之資，有廉茂之行。」在大理評事任上「決讞平恕，人無異詞」。〔註223〕吳師尹也因此受到楊萬里的舉薦。時任臨安通判的王補之也因善決獄訟而受到蔡戡的舉薦，其文有云：「臣竊見臨安府通判王補之，天資敏明，濟以勤恪，精通法令，兼曉義理，臨事不苟，處事適中。而又行之以公，持之以恕。每有滯訟疑獄，多委參訂，必加詳審，於人情法意無不曲當。」〔註224〕又有趙善璙，也因在武寧知縣上，「曾未數月，催科不擾而辦，獄訟不察而明，武寧之人無不德之。」而得到衛涇的舉薦。〔註225〕

「試中刑法人」通曉律義，公於斷獄的作為也常常被記錄在墓誌類文獻之中。如祝康，其墓誌稱其人：「公於斷獄，論議持平，人謂不冤。……天資粹和，志行高整，好延譽人，而樂人規己。接待僚吏，施恩甚厚，有過者平鐫使改，不使麗罪，人皆德之。……仕遵三尺，因俗為政，雖寬猛異施，而所臨稱治。」〔註226〕邵公輔也是「為性寬和厚重，樂易而有守；恬然自若，人宏其量。」為官任上，「議法必以恕。」〔註227〕孫諤為睦州司理參軍時，片言折

〔註221〕（元）脫脫等：《宋史》卷三百九十，列傳第一百四十九，中華書局，1977年，第11963頁。

〔註222〕（清）畢沅：《續資治通鑑》卷一百六十五，理宗紹定二年十月己巳，中華書局，1957年，第4484頁。

〔註223〕（宋）楊萬里：《誠齋集》卷七十之五，《薦舉吳師尹、廖倚、徐文若、毛崈、鮑信叔政績奏狀》，收錄於《宋集珍本叢刊》，第775頁。

〔註224〕參見（宋）蔡戡：《定齋集》卷六，《薦臨安通判王補之狀》，四庫全書本。又見（明）黃淮、楊士奇撰：《歷代名臣奏議》卷一百四十七之十三，上海古籍出版社，1989年，第1926頁。

〔註225〕（明）黃淮、楊士奇撰：《歷代名臣奏議》卷一百四十九，上海古籍出版社，1989年。

〔註226〕（宋）葛勝仲：《丹陽集》卷一三之一，《左朝議大夫致仕祝公墓誌銘》，收錄於《宋集珍本叢刊》，第621頁。

〔註227〕（宋）董詢撰：《宋故泗州軍事判官邵君墓銘》，收錄於國家圖書館善本金石

獄，人謂之申明而不可欺。但「於刑書中悉詳盡，世之名知法者皆歎莫及。……公以儒學自將，該洽有文，而以法家術數名世。」〔註228〕王次張為浙東及湖南提刑司檢法官時，「覆獄事號平允，不務刻深。」〔註229〕周自強為大理卿，亦因獄空而受詔獎。韓元吉為其書墓誌銘有歎：「嗚呼！自古法家多刻深，而公兩位刑使之屬，再為廷尉平，四為寺長官，以至司寇貳卿之選，無秋毫慘。其治獄則先屏奸吏，躬聽斷，務得其情，編配入贓償監係無己者，悉奏釋之。及其議獄也，大理有阿楊殺小兒案，而公以為可疑，不顧眾論爭之，引向敏中、錢若水所讞獄疑二事，欲傅中孚之義，緩其死以俟小兒之獲否，然後處刑，不合竟去。蓋治心之厚如此。」〔註230〕徐子寅因試中「試刑法」而任福建路提刑司檢法官。「審復囚牘累百，凡駁正死罪七十九人。吏部以聞，減磨勘一年。公曰：『法所當輕，非敢縱囚以求賞也。』竟存而不用。」為地方大員，徐子寅也是「剖決滯訟，情法俱當。人既悅服。」後遷任廣南東路提點刑獄公事，「詳刑決獄，務在寬平，恩威兼行，列郡皆聳。」〔註231〕汪應元為提典刑獄公事昭枉雪滯，讞議精詳。常有言曰：「明慎用刑而不留獄，格言也，吾敢不勉！」〔註232〕單夔幼年失父，由母親葉氏含辛茹苦培養成人，弱冠之年即試中「試刑法」，授任大理評事。就職前，母親葉氏訓誡有云：「今天子仁聖，愛及螻蟻。我聞廷評閱天下獄案，罪所輕重在筆端，『寧失不經，哀矜勿喜。』聖人格言，汝當守此。」由是，單夔就職於大理寺六年，自評事遷大理丞，又除大理正。「讞議訊鞫，一無有濫冤者，而緩死之議蓋什九焉。」〔註233〕徐瑄為刑部郎官時，案牘堆積如山，徐瑄「隨事剖析，不失毫釐。」為夔

　　　　　組編：《宋代石刻文獻全編》第二冊，北京圖書館出版社，2003 年，第 3 頁。

〔註228〕（宋）楊時：《龜山先生文集》卷三四之八，《孫龍圖墓誌銘》，收錄於《宋集珍本叢刊》，第 548 頁。

〔註229〕（宋）韓元吉撰：《南澗甲乙稿》卷二十一，《中奉大夫王公墓誌銘》，收錄於王雲五主編：《叢書集成初編》，商務印書館，1936 年 12 月版，第 434 頁。

〔註230〕（宋）韓元吉：《南澗甲乙稿》卷二二，《龍圖閣侍制知建寧府周公墓誌銘》，收錄於王雲五主編：《叢書集成初編》，商務印書館，1936 年 12 月版，第 445 頁。

〔註231〕（宋）樓鑰：《攻媿集》卷九十一，《直秘閣廣東提刑徐公行狀》，收錄於王雲五主編：《叢書集成初編》，商務印書館，1936 年 12 月版，第 1249 頁。

〔註232〕（明）程敏政：《新安文獻志》卷八十三，《故宋提刑汪應元公墓誌銘》，四庫全書本。

〔註233〕（宋）袁說友：《東塘集》卷二十之二十二，《故太淑人葉氏行狀》，收錄於《宋集珍本叢刊》，第 477 頁。

州路轉運判官時，「發摘如神，獄訟用稀。」〔註 234〕陸心源《宋史翼》亦根據魏了翁為徐瑄所作之墓誌，為徐瑄立傳。〔註 235〕徐瑄同僚胡夢昱亦執法不避權貴，以仗義執言聞名於世。〔註 236〕

史料筆記中，也錄有「試中刑法人」善於斷案，清正廉潔的事蹟。周密在《齊東野語》中有《俞侍郎執法》一文，記敘俞澂為官執法之事。其文稱俞澂「短小精悍，清談簡約，樂易無涯岸，而居官守正不阿。」〔註 237〕《京口耆舊傳》中，也記載了吳交如為大理寺卿時，因大理獄空而受到璽書嘉獎之史事。〔註 238〕吳交如為人清正，仗義疏財，身死竟無棺斂。同僚辛棄疾為之歎曰：「身為列卿而貧若此，是廉介之士也。」〔註 239〕

儘管史料文獻中，大多數「試中刑法人」都以清正廉潔、公正執法的正面形象出現，但也有部分試中刑法人由於個人品質問題，受到時議的批評。如史傳中，許遵雖「累典刑獄，強敏明恕。」但許遵為知登州時，「執政許以判大理，遵欲立奇以自鬻。」〔註 240〕由是，在阿雲之獄的處理問題上，許遵巧立新說，議定按問欲舉法，此行也被司馬光譏為「文過飾非，妄為巧說。」〔註 241〕奚士遜為大理卿時，曾被蔡幼學參奏，其文有云：「今臣僚所論韓侂胄親黨奚士遜等，次第竄黜，允協公論。臣區區之愚，猶以為奚士遜洊更麾節，俱無廉稱。……士遜止以幸中法科，寅緣膴仕，出守近郡，政以賄成。修飾苞苴，傾竭帑藏，以悅侂胄及蘇師旦、周筠之意，恃其權勢，肆為兇殘。凡善良之家偶有小小爭訟，必輒逮繫羅織，文致其罪，必使納賂如意，而後釋之。士遜既逞其私，而其父及諸子亦皆各任爪牙，交通關節，一門三世，黷貨

〔註 234〕（宋）魏了翁：《鶴山先生大全文集》第八十六之八，《大理少卿贈集英殿修撰徐公墓誌銘》，收錄於《宋集珍本叢刊》，第 530 頁。

〔註 235〕（清）陸心源：《宋史翼》卷十五之十，中華書局，1991 年影印版，第 158 頁。

〔註 236〕（宋）胡知柔編：《象臺首末》卷二，《行述》，收錄於王雲五主編：《叢書集成初編》，商務印書館，第 21 頁。

〔註 237〕（宋）周密：《齊東野語》卷十，《俞侍郎執法》，中華書局，1983 年，第 180 頁。

〔註 238〕（宋）劉宰：《京口耆舊傳》卷二，《吳交如傳》，四庫全書本。

〔註 239〕（元）脫脫等：《宋史》卷四百一，《辛棄疾傳》，中華書局，1977 年，第 12165 頁。

〔註 240〕（元）脫脫等：《宋史》卷三百三十，《許遵傳》，中華書局，1977 年，第 10627 頁。

〔註 241〕（清）黃以周等輯注：《續資治通鑑長編拾補》卷五，神宗熙寧二年八月丙申，中華書局，2004 年，第 217 頁。

無厭。邦人不堪，至以饞鼠目之。以臣所目貪吏之無忌憚者，未有如士遜者也。」〔註242〕由是，奚士遜特降兩官以示懲罰。又有胡僅和史彰祖在大理評事任上，被改外官，「坐臣僚言其雖試中法科，實不曉大義故也。」〔註243〕

二、「試法入仕人」的法律活動及法律素養

如上文所述，「試法入仕人」大多都是通曉律令，為政寬平，但也不乏因品行低劣、用刑深刻之徒。當然，受史料文獻記錄者或評價人本身的主觀性的影響，上述對「試法入仕人」的評價和劃分或許不盡可信。那麼，我們很有必要深入到歷史文獻之中，結合具體法律實踐活動，從而更全面更客觀的對這兩種類型的「試法入仕人」的法律素養進行綜合評價。綜觀文獻材料的記載，「試法入仕人」在不同職任上都有著出色的表現。具體說來，他們的法律素養主要表現在以下幾個方面：

（一）刪修律令，謹慎詳明

刪修律令，茲事體大，詳定官非通律意，習法令者不可充任。蔡洸就曾擔任過兩部重要法典刪修工作的詳定官。淳熙元年（1174），在參知政事龔茂良指出《七司法》大有牴牾，需重行考定。〔註244〕淳熙二年（1175）十一月，朝廷下詔：「敕令所將吏部見行改官、奏薦、磨勘、差注條法指揮分明編類，別刪投進。若一條該載二事以上，即隨門類釐析具入，仍冠以《吏部條法總類》為名。」時蔡洸在吏部尚書任上，仍受命擔任詳定官重修《七司法》。蔡洸受命後，主張「除將吏部見今引用條法指揮分類各就門目外，其間有止是吏部具鈔狀體式之類，及內有將來引用條件，並已於法冊內盡行該載訖，今更不重行編類。」淳熙三年（1176）三月，《吏部條法總類》四十卷成。〔註245〕蔡洸因此次刪定工作而受到朝廷嘉獎，進階一等。《令蔡洸辭免經修進吏部七司法轉一官恩命不允詔》有云：「太宰以法待官府之治，其來久矣。以名德之

〔註242〕　（宋）蔡幼學：《育德堂奏議》卷三，《繳大理卿奚士遜新福建提刑曾楘放罷旨揮狀》，收錄於曾棗莊、劉琳主編：《全宋文》（第289冊），卷五六七七，上海辭書出版社，安徽教育出版社，2006年，第292頁。

〔註243〕　（清）徐松輯，劉琳、刁忠民等點校：《宋會要輯稿》職官七二，上海古籍出版社，2014年，第4999頁。

〔註244〕　（元）脫脫等：《宋史》卷一百五十八，《選舉四》，中華書局，1977年，第3715頁。

〔註245〕　（清）徐松輯，劉琳、刁忠民等點校：《宋會要輯稿》刑法一，上海古籍出版社，2014年，第8263頁。

裔，簡於朕懷。擢長天官，實兼議令。用詩書而輔法令，蓋有家學存焉。逮此奏篇知勤勩，進階一等，時乃故常，夫手定章程，職居銓綜，制而用之，謂之法。既已與聞，推而行之，謂之通。固將有望，抗章避寵，其可曲從，所辭宜不允。」〔註246〕

《吏部條法總類》方成，淳熙三年（1176）六月十一日，朝廷又詔差戶部尚書蔡洸繼續擔任《乾道新書》的詳定官，時任大理少卿的吳交如為同詳定，俞澂兼刪定官逐一參考刊修互相牴牾的條令。〔註247〕十一月，書成。「凡刪改九百餘條，號《淳熙敕令格式》。」〔註248〕《京口耆舊傳》曾記載了吳交如擔任《乾道新書》詳定官之始末。「時朝廷以法令多所牴牾，詔監司郡守疏所見來上建官設局，重加定正大臣請主其事者。上曰：『吳某長者，可任大臣。』言其丐去甚力，上曰：『宜勉留之。』明年，淳熙書成，復丐去。大臣為言，上曰：『吳某吉人，安可使去？』居無何，除大理卿。」〔註249〕從這段材料可知，吳交如寬和仁恕，為謙謙長者，宋孝宗遇之甚厚，並委以大理寺卿的重任。

王衣曾擔任詳定一司敕令所刪定官。「刪雜犯死罪四十七條，書成，帝嘉其議法詳明。」〔註250〕英宗治平二年（1065），時任都官郎中的許遵「編修提舉司並三司類例一百三十冊。詔行之，以《在京諸司庫務條式》為名。」〔註251〕乾道八年（1172）八月十八日，時任大理少卿兼同詳定一司敕令莫濛言：「契勘中書門下省、樞密院法系大觀間修立，尚書省法系崇寧間修立，並未嘗審訂去取，止是引用省記。今乞將崇、觀以後至乾道八年終重加修緝，並三省通用法、三省樞密院通用法一概修立。從之。」〔註252〕沈作賓曾擔任戶

〔註246〕（宋）周必大：《令蔡洸辭免經修進吏部七司法轉一官恩命不允詔》，收錄於曾棗庄、劉琳主編：《全宋文》（第226冊），卷五〇二七，上海辭書出版社，安徽教育出版社，2006年，第294頁。
〔註247〕（清）徐松輯，劉琳、刁忠民等點校：《宋會要輯稿》刑法一，上海古籍出版社，2014年，第8263頁。
〔註248〕（元）脫脫等：《宋史》卷一百九十九，《刑法一》，中華書局，1977年，第4967頁。
〔註249〕（宋）劉宰：《京口耆舊傳》卷二，《吳交如傳》，四庫全書本。
〔註250〕（元）脫脫等：《宋史》卷三百七十七，《王衣傳》，中華書局，1977年，第11659頁。
〔註251〕（宋）李燾：《續資治通鑑長編》卷二百五，英宗治平二年六月壬寅，中華書局，2004年，第4968頁。
〔註252〕（清）徐松輯，劉琳、刁忠民等校點：《宋會要輯稿》刑法一，上海古籍出版社，2014年，第8261～8262頁。

部侍郎兼詳定敕令官。〔註253〕趙立夫曾兼任刪修敕令官。〔註254〕隆興二年（1164），徐子寅亦曾差充刪修續降指揮所刪類官。〔註255〕

（二）明察秋毫，剖斷如流

在一般的刑獄案件的處理上，「試法入仕人」的法律素養首先表現在他們有著專業的法律思維，能夠敏銳的覺察到案件的可疑之處。經過縝密的偵查審訊，迅速查明案件事實，區分罪與非罪，從而果斷明快的作出判決。

《宋史・莫濛傳》中記載了莫濛處理的三個明察姦邪的案例。一是試中刑法科後，時任大理評事的莫濛受命前往審判張子華贓污案，莫濛在處理張子華案的同時又發現秦熺、鄭時中收受張子華價值數千緡的賄賂。二是莫濛還朝後，因察奸有功，除大理寺正。「吏部火，連坐者數百人，久不決，命濛治之。濛察其最可疑者留於獄，出餘人為耳目以蹤跡之，約三日復來，遂得其實，繫者乃得釋。」三是「黃州卒奏親擒盜五十餘人，上命濛窮竟，既至，咸以冤告。濛命因去桎梏，引卒至庭，詢竊發之由，鬥敵之所，遠近時日悉皆牴牾，折之，語塞。濛具正犯數人奏上，餘釋之。」〔註256〕

俞澂在刑部任上，「有鄉豪素以俠稱，為時所畏。殺人諉罪其奴。獄上，駁之，請自鞫豪，因得其直。」〔註257〕俞澂也因此得到宋光宗的賞識。特別是在處理巡檢宋正國一家十二口被殺一案中表現出極其高明的偵查技巧。這是轟動一時的大案，此案不僅記載於《齊東野語・俞侍郎執法》中，還經過民眾傳頌與神化而記錄在《夷堅志》中。此案始末如下：紹熙五年五月，秉義郎靖州東路巡檢宋正國任滿，路過桃源縣時，一家十二口，皆為盜所害。吳興俞子清少卿來為府倅，才到即云「盜所居在吾境，奈何容其漏網

〔註253〕　（宋）真德秀：《賜太中大夫守戶部侍郎兼詳定敕令官兼權工部沈作賓乞致官偏霤不允詔》，收錄於曾棗庄、劉琳主編：《全宋文》（第312冊），卷七一三七，上海辭書出版社，安徽教育出版社，2006年，第67頁。

〔註254〕　（宋）吳泳：《趙立夫授守太府卿刪修敕令官兼知臨安府制》，收錄於曾棗庄、劉琳主編：《全宋文》（第315冊），卷七二二三，上海辭書出版社，安徽教育出版社，2006年，第235頁。

〔註255〕　（宋）樓鑰：《攻媿集》卷九十一，《直秘閣廣東提刑徐公行狀》，收錄於王雲五主編：《叢書集成初編》，商務印書館1936年，第1249頁。

〔註256〕　（元）脫脫等：《宋史》卷三百九十，《莫濛傳》，中華書局，1977年，第11956頁。

〔註257〕　（宋）周密：《齊東野語》卷十，《俞侍郎執法》，中華書局，1983年，第180頁。

不問」。於是，俞澂秘密部署，追查蛛絲馬蹟。不久便捕獲三個嫌疑人，囚於司理院。禁訊經年，贓證明白，但主犯程亮在逃。俞澂交印之後，仍對此耿耿於懷，捐錢五百千，誘募告者。不久，程亮果獲，俞澂也因此獲得朝廷嘉獎。〔註258〕

據《獨醒雜志》記載，尹躬在縣宰任上有能名。「在新喻時，每治事，聽吏民坐兩廡縱觀，遇疑滯訟，剖析如流，廡下之人撫掌稱讚。」〔註259〕據《江西通志》記載，尹躬為江西僉書，決獄吉水時。「有係捕賊十餘人，男女貫於一索，聞躬來，密置他所。躬廉知盡釋之，其他異政尤多。」〔註260〕徐瑄在權刑部郎官兼戶部左曹任上時，面對戶、刑部積牘如山的情況，他隨事剖析，不失毫釐。〔註261〕趙與懽在知臨安府任上時，也是剖決明暢，罪者咸服。〔註262〕又如王衣在通判襄慶府任上。先是，郡久不治，王衣到任後，月決滯獄幾三百，牢狴悉空，郡中清靜。〔註263〕

孫諤在基層官員任上，屢破疑案。「爛盧酒戶之僕乘罪督逋，毆欠者至死，引其主為之唱，主誣服。邑上其獄為重辟首，公閱牘得其情，曰：『毆之日，主適外未還，安得有唱？』即日釋之。」又有「青溪民有訴匿鏄者，詞已服，而容色若有冤，詰之，則曰：『託者飲我，出書云，已使人置鏄於舟底。酒酣醉歸臥舟中，比及城登岸，猶未醒，其家執書以索，而舟已出矣。傭舟非有素，莫識為誰。』公為緩其獄，物色之，求傭舟者甚急，而舟人負鏄來告，曰：『且我聞孫檢正治獄不可欺，故以自歸也。』睦人至畫像祠之。」〔註264〕

〔註258〕 參見（宋）洪邁：《夷堅志》夷堅三志辛，卷第九，《桃源凶盜》，中華書局，2006年，第1451頁。

〔註259〕 （宋）曾敏行著，朱傑人標校：《獨醒雜志》卷六，上海古籍出版社，1986年，第54頁。

〔註260〕 《光緒江西通志》卷七十五，收錄於《續修四庫全書》，上海古籍出版社，2002年。

〔註261〕 （宋）魏了翁：《鶴山先生大全文集》第八十六之八，《大理少卿贈集英殿修撰徐公墓誌銘》，收錄於《宋集珍本叢刊》，第530頁。

〔註262〕 （元）脫脫等：《宋史》卷四一三，《趙與懽傳》，中華書局，1977年，第12403頁。

〔註263〕 （宋）綦崇禮：《北海集》卷三十五之一，《故右中大夫充集英殿修撰提舉江州太平觀歷城縣開國男食邑五百戶賜紫金魚袋王公墓誌銘》，收錄於《宋集珍本叢刊》，第312頁。

〔註264〕 （宋）楊時：《龜山先生文集》卷三四之八，《孫龍圖墓誌銘》，收錄於《宋集珍本叢刊》，第548頁。

祝維岳為陵州司理參軍時,「秀州盜掠官粟,捕盜十餘人,論死,趨就刑,惟岳詧其言貌舉止,疑非真盜,爭不肯決。既而真盜果獲,十餘人乃得全活。」後祝維岳遷大理寺丞,既而出知河中府龍門縣。縣多健訟,祝惟岳剔蠹奸惡,消沮不敢犯。〔註265〕

西門成允為任亦有寬平毋害之稱。為萊州司法參軍時,「萊守苛深,嘗有強盜,欲寘之死,使高贓估。公閱案請估依犯時,持議甚堅。會使者在郡,守語先入,交以責公。公益不屈,二囚遂不死。華亭極塞,蕃、漢雜居,多盜。公部督追胥,教以捕法,賞募惡少,使與出入致其情,雖劇盜必得之。終公去,邑人無警。」〔註266〕

宋寧宗時,衛涇曾上奏舉薦趙善璙:「宣教郎知隆興府武寧縣趙善璙資性宏達,材謂端良。既由門蔭,以登門第,又中法科以試廷評,出宰武寧。曾未數月,催科不擾而辦,獄訟不察而明,武寧之人無不德之。……以上七人不惟文學可采,亦有政績足觀,科名皆在人前,職位猶在人後,欲望朝廷他時特賜旌擢,以為一道官吏之勸。」〔註267〕

(三)詳於刑書,據法斷案

「試中刑法人」的法律素養還表現在他們熟悉律令條文,能夠正確理解法意,斷案時以律令作為辨別是非的依據,引據法條,信手拈來。

開元十年(722),時任大理卿的李朝隱曾處理了這樣一則案件。武強縣令裴景仙乞贓,數額達五千匹之多。事情敗露後,裴景仙畏罪潛逃。皇上聞之大怒,下令當眾處於裴景仙暴市之刑。而對此案,李朝隱則上書陳詞表達不同意見,認為裴景仙罪不至死。其辭有云:「裴景仙緣是乞贓,犯不至死。又景仙曾祖故司空寂,往屬締構,首預元勳。載初年中,家陷非罪,凡有兄弟皆被誅夷,唯景仙獨存,今見承嫡。據贓未當死坐,準犯猶入請條。十代宥賢,功實宜錄;一門絕祀,情或可哀。願寬暴市之刑,俾就投荒之役,則舊勳

〔註265〕 (清)畢沅、阮元撰:《山左金石志》卷十六,《尚書祝維岳神道碑》,收錄於國家圖書館善本金石組編:《宋代石刻文獻全編》,北京圖書館出版社,2003年,第804~806頁。

〔註266〕 (宋)劉摯撰,裴汝誠、陳曉平點校:《忠肅集》卷十三,《贈諫議大夫西門公墓誌銘》,中華書局,2002年,第261頁。

〔註267〕 (宋)衛涇《奏舉滕璘趙師秀潘景伯趙善璙蔣日宣黃宜鄭魏挺乞賜旌擢狀》,收錄於曾棗庄、劉琳主編《全宋文》(第291冊)卷六六三〇,上海辭書出版社,安徽教育出版社,2006年,第306頁。

斯允。」此書上，但唐玄宗並不認可李朝隱的意見，由是，李朝隱又上書云：
「有斷自天，處之極法。生殺之柄，人主合專；輕生有條，臣下當守。枉法
者，枉理而取，十五匹便抵死刑；乞取者，因乞為贓，數千匹止當流坐。今若
乞取得罪，便處斬刑，後有枉法當科，欲加何辟？所以為國惜法，期守律文，
非敢以法隨人，曲矜仙命。射兔魏苑，驚馬漢橋，初震皇赫，竟從廷議，豈威
不能制，而法貴有常。又景仙曾祖寂，草昧忠節，定為元勳，位至臺司，恩倍
常數。載初之際，被枉破家，諸子各犯非辜，唯仙今見承嫡。若寂勳都棄，仙
罪特加，則叔向之賢何足稱者，若敖之鬼不其餒而？捨罪念功，乞垂天聽。
應敕決杖及有犯配流，近發德音，普標殊澤，杖者既聽減數，流者仍許給程。
天下顒顒，孰不幸甚！瞻彼四海，已被深恩，豈於一人，獨峻常典？伏乞採
臣之議，致仙於法。」〔註268〕由於李朝隱堅持己見不肯退讓，皇上最終也採
納了他的意見。綜觀史料記載，李朝隱的陳詞既維護了大理卿執法的獨立人
格，同時也展現了極高的法律素養。首先，李朝隱引張釋之執法的典故加以
暗示，法貴有常。君主雖有生殺之權，但必須遵從律令規定而行使。既然法
有明文規定，君主就應當尊重大理卿的意見，依法處斷。就案件的處斷而言，
其一，李朝隱認為按照律文規定，裴景仙之罪不可處以死刑。裴景仙之案的
案件事實很清楚，是為乞贓，並非枉法取贓。因乞為贓與枉法取贓不同。枉
法取贓十五匹可斷死刑，而乞贓之罪止於流刑。其次，裴景仙之案符合上請
之條。裴景仙的曾祖父裴寂是開國功臣，恩寵倍至。而裴景仙犯乞贓不當處
以死刑，按律亦可具案上請，減免其罪。再次，裴景仙之案有可矜之情。載初
年間，裴氏一族遭難，僅存景仙一枝。若處以裴景仙死刑，則裴氏一族則無
人承嗣，就此絕後。處以裴景仙死刑也與情理不合。因此，裴景仙之罪應當
處以決杖，發配流刑。

　　曾登書判拔萃科的白居易對法律條文也是非常熟悉的，只不過他的斷案
才能被文學才名所掩蓋。長慶二年（822），白居易曾上言對姚文秀殺妻一案
提出不同意見，其文援法據理，有文有要。「據刑部及大理寺所斷：准律，非
因鬥爭無事而殺者，名為故殺。今姚文秀有事而殺者，則非故殺。據大理寺
直崔元式所執：准律，相爭為鬥，相擊為毆，交鬥致死，始名鬥殺。今阿王被
打狼籍，以致於死。姚文秀檢驗身上，一無傷損，則不得名為相擊。阿王當夜

<hr>

〔註268〕（後晉）劉昫等：《舊唐書》卷一百，《李朝隱傳》，中華書局，1975 年，第
　　　　3126～3127 頁。

已死，何名相爭。既非鬥爭，又蓄怨怒，即是故殺者。又按《律疏》云：不因鬥爭無事而殺，名為故殺。此言事者，謂鬥爭之事，非該他事。今大理、刑部所執，以姚文秀怒妻有過，即不是無事，既是有事，因而毆死，則非故殺者。此則唯用『無事』兩字，不引『爭鬥』上文。如此，是使天下之人，皆得因事殺人，殺人了，即曰：我有事而殺，非故殺也。如此可乎。且天下之人，豈有無事而殺人者。足明事謂爭鬥之事，非他事也。又，凡言鬥毆死者，謂事素非憎嫌，偶相爭鬥，一毆一擊，不意而死。如此，則非故殺，以其本原無殺心。今姚文秀怒妻頗深，挾恨既久，毆打狼藉，當夜便死，察其情狀，不是偶然。此非故殺，孰為故殺。若以先因爭罵，不是故殺，即如有謀殺人者，先引相罵，便是交爭，一爭之後，以物毆殺，即曰：我因事而殺，非故殺也。如此可乎。況阿王既死，無以辨明。姚文秀自云相爭，有何憑據。伏以獄貴察情，法須可久。若崔元式所議不用，大理寺所執得行，實恐被毆死者自此長冤，故殺人者從今得計。」最終朝廷採納了白居易的意見：「姚文秀殺妻，罪在十惡，若從宥免，是長凶愚。其律縱有互文，在理終須果斷。宜依白居易狀，委所在重杖一頓處死。」〔註269〕

王衣為大理少卿時，韓世忠執苗傅、劉正彥，獻俘，檻車幾百兩，先付大理獄，將盡尸諸市。王衣奏曰：「此曹在律當誅，顧其中婦女有顧買及鹵掠以從者。」高宗矍然曰：「卿言極是，朕慮不及此也。」即詔自傅、正彥妻子外皆釋之。〔註270〕又有襄州僧人杜德寶毀體燃香，行化於市人，被捕下獄。然而當時道士林靈素方得幸，正欲推崇道德而抑制佛教。有司不敢輕判，朝廷集法官議罪，欲將重判。王衣閱案認為不當重判，他堅持依法斷案，議曰：「『在律：毀傷父母肌體應杖，』律自傷者，杖而已，不可加也。」〔註271〕

就詳於刑書的技能而言，並非以正面形象出現的「試法入仕人」所獨有。事實上，以酷吏形象出現的「試中刑法人」對法律條文的掌握也是相當熟練的。如武周時期的酷吏皇甫文備，其墓誌銘有云：「長壽二年七月，墨制以卿久掌

〔註269〕 （宋）馬端臨著：《文獻通考》卷一百七十，《刑考九》，中華書局，2011 年，第 5091～5092 頁。

〔註270〕 （元）脫脫等：《宋史》卷三百七十七，《王衣傳》，中華書局，1977 年，第 11659 頁。

〔註271〕 （元）脫脫等：《宋史》卷三百七十七，《王衣傳》，中華書局，1977 年，第 11659 頁。詳情亦可參見（宋）綦崇禮：《北海集》卷三十五之一，《故右中大夫充集英殿修撰提舉江州太平觀歷城縣開國男食邑五百戶賜紫金魚袋王公墓誌銘》，收錄於《宋集珍本叢刊》，第 312 頁。

邦憲，諳練刑書，奪禮苫庭，升榮棘署，宜膺朝命，其府司刑少卿。」〔註 272〕由此可見，皇甫文備之所以受任為大理少卿的原因，就在於「久掌邦憲，諳練刑書。」又如查陶，北宋初年曾任判大理寺。《宋史》傳記中稱他「持法深刻，用刑多失中。前後坐罰金百餘斤，皆以失入，無誤出者。」〔註 273〕查陶曾被大理寺斷官仲禹錫訟用法不當。由是看來，查陶在世人的心目中可能也是一位酷吏。但是，查陶對律令熟悉程度也是有目共睹的。咸平五年（1002），大理寺卿朱博因議趙文海罪不當，宰相請以查陶代替朱博接掌大理寺。真宗皇帝對此表示異議：「聞陶亦深文，何可用？」但宰臣有云：「當今習熟法令，未有入陶者。」由是，真宗皇帝採納了宰相的意見，仍然任命查陶為秘書少監，判大理寺。〔註 274〕

在《宋史》傳記中，「試中刑法人」許遵的形象也是「累典刑獄，強敏明恕。」〔註 275〕許遵在知登州任上時，適逢治內發生了一件命案，這就是後來驚動朝野的「阿雲之獄」。登州有一名名叫阿雲的女子，在服喪期內被許配給一位韋姓男子。由於阿雲嫌棄未婚夫相貌醜陋，而趁未婚夫熟睡之時，連砍十幾刀。未婚夫受傷未死，只斷一指。司法官懷疑是阿雲所為，便將阿雲收監，欲加以刑訊。結果阿雲很快就吐露實情，承認是未婚夫是自己所傷。此案的案情其實非常明晰而簡單，但由於許遵欲「立奇以自鬻。」由是，案件的處理就開始變得複雜起來了。審案的是登州知州許遵，與審刑院、大理寺等司法機關判決「絞刑」的觀點迥異。許遵在處理案件時，「引律『因殺傷而自首，得免所因之罪，仍從故殺傷法』，以謀為所因，當用按問欲舉條減二等。」〔註 276〕獄上，有司當為謀殺已傷，許遵駁言：「雲被問即承，應為按問。審刑、大理當絞刑，非是。」事下刑部，亦認為許遵為妄說，詔以贖論。不多久，許遵授任判大理寺，而對此事耿耿於懷，由是又上

〔註 272〕 《大周故正議大夫使持節都督姚宗等卅六州諸軍事守姚州刺史上柱國皇甫君（文備）墓誌》，收錄於吳鋼主編，《全唐文補遺》（第 2 輯），三秦出版社，1995 年，第 387 頁。

〔註 273〕 （元）脫脫等：《宋史》卷二百九十六，《查陶傳》，中華書局，1977 年，第 9880 頁。

〔註 274〕 （宋）李燾：《續資治通鑑長編》卷五十二，真宗咸平五年六月丁卯，中華書局，1980 年，第 1135 頁。

〔註 275〕 （元）脫脫等：《宋史》卷三百三十，《許遵傳》，中華書局，1977 年，第 10627 頁。

〔註 276〕 （元）脫脫等：《宋史》卷二百一，《刑法三》，中華書局，1977 年，第 5006 頁。

言：「刑部定議非直，雲合免所因之罪。今棄敕不用，但引斷例，一切按而殺之，塞其自守之路，殆非罪疑惟輕之義。」〔註277〕且不論許遵巧立新說的目的為何，由其處斷的理由來看，許遵對律令條文是非常熟悉的。並且，為標新立異，他還能夠自如的對律令條文作出自己的理解。如此作為，非熟練刑書者不可為之。

（四）用刑不刻，情法俱當

「試法入仕人」在不同的為官任上，十分注意哀矜折獄，兼顧情法，絕不濫施刑罰。徐子寅為福建路提刑司檢法官，「審復囚牘累百，凡駁正死罪七十九人。吏部以聞，減磨勘一年。」於此，徐子寅不以為喜，他說：「法所當輕，非敢縱囚，以求賞也。」最終存而不用。〔註278〕

王衣在通判襲慶府任上時。有民家婢毆婢死，論絞。王衣認為屬吏處斷不公，他說：「獄未具，奈何遽真人於死。」屬吏愕然。王衣重新查閱案件，發現犯罪的婢女曾經生子，法當減坐，而吏失推也。後王衣任大理少卿，范瓊有罪下大理寺，王衣奉詔審理范瓊之獄。范瓊盛氣不屈，不伏罪。於是王衣責之以靖康圍城中逼遷上皇，擅殺吳革，迎立張邦昌事，范瓊因此服罪。建炎三年冬，金人犯浙江，百司皆散，而王衣獨以獄事留，見囚徒猶有數百。於是督促屬吏燃燭決遣，達晨俱盡。〔註279〕建炎四年（1130），王衣升任大理卿。初，帶御器械王球為龍德宮都監，盡盜本宮寶玉器玩，事覺，帝大怒，欲誅之。王衣曰「球固可殺，然非其所隱匿，則盡為敵有，何從復歸國家乎？」乃寬之。〔註280〕

王次張歷浙東及湖南提刑司檢法官，覆獄事號平允，不務刻深。曾為郴州的三名重囚平反，因得免死。〔註281〕

〔註277〕　（元）脫脫等：《宋史》卷三百三十，《許遵傳》，中華書局，1977年，第10627頁。

〔註278〕　（宋）樓鑰：《攻媿集》卷九十一，《直秘閣廣東提刑徐公行狀》，收錄於王雲五主編：《叢書集成初編》，商務印書館1936年，第1249頁。

〔註279〕　（宋）綦崇禮：《北海集》卷三十五之一，《故右中大夫充集英殿修撰提舉江州太平觀歷城縣開國男食邑五百戶賜紫金魚袋王公墓誌銘》，收錄於《宋集珍本叢刊》，第312頁。

〔註280〕　（元）脫脫等：《宋史》卷三百七十七，《王衣傳》，中華書局，1977年，第11659頁。

〔註281〕　（宋）韓元吉撰：《南澗甲乙稿》，卷二十一，《中奉大夫王公墓誌銘》，收錄於王雲五主編：《叢書集成初編》。商務印書館1936年，第434頁。

　　趙與懽知安吉州時，設銅鉦於縣門，欲訴者擊之，冤無不直。有富民訴幼子，趙與懽覺察到富民之舉並非出於本心，姑且逮其子入獄，經過仔細調查，才發現是兩位兄長強迫父親析業。趙與懽曉之以法，開以天理，一家人皆忻然感悟。又嫠媼僅一子，亦以不孝告，留之郡聽，日給饌，俾親饋，晨昏以禮，未周月，母子如初。二家皆畫像事之。〔註282〕

　　沈作賓在通判紹興府任上時，帥守丘崇遇僚吏剛嚴，沈作賓從容裨贊，每濟以寬。在知台州任上，沈作賓訪民疾苦，弛鹽禁，寬租期，均徭役，更酒政，決滯獄，五十日間盡除前政之不便民者，邦人胥悅。而前守嫉其勝已，巧媒蘗之，罷去。民請於朝，借留不遂，為立「留賢碑」。除大理正，親嫌，改太府丞，遷刑部郎。〔註283〕

　　西門成允為商洛縣令時，在處理了一件兄弟爭財案。「商洛有兄弟訟財，引其父為左，公戚曰：『所貴乎人者，為其有恩也。今何以自別於異類？雖然，豈天性本然哉！利蔽亡之耳。姑歸，推吾言思之。』於是相與泣於庭，曰：『某曹小人，今而後知利心不足以移親愛，實自長官賜之。』拜而去。一邑感動。前日之父子異居，若親在別產者，於是皆合。」〔註284〕由是可見，儘管這一件非常容易處決的輕微案件，但西門成允案件受理之時，並不急於作出依法判決，而是動之以情，曉之以理，對兄弟二人進行道德教化。當事人最終也因道德感悟而和好如初。

　　史載中，由於「試法入仕人」用刑仁恕，能夠迅速有效的清理滯獄，因此，他們的為官任上經常出現獄空的現象。如乾道五年（1169）二月，莫濛在知揚州任上奏報本州獄空。〔註285〕吳交如為大理卿時亦因獄空而得到璽書嘉獎。〔註286〕《續資治通鑑》曾記載了紹定二年（1229）十月，宋理宗與時任知臨安府趙立夫的一段對話。「太尉少卿、知臨安府趙立夫言：『請將茶槽、下沙合為一寨。』帝曰：『每寨幾人？』立夫曰：『多者百二十人。』帝曰：『京

〔註282〕（元）脫脫等：《宋史》卷四一三，《趙與懽傳》，中華書局，1977年，第12403頁。

〔註283〕（元）脫脫等：《宋史》卷三百九十，《沈作賓傳》，中華書局，1977年，第11960頁。

〔註284〕（宋）劉摯撰，裴汝誠、陳曉平點校：《忠肅集》卷十三，《贈諫議大夫西門公墓誌銘》，中華書局，2002年，第261頁。

〔註285〕（清）徐松輯，劉琳、刁忠民等校點：《宋會要輯稿》刑法四，上海古籍出版社，2014年，第8479頁。

〔註286〕（宋）劉宰：《京口耆舊傳》卷二，《吳交如傳》，四庫全書本。

城民訟如何？」對曰：『臣幸與民相安。』帝曰：『都民當撫靡，使常在春風和氣中，不可使有愁歎。』又問：『刑獄如何？』對云：『獄常空。』帝曰：『民命所關，不可淹延。』」〔註287〕從這段對話我們可以看出，「獄空」與「無訟」是趙宋君臣的司法理念和價值追求，迅速處理滯獄，官民相安，就可使君臣上下常在春風和氣之中。

（五）執法不阿，不避權貴

在處理案件的過程中，法官有時會遇到上級授意改判或物質誘惑等情況，而史料文獻中，「試中刑法人」大多能夠抵制外來干擾，能夠堅持正義底線，不屈從權勢。《齊東野語》有文稱讚俞澂短小精悍，清談簡約而居官守正不阿。俞澂為福建檢法，時陳應澄丞相帥三山，治盜過嚴。一日，驅數十囚欲投諸海。俞澂力爭不可，他說：「朝廷有憲部而郡國無憲臺，可乎？」然後重新覆核案件，將囚犯區別戮者、黥者各若干。陳始怒而後喜其有守，悉從之。又如前文所述的巡檢宋正國一家十二口滅門案，主犯程亮就捕。有吏受其賂，欲出之。俞澂奏援引太祖朝戮范義超故事，以為殺人於異代，「既更開國大霈，猶所不赦，況亮乎。於是遂正典刑。」〔註288〕

沈作賓知紹興府時，「韓侂胄方用事，族有居越者，私釀公行，作賓逮捕置於獄，而竄其奴。〔註289〕又如前面所述的王衣在大理寺任上所處斷的僧人杜德寶案，他堅持依法斷案不予重判。終於得罪了方得幸的道士林靈素。林靈素求得內批，御批認為杜德寶有害風教，杖脊遠徙，王衣也因此停官。

徐瑄在夔州任上時，曾揭旗於車前曰：「有訴官吏、貪贓蠹國者，立其下。」遠近震竦，峽俗囂訟。發摘如神，獄訟用稀。嘉興府常有舶遇風至吳江境上，部使者藉之，凡得數萬緡。船主請不予，訴於戶部。徐瑄處斷時不慮得罪使者，堅持要求歸還船主財物。後來，這位使者為言事官，徐瑄也因此罷官。寶慶元年（1125），湖州有民聚眾為亂，夜劫濟王府。守臣謝周卿，通判張宗濤以下數十人因此事受到牽連，悉付大理獄，徐瑄奉詔鞫案。時宰授意羅致罪名，藉此除掉異己，誘以高官。徐瑄不為所動，堅持依法斷絕，為無辜者洗

〔註287〕（清）畢沅撰：《續資治通鑒》卷一百六十五，紹定二年十月己巳，中華書局，1957年，第4484頁。

〔註288〕（宋）周密：《齊東野語》卷十，《俞侍郎執法》，中華書局，1983年，第180頁。

〔註289〕（元）脫脫等：《宋史》卷三百九十，《沈作賓傳》，中華書局，1977年，第11960頁。

冤。他說：「唐天寶之亂，陳希烈等將抵死。李峴獨曰：『衣冠奔亡，各顧其生，可盡責耶？』彼罪狀顯著，峴欲脫之，矧變生倉卒，跡涉疑似者乎。湖之守貳，不能死，猶曰可罪。謂與聞。謂故縱。不已過乎？」在徐瑄的堅持下，多位跡涉疑似者，得不死。〔註290〕

據《舊唐書》記載：「神龍年，功臣敬暉、桓彥範為武三思所構，諷侍御史鄭愔奏請誅之，敕大理結其罪。朝隱以暉等所犯，不經推窮，未可即正刑名。時裴談為大理卿，異筆斷斬，仍籍沒其家，朝隱由是忤旨。中宗令貶嶺南惡處，侍中韋巨源、中書令李嶠奏曰：「朝隱素稱清正，斷獄亦甚當事，一朝遠徙嶺表，恐天下疑其罪。」中宗意解，出為聞喜令。」〔註291〕

（六）編撰書籍，論理精當

唐宋「試法入仕人」中，有不少人由於詳於律令，對法學之書多有鑽研，而編撰法律書籍。如前文提及，為在試判考試中取得優秀的成績，士子們也常常在平日裏練習判文寫作。優秀的判文習作也成為士子競相傳閱的範本。唐宋時期很多優秀的書判範本就是由「試法入仕人」自己編撰的。宋人洪邁在《容齋隨筆》中寫道：「唐銓選擇人之法有四：一曰身，謂體貌豐偉。二曰言，言辭辯正。三曰書，楷法遒美。四曰判，文理優長。凡試判登科謂之入等，甚拙者謂之藍縷，選未滿而試文三篇謂之宏辭，試判三條謂之拔萃。中者即授官。既以書為藝，故唐人無不工楷法，以判為貴，故無不習熟，而判語必駢儷，今所傳《龍筋鳳髓判》及《白樂天集甲乙判》是也。自朝廷至縣邑，莫不皆然，非讀書善文不可也。宰臣每啟擬一事，亦必偶數十語，今鄭畋敕語、堂判猶存。世俗喜道瑣細遺事，參以滑稽，目為花判，其實乃如此，非若今人握筆據案，只署一字亦可。國初尚有唐餘波，久而革去之。但體貌豐偉，用以取人，未為至論。」〔註292〕由是可知，《龍筋鳳髓判》及《白樂天集甲乙判》是唐士子中流傳最廣的書判範本，其中《白樂天集甲乙判》就是曾試中書判拔萃科的白居易所編撰，還有在宋時還能看到唐代書判拔萃登科人鄭畋編撰的「敕語」和「堂判」，不過現已失傳。此外，《新唐書‧藝文志》還記載

〔註290〕 （宋）魏了翁：《鶴山先生大全文集》第八十六之八，《大理少卿贈集英殿修撰徐公墓誌銘》，收錄於《宋集珍本叢刊》，第530頁。

〔註291〕 （後晉）劉昫等：《舊唐書》卷一百，《李朝隱傳》，中華書局，1975年，第3125頁。

〔註292〕 （宋）洪邁撰，孔凡禮點校：《容齋隨筆》卷十，《唐書判》，中華書局，2005年，第129頁。

有唐代元和年間書判拔萃登科人鄭覃所編撰的《百道判》一卷，可惜此書亦不傳於世。〔註293〕

　　宋代「書判拔萃登科人」尹洙，亦撰有《書判》一卷。宋人陳振孫《直齋書錄解題》對此書亦有介紹：「《書判》一卷。尹洙撰。洙，天聖二年進士。後以安德軍節推試書判拔萃科，中之。前十道是程文，餘當為擬卷。本朝惟余安道亦中是科。集中有《判詞》二卷，《文鑒》亦載一二。又有王回判二道，而回不以此科進。餘未有聞。」〔註294〕

　　據墓誌記載：唐代「明法及第人」張鷟，「以律有違經背禮，著《妨難》十九篇，書奏，帝下有司，而刪定之官，黨同妬異竟寢其議。」〔註295〕由此可見，張鷟曾著有《妨難》十九篇，對現行律令中違背經義禮儀者進行了探討。此書曾進呈御覽，並受到皇帝的重視。由於同僚妬忌，故意打擊，此書最終沒有獲得實際推動。但張鷟此舉，也反映了他在實踐中善於思考，在學法用法的過程中也注意反思。

〔註293〕（宋）歐陽修、宋祁等：《新唐書》卷六十，《藝文志四》，中華書局，1975年，第1618頁。

〔註294〕（宋）陳振孫：《直齋書錄解題》卷十七，收錄於王雲海主編：《叢書集成初編》，商務印書館1937年，第467頁。

〔註295〕（唐）張說：《府君墓誌銘》，收錄於（清）董誥等編：《全唐文》卷二百三十二，中華書局，1983年，第2245～2246頁。

第六章　法律考試與唐宋社會變遷

　　唐宋之際，古典中國正處於一個重大的社會變革時期。在這一時期，古典中國的政治體制、經濟形態以及文化特性等方面無一不發生了巨大而深刻的變遷。在文官選任方面，科舉取士制度的建立打破了官員選任由門閥士族掌控的局面，從而在統治階層與社會階層間建構了人才流通之渠道。士族地位因此受到極大的動搖，寒素階層逐漸活躍於統治階層的舞臺。

　　古典中國法律考試制度置於唐而興於宋，恰逢變世，其興衰發展也必然與當時的社會背景有著密切的聯繫。以往學者常以統治階層中的科舉出身者（主要是進士及第人）作為切入點，來分析唐宋之際社會階層的關係，認為科舉制度逐漸成為大士族階層與寒素階層賴以廣大門庭或保持門第不衰的重要憑藉。其實，作為科舉與文官選任制度中的一項重要內容，法律考試制度也直接影響了大士族階層與寒素階層的沉降。

　　就法律考試與科舉制度的關係而言，「明法科」本身是科舉考試的一個科目，因此，唐宋法律考試制度與科舉制度的確有一定的交叉，但二者並不重合。吏部銓選中的「試判」考試以及宋代新創置的各種法律考試並不屬於科舉考試。科舉考試固然在促進大士族階層瓦解，推動寒素階層上升的過程中起到重要作用，但法律考試制度的社會影響也不容小覷。唐宋法律考試的創置與發展，為唐宋社會階層的流動提供了更多的渠道，也是社會各階層謀求自身發展的重要機遇。本章試圖以「試法入仕人」作為切入點，對唐宋之際的法律考試與社會變遷之間的相互關係進行研究。

第一節　唐宋選舉理念的變化對法律考試的影響

　　唐宋之際，選舉制度發生了重大變革。取士制度發生了從「選舉必由簿狀」到「取士不問家世」的重大轉變，科舉取士逐漸成為了文官選任的主要方式。隨著科舉制度的發展，原有的門閥士族階層與寒素階層的界限也逐漸變得模糊。科舉制度也逐漸成為社會各階層賴以保持政治地位的主要憑藉。取士制度變革的背後蘊含著的是取官理念的變化：即不再以門第作為選拔人才的主要依據，而是要選拔具有真才實學之人入朝為官。在這種情況下，唐宋時期士人的知識結構的要求也與前代大不相同。法律之學作為經世致用之學也逐漸得到統治者的重視，工於吏事，通曉法律也逐漸成為唐宋士人應具備的基本素養。由是，法律考試制度才得以應運而生，並且得到長足的發展。

一、取士理念：從「選舉必由簿狀」到「取士不問家世」

　　鄭樵《通志》有云：「自隋、唐而上，官有簿狀，家有譜系，官之選舉必由於簿狀，家之婚姻必由於譜系。」〔註1〕魏晉以來的門閥政治體制下，門第是取士的首要標準。在科舉制度產生之前，魏晉時期的取士制度主要是九品中正制。按照九品中正制的規定：士人無論以何種方式入仕，都必須經過中正官的品評。士人品第的高低直接決定了授任官職的優劣。所謂中正官，就是對某一區域士人進行品評的官員。在九品中正制施行之初，士人的家庭出身與背景以及個人的才德品行是中正官品評士人時主要依據。然而，由於中正官在對個人品行進行評定時並沒有客觀的品評標準，由是，家世也就逐漸成為了確定品第的唯一依據。而另一方面，中正官又常常由二品官員擔任。由是，門閥士族逐漸把持了官吏選任權。在這種情況下，士族子弟無論賢愚，只要年壽不夭，即可坐享高位。數百年來，門閥士族的政治地位也難以為其他社會階層所撼動，從而出現了「上品無寒門，下品無士族」的社會現象。而九品中正制的實施，也正是導致士庶懸隔、清濁分途的重要原因。

　　隨著社會的發展，由門閥士族為主導的社會結構也在悄然的發生著變化：其一，在門閥政治體制下，門閥士族享有的政治、經濟文化方面的各種特權。門閥士族的勢力逐漸膨脹，對皇權也構成了嚴重的威脅。統治者也開始意識

〔註1〕　（宋）鄭樵撰，王樹民點校：《通志二十略》，《士族略第一》，中華書局，1995年，第1頁。

到，必須採取措施對門閥士族的發展進行限制，士族子都雖被授以高官，實際上卻不享有實權；其二，就士族階層自身而言，由於缺乏競爭，士族子弟生而坐享特權，不屑於軍機政務，而空談玄學。優越的經濟條件，尊貴的政治地位，也使得門閥子弟不思進取，終日尋歡作樂，日益沉迷於與人攀比富貴的奢靡生活之中。因此，士族階層也逐漸變得腐化墮落。有些士族由於自身的衰落，也開始不斷滑入寒素階層的行列。其三，儘管門閥士族把持著文官選任的主導權，但卻無法完全阻擋寒素子弟躋身政治舞臺的腳步。特別是統治者為壓制門閥士族的特權，也逐漸重視對寒素子弟加以任用，寒素階層的勢力也借機獲得了一定程度的發展。

當寒素階層與門閥士族階層的界限開始逐漸模糊，階層差別也開始縮小之時，文官選任的理念也開始逐漸轉變，原有的「選舉必由簿狀」的文官選任方式也為科舉取士所替代。王定保曾在《唐摭言》中總結了唐太宗推行科舉制度以來，朝廷為官擇人的標準的變化：「文皇帝撥亂反正，特盛科名，志在牢籠英彥。邇來林棲谷隱，櫛比鱗差，美給華資，非第勿處。雄藩劇郡，非第勿居。期乃名實相符，亨達自任，得以惟聖作則，為官擇人。有其才者，靡捐於甕牖繩樞。無其才者，詎繫於王孫公子。莫不理推畫一，時契大同。」〔註2〕他指出，科舉制度的發展，使得朝廷為官擇人的方式從只注重門第出身，轉向重視個人才幹。科舉考試為王孫公子與寒素子弟提供了一個公平競爭的平臺，可以說，科舉制度既是社會階層發生變動的結果，也是社會階層加速變動的原因。

《唐語林》有云：「同列陳夷行、鄭覃請經術孤立者進用，李珏與楊嗣復論地冑詞采者居先，每延英議政，多異同，卒無成效，但寄之煩舌而已。」〔註3〕陳寅恪先生在《唐代政治史論述稿》中對此進行了分析：「蓋陳鄭為李（德裕）黨、李楊為牛黨，經術乃西晉、北朝以來山東士族傳統之舊家學，詞采則高宗、武后之後崛興階級之新工具。至孤立地冑之分別，乃因唐代自進士科新型階層成立後，其政治社會之地位逐漸擴大，馴致舊日山東士族和崔皋之家轉為孤寒之族。若李（珏）楊之流雖號稱士族，即使俱非依託，但舊習

〔註2〕（五代）王定保撰，陽羨生校點：《唐摭言》卷三，《慈恩寺題名遊賞賦詠雜紀》，中華書局，2012年，第28～29頁。
〔註3〕（宋）王讜撰，周勳初校正：《唐語林校正》卷三，《識鑒》，中華書局，1987年，第263頁。

門風淪替殆盡，論其實質，亦與高宗、武后由進士詞科進身之新興階級無異。迨其拔起寒微之後，用科舉座主門生及門等關係，勾結朋黨，互相援助，如楊於陵、嗣復及楊虞卿、汝士等，一門父子兄弟俱以進士起家，致身通顯，轉成世家名族，遂不得不崇尚地胄，以鞏固其新貴黨類之門閥，而拔引孤寒之美德高名翻讓與山東舊族之李德裕矣，斯亦數百年之一大世變也。」〔註4〕陳先生所指稱的數百年之一大世變，就是指科舉制度的建立，使得東漢魏晉以來的士族門閥逐漸沒落，而新興的庶族地主逐漸活躍在歷史舞臺之上。錢穆先生亦曾言：「進士考試來漸漸代替了門第勢力，社會孤寒之士，亦得平地拔起，廁身仕宦，使仕途不再為門第所壟斷。」〔註5〕

科舉考試不僅影響了社會階層的變動，也影響了士人的門第觀念。唐人牛希濟曾在《寒素論》中說：「堯舜興於畎畝之中，以仁義而得天下。曾顏非諸侯之胙，以德行而居儒道之首。以曾顏比之於天子，天子喜之。以桀紂比之於匹夫，匹夫怒之。豈在其貴賤之位哉。為仁義一日則為君子，不為仁義一日則為小人。豈在世載相襲，冠裳相承。籲哉。蒲輪不往諸侯之家，束帛不在闕庭之下。皆岩穴隱逸之人，行仁抱義之子。化之於鄉里，聞之於郡國，達之於朝廷，然後求之。豈在卿大夫之子哉。諸侯鄉飲之禮，敬年尚齒。使少年知禮，老者獲養，修長幼之道也。天子太學，父事三老，兄事五更，教人以孝，教人以悌，興教化之本也。文不以爵祿為差也，況布素對策，名聞於天下者有之矣，徒走以取公卿者有之矣。鄭康成捨胥吏之役，歸為儒者。黃叔度牛醫之子，以德行聞。今服冕之家，流品之人，視寒素之子，輕若僕隸，易如草芥，曾不以為之伍。寒賤之子，能以道德自尊，文藝自將，見之若敬大臣，避之若逢摯獸，又不自審之所致也。堯舜何人也。猶將比肩其道。流品何人也。余何人也。曾不自敬其身。故且朝為匹夫，暮為卿相者有之矣。朝為諸侯，暮為餒鬼者有之矣。道之用捨，在於我而已。是玉之美者，不產於廊廟之下，為瑚璉之器。材之美者，不出於里閭之內，為棟樑之用。士之美者，非貴胄之子，而登卿相之位。況投竿而為王者師，輶車而為王者相，豈白屋之士，可自遺之哉。」〔註6〕牛希濟認為，士族階層與寒素階層的出仕與升遷的機會

<hr>

〔註4〕陳寅恪：《唐代政治史論述稿》中篇，《政治革命及黨派分野》，商務印書館 2011 年，第 268～269 頁。

〔註5〕錢穆：《中國教育制度與教育思想》，收錄氏著：《國史新論》，第 224 頁。

〔註6〕（唐）牛希濟：《寒素論》，收錄於（清）董誥：《全唐文》卷八百四十六，中華書局，1983 年，第 8892 頁。

應當是平等的，科舉考試以文藝與道德為取士標準，並非門第。因此，士族子弟不可妄自輕視寒素子弟，寒素子弟亦不可妄自菲薄。

以科舉取士作為文官選任的主要方式，使得科舉制度逐漸成為社會各階層賴以保持政治地位的主要憑藉。科舉取士制度的實施，其最大收益者是寒素階層。魏晉以來，寒素子弟只能充任濁吏，科舉制度實施之後，不少才華出眾的寒素子弟也得以躋身清流。而與此同時，士族子弟對科舉考試之熱情也絕不低於寒素子弟。他們不得不重視科舉考試，希望通過科舉考試謀求高位，以維繫門第之不衰。在實際操作中，士族階層基於固有的政治地位和經濟勢力，必然也佔據著優質的文化、教育資源。因此，在唐代科舉考試中，士族階層仍然佔有絕對的優勢。「咸通乾符之際，豪貴塞龍門之路，平人藝士，十攻九敗。」〔註7〕

唐代科舉取士制度實施之後，門閥士族階層的政治地位已不斷受到新晉的寒素子弟的衝擊。直至北宋時期，「取士不問家世」的原則才徹底確立起來。歷經五代兵火，門閥士族遭受重創，其家族譜系已經開始失傳。而時至宋代，門閥子弟的出身已無所憑據，其政治影響力也已消失殆盡。「唐末五代之亂，衣冠舊族多離去鄉里，或爵命中絕，而世系無所考。」〔註8〕「五代以還，不崇門閥；譜牒之學，遂絕不傳。」〔註9〕五代時期，唐代宰相多出自大士族，「或父子相繼居相位，或累數世而屢顯。」〔註10〕而時至北宋，時代為相的現象已經消失，朝中已鮮有出身衣冠士族者就任高官。宋太宗云：「中國自唐季海內分裂，五代世數尤促，大臣子弟皆鮮克繼父祖業。」〔註11〕宋真宗亦有言曰：「國朝將相家，能以身名自立不墜門閥者，惟李昉、曹彬家耳。」〔註12〕

科舉考試影響了社會階層的變動，最終也出現了一個相對穩定的社會階

〔註7〕　（唐）黃滔：《莆山靈巖寺碑銘》，收錄於董誥等編：《全唐文》卷八百二十五，中華書局，1983年，第9478頁。

〔註8〕　（宋）李燾：《續資治通鑑長編》卷一百三，仁宗天聖三年三月庚辰，中華書局，2004年，第2380頁。

〔註9〕　（明）胡應麟撰：《少室山房筆叢·庚部》卷三十九，《華陽博議下》，上海書店出版社，2009年。

〔註10〕　（宋）歐陽修、宋祁等：《新唐書》卷七一上，《宰相世系一上》，中華書局，出版社，1975年，第2179頁。

〔註11〕　（宋）李燾：《續資治通鑑長編》卷二十五，太宗雍熙元年三月乙卯，中華書局，2004年，第574頁。

〔註12〕　（宋）李燾：《續資治通鑑長編》卷八十，真宗大中祥符六年五月己未，中華書局，2004年，第1827頁。

層。於此，柳立言先生曾有言：「宋代產生了中國歷史上第一個以中產之家為主體的統治階層。」〔註13〕這主要是說，當歷史發展到宋代，由於大量來自中產之家的寒素子弟通過科舉考試進入仕途。同時，中產之家的崛起，打破了原有的士庶界限，縮小了等級差別，從而也引起了中國歷史上的「人心政俗之變」。陳植鍔先生曾有云：「時代對北宋士人的知識要求，與前代已大不相同。一個最明顯的區別便是漢人重經、唐人重文，並輕政事，宋人則經術、文藝、政事兼顧。」〔註14〕就時代風貌而言，魏晉士大夫空談玄理而不務實際，隋唐士大夫崇尚文學而務在浮華。由於時代的變化，宋代政治舞臺上的士大夫表現出一種以天下為己任的情懷他們比以往任何時代都要關注政事與吏事，重視經世致用。也正因為如此，工於吏事，熟讀法律也逐漸成為了唐宋士大夫必備的基本素養之一。

二、舉官理念：從「儒生」到「文法皆通」

科舉考試設置之初，人才頃闕，士子獲取科舉功名後很快就可出官。發展到後來，選人傷多且濫。唐代統治者已經開始注意到，僅憑科舉考試難以選拔到合格的經國治世的人才。因此，在吏部銓選中，朝廷又設置與實際政務關聯甚為緊密的試判考試。《文獻通考》有云：「唐取人之法，禮部則試以文學，故曰策，曰大義，曰詩賦。吏部則試以政事，故曰身，曰言，曰書，曰判。然吏部所試四者之中，則判為尤切，蓋臨政治民，此為第一義，必通曉事情，諳練法律，明辨是非，發摘隱伏，皆可以此覘之。」〔註15〕由此可見，唐代禮部主持的科舉考試，主要目的在於考察士子的文學素養。而吏部主持的試身言書判考試，則重在以試判來考察選人的吏能。只有通曉事理，諳練法律，具備明辨是非能力者，方具備臨政治民的基本能力。

唐大曆年間，洋州刺史趙匡曾提出，為官擇人，必須唯才是待。他在《舉選議》中指陳當下選舉制度中的十大弊病。其中一弊就在於：「為官擇人，唯才是待。今選司並格之以年數，合格者判雖下劣，一切皆收，如未合格而應科目者，才有小瑕，莫不見棄。故無能之士，祿以例臻，才俊之流，坐成

〔註13〕柳立言：《唐宋變革與第一個中產之家的政權》，《中國社會科學報》，2011 年 4 月 26 日。

〔註14〕陳植鍔：《論北宋知識分子的知識結構》，《社會科學研究》，1988 年第 1 期。

〔註15〕（宋）馬端臨著：《文獻通考》卷三十七，《選舉考十》，中華書局，2011 年，第 1092 頁。

白首。此非古人求賢審官之義，亦以明矣。」〔註16〕在趙匡看來，為官擇人，必須選拔有真才實學之士，而真才實學的檢驗方法就是試判。要選拔真正的才學之士，必須提高試判合格的標準。他不僅提出了選舉制度中存在的問題，也擬定了具體的選舉改革條例。在《舉人條例》中他提出：「一經及第人，選日請授中縣尉之類。判入第三等及蔭高，授上縣尉之類。兩經出身，授上縣尉之類。判入第三等及蔭高，授緊縣尉之類。用蔭止於此。其以上當以才進。四經出身，授緊縣尉之類。判入第三等，授望縣尉之類。五經，授望縣尉之類。判入第二等，授畿縣尉之類。明法出身，與兩經同資。進士及三禮舉、春秋舉，與四經同資。其茂才、秀才，請授畿尉之類。其宏才，請送詞策上中書、門下，請授諫官、史官等。禮經舉人，若更通諸家禮論及漢已來禮儀沿革者，請便授太常博士。茂才等三科，為學既優，並准五經舉人，便授官。其雜色出身人，量書判，授中縣尉之類。判入第三等及蔭高者，加一等。凡蔭除解褐官外，不在用限。」〔註17〕這就是說，具有科舉功名之人，也必須根據書判成績的高第來授予官職。試判成績高者，方可授予優官。原本只有及第舉子和六品以下的低級文官方須參加試判考試，而趙匡在《選人條例》中還進一步要求四品、五品官員也要試判，以提高官員的實際政務能力。「舊法，四品、五品官不復試判者，以其歷任既久，經試固多，且官班已崇，人所知識，不可復為偽濫耳。自有兵難，仕進多門，僥倖超擢，不同往日，並請試判。待三五年，舉選路清，然後任依舊法。其曾經登科及有清白狀，並曾任臺省官並諸司長官判史者，已經選擇，並不試，依常例處分。」〔註18〕《通典》中還不厭其煩地記錄了有司與趙匡關於選舉制度改革的論戰過程，其中就不乏與試判考試相關的尖銳問題。「有司詰於議者曰：『吏曹所銓者四，謂身、言、書、判。今外州送判則身、言闕矣，如何？』對曰：『夫身、言者，豈非《洪範》貌、言乎。貌謂舉措可觀，言謂詞說合理，此皆才幹之士方能及此。今所試之判，不求浮華，但令直書是非，以觀理識。於此既蔽，則無貌、言，斷可知矣。書者，非理人之具，但字體不至

〔註16〕　（唐）杜佑撰，王文錦、王永興等點校：《通典》卷十七，《選舉五》，中華書局，1988年，第420頁。

〔註17〕　（唐）杜佑撰，王文錦、王永興等點校：《通典》卷十七，《選舉五》，中華書局，1988年，第424頁。

〔註18〕　（唐）杜佑撰，王文錦、王永興等點校：《通典》卷十七，《選舉五》，中華書局，1988年，第425～426頁。

乖越，即為知書。判者，斷決百事，真為吏所切，故觀其判，則才可知矣。彼身、言及書，豈可同為銓序哉。」〔註19〕在趙匡看來，試判是吏部銓選四事中最為關鍵之處，試判在於考察為官者處斷政務的能力，從中可以看出選人是否真正具備真才實學。趙匡是中唐時期大力主張科舉取士的代表性人物。儘管他擬定的《選人條例》和《舉人條例》並未獲得朝廷的採納，但其論議一定程度上也反映了時代輿論之方向，也被杜佑所認可，從而完整的收錄於《通典》之中。

　　試判考試設置之初，的確具備很強的實用性。正如《通典》所載：「初，吏部選才，將親其人，覆其吏事，始取州縣案牘疑議，試其斷割，而觀其能否，此所以為『判』也。」〔註20〕但是發展到後來，試判考試也開始脫離實際，以出偏題怪題難倒選人為目的。「今主司之命題，則取諸僻書曲學，故以所不知而出其所不備。選人之試判，則務為騈四儷六，引援必故事，而組織皆浮詞。然則所得者，不過學問精通、文章美麗之士耳。蓋雖名之曰判，而與禮部所試詩賦、雜文無以異，殊不切於從政，而吏部所試為贅疣矣。」〔註21〕由此可見，試判考試發展到後來已經脫離現實，成為了一種無聊的文字遊戲。五代時期的試判考試考規不嚴，合格標準也較低，選人對考試的重視性也不高，故而，馬端臨稱五代時期的試判考試已經「徒為文具」。

　　馬端臨曾云北宋初年「舉官擇人，不常其制。」〔註22〕據《宋會要輯稿》記載，經歷五代兵火之亂後，北宋初年最先恢復的試判考試是書判拔萃科。宋太祖建隆三年（962）八月，朝廷頒布詔令：「書判拔萃，歷代設科，頃屬亂離，遂從停罷，將期得士，特舉舊章，宜令尚書吏部條奏以聞。」〔註23〕由此可見，書判拔萃科曾於五代停廢，北宋初年的書判拔萃科是在參酌唐制的基礎上復置的。宋真宗天禧三年（1019）十一月，朝廷又下令恢復吏部銓

〔註19〕（唐）杜佑撰，王文錦、王永興等點校：《通典》卷十七，《選舉五》，中華書局，1988年，第427～428頁。

〔註20〕（唐）杜佑撰，王文錦、王永興等點校：《通典》卷十五，《選舉三》，中華書局，1988年，第361頁。

〔註21〕（宋）馬端臨著：《文獻通考》卷三十七，《選舉考十》，中華書局，2011年，第1092～1093頁。

〔註22〕（宋）馬端臨著：《文獻通考》卷三十七，《選舉考十一》，中華書局，2011年，第1105頁。

〔註23〕（清）徐松輯，劉琳、刁忠民等校點：《宋會要輯稿》選舉一〇，上海古籍出版社，2014年，第5451頁。

選中的試身言書判考試。「應在銓曹未注擬幕職、令、錄及初入令、錄人，兩任五考無公私過犯，三任八考無贓罪者，令銓司檢會以聞。當命近臣與判銓官同試身言書判，考校歷任，並以所試進程取旨。」〔註24〕儘管與唐代相比，北宋初年的各種試判考試的具體制度已有較大的改變，但是以試判考試為主的考試內容並沒有發生太大的變動。於此同時，試判考試的作用也已經開始受到統治者的質疑。宋仁宗曾就試身言書判考試的作用以問群臣：「身言書判，足以盡人才乎？」王欽若對曰：「朝廷設此已旌別選人，若四者悉有可采，固宜陞進也。」〔註25〕由《宋會要輯稿》的記載來看，北宋初年的試判考試是時置時廢的，並沒有很好的堅持實施。最終，宋仁宗執政時，試判考試也因不切合實際，而被最終廢置。「議者以身、言、書、判為無益，乃罷之，而試判者亦名文具，因循無所去取。」〔註26〕

　　儘管試判考試最終為北宋統治者所放棄，但宋朝歷代君主對法律的重視也是史無前例的。徐道鄰先生曾撰文指出：「宋代是中國過去最講究法律的一個朝代——法律考試，更進入鼎盛時期。」〔註27〕從前文的梳理來看，熙豐變法之後，宋代統治者幾乎在官吏選舉制度的每個環節都設置了分量或輕或重的法律考試。縱觀歷史文獻的記載，統治者之所以如此重視官員的法律素養，有其獨特的時代背景。

　　其一，宋代法律考試的發展與統治者重視法律的觀念有著直接聯繫。首先，在統治者看來，法是治國理世之根本。宋太祖曾有言曰：「王者禁人為非，莫先法令。」〔註28〕雍熙三年（986）九月，宋太宗在要求朝臣京官及幕職州縣管習讀法書之時，就無比慎重的提出：「夫刑法者，理世之準繩，御世之銜勒。重輕無失，則四時風雨弗迷。出入有差，則兆人之手足何措。〔註29〕宋

〔註24〕（清）徐松輯，劉琳、刁忠民等校點：《宋會要輯稿》選舉一〇，上海古籍出版社，2014年，第5451頁。

〔註25〕（宋）李燾：《續資治通鑒長編》卷一百三，仁宗天聖三年二月辛酉，中華書局，2004年，第2377頁。

〔註26〕（宋）馬端臨著：《文獻通考》卷三十七，《選舉考十一》，中華書局，2011年，第1106頁。

〔註27〕徐道鄰：《宋朝的法律考試》，收入氏著：《中國法制史論集》，志文出版社，1976年，第188頁。

〔註28〕司義祖整理：《宋大詔令集》卷200，《刑法上》，中華書局，1970年。

〔註29〕（清）徐松輯，劉琳、刁忠民等校點：《宋會要輯稿》選舉十三，上海古籍出版社，2014年，第5520頁。

仁宗慶曆三年，時任樞密副使的富弼曾有言云：「臣歷觀自古帝王理天下，未有不以法制為首務。法制立，然後萬事有經，而治道可必。」〔註30〕其次，統治者認為，通曉律令也是從政者必備之基本素養。宋太宗曾反覆告誡臣下：「法律之書甚資政理，人臣若不知法，舉動是過，苟能讀之，益人知識。」〔註31〕據史載，宋英宗曾親書「謹守法律」四字贈予德州刺史高士林，並誨之曰：「能此則為良吏。」〔註32〕除要求一般為政者習法之外，宋代統治還特別注意法官的選任。宋真宗時，戶部判官、右司諫、直史館孫何曾上言：「法官之任，人命所懸。太宗常降詔書，諸州司理、司法峻其秩，益其俸。」〔註33〕秘書丞、知金州陳彭年亦曾上疏曰：「人命所繫，在於法官，官或非才，人必無告。」〔註34〕由是可知，法官之任，事關人命。宋太宗時曾特別增加地方專職司法官的俸祿，提高司理參軍與司法參軍的待遇。而這種慎重選拔法官的精神也為宋真宗所繼承，他曾對宰相說：「刑獄之官，尤須遴擇。朕常念四方獄訟，若官非其人，寧無枉濫。且單弱之人，不能披訴，朝廷無由知之。」〔註35〕

其二，時代對宋代士大夫的知識結構的要求更高，士大夫不得不重視法律之學，以提高吏能。歐陽修曾言論及君子之學。「君子之於學也務為道，為道必求知古，知古明道，而後履之以身，施之於事，而又見於文章而發之，以信後世。」〔註36〕歐陽修此言，將學術、道德、文章以及政事皆視為士大夫必備之基本素養。可見，宋代士大夫已與前代重文學輕吏事的傳統

〔註30〕（宋）李燾：《續資治通鑑長編》卷一百四十三，慶曆三年九月丙戌，中華書局，2004年，第3455頁。

〔註31〕（宋）江少虞：《宋朝事實類苑》卷二，《太宗皇帝》，上海古籍出版社，1981年，第13頁。

〔註32〕（元）脫脫等：《宋史》卷四百六十四，《高世林傳》，中華書局，1977年，第。此條《長編》亦載，參見（宋）李燾：《續資治通鑑長編》卷二百八，英宗治平三年四月己丑，中華書局，2004年，第5049頁。

〔註33〕（宋）李燾：《續資治通鑑長編》卷四十七，真宗咸平三年六月丙寅，中華書局，2004年，第1021頁。

〔註34〕（宋）李燾：《續資治通鑑長編》卷四十八，真宗咸平四年正月壬戌，中華書局，2004年，第1047頁。

〔註35〕（宋）李燾：《續資治通鑑長編》卷七十三，真宗大中祥符三年三月己亥，中華書局，2004年，第1659～1660頁。

〔註36〕（宋）歐陽修撰：《廬陵文鈔》卷十一，《與張秀才第二書》，收錄於高海夫主編：《唐宋八大家文鈔校注集評》，三秦出版社，1998年，第1861頁。

觀念大異其趣。在宋代政治生活中，集文學、經術、節義與政事於一身的通才也往往能得到朝廷的重用。如推動熙寧變法的經世致用之才王安石，其本人就因文學、經術與政事皆通而知名一世。歐陽修曾向宋仁宗舉薦王安石。「太常博士、群牧判官王安石，學問文章，知名當世，守道不苟，自重其身，論議通明，兼有時才之用，所謂無施不可者。」〔註37〕宋神宗欲任用王安石為參知政事，而參知政事唐介以為王安石難擔大任，神宗皇帝甚為不滿，對唐介連發三問：「文學不可任耶？吏事不可任耶？經術不可任耶？」〔註38〕由此可見，宋代士大夫的知識結構表現出一種全面、兼容的趨向。與前代相比，宋代士大夫尤為重視精明幹練的理政能力。這也是宋代士大夫的時代風貌之一。

蘇轍曾有言云：「先朝患官吏不習律令，欲誘之讀法。……自是天下爭誦律令。」〔註39〕一方面是統治者對法律的重視引起了社會價值取向的變化；另一方面時代對宋代士大夫的知識結構也有著特別要求。在此二者之共同影響下，宋代法律考試得以全面鋪開，爭言法令亦成為當世之時尚。

第二節　法律考試與唐宋社會階層變動

唐宋時期，試中法律考試的考生往往能獲得較為優厚的政治待遇。如「書判拔萃」科與「平判入等」科之登科者多授以秘書省校書郎或正字，而在「時輩皆以校書正字為榮」的時代，「書判拔萃」科與「平判入等」科的確是士族子弟與寒素子弟都十分重視的考試。又如「試刑法」，試中前幾名者可改為京官，排名靠後者以可以減免磨勘。在「爭減半年磨勘，雖殺人亦為之」〔註40〕的時代，試中刑法人的優厚待遇對士人而言是一種莫大的獎勵。因此，以參加法律考試作為仕宦發展的重要跳板，既是世家大族賴以保持門第不衰的憑藉之一，也是寒素子弟得以光大門庭的重要途徑。

〔註37〕（宋）歐陽修撰：《廬陵文鈔》卷七，《再論水災狀》，收錄於高海夫主編：《唐宋八大家文鈔校注集評》，三秦出版社，1998年，第1722頁。

〔註38〕（元）脫脫等：《宋史》卷三百一十六，《唐介傳》，中華書局，1977年，第10329頁

〔註39〕（元）脫脫等：《宋史》卷一百五十八，《選舉四》，中華書局，1977年，第3708頁。

〔註40〕（元）脫脫等：《宋史》卷三百三十八，《蘇軾傳》，中華書局，1977年，第10810頁。

一、士族子弟對法律考試的重視

陳寅恪先生認為,寒素階層的崛起始於高宗和武后時期。而這一時期正是吏部試判考試確立和發展的重要時期。法律考試,特別是試判考試逐漸成為了社會各個階層藉以光大門庭的重要渠道。此處,筆者試以唐代十一姓十四家大士族中的「試法入仕人」為例,來看法律考試對大士族興衰的影響。

(一)范陽盧氏

據《唐語林》記載:「范陽盧,自興元元年癸亥德宗幸梁洋,二年甲子鮑防侍郎知舉,至乾符二年乙未崔沆侍郎知舉,計九十二年,而二年停舉。九十年中,登進士者一百一十六人,諸科在外。而為字皆聯子。所不聯者不十數人。然而世謂盧氏不出座主。」〔註41〕由此可見,唐代范陽盧氏家族多有科舉出身。且不論諸科,平均每年都有1人以上的士族子弟進士及第。而唐代「試法入仕人」中亦不乏范陽盧氏之士族子弟,〔註42〕但其中祖籍可考者只有四人。如最早明法及第的盧醫王。其人之墓誌稱:「府君諱醫王,字醫王,涿郡范陽人也。伯夷虞舜之佐,掌太嶽而秩宗;尚父周文之師,表東海以開國。齊大夫食菜盧邑,秦博士徙家涿郡。」〔註43〕這就是說盧醫王是齊國後裔,因祖先受封於盧邑而姓盧,秦時博士盧敖遷居於涿郡。唐代多有范陽盧氏子弟出任高官。其中,元和四年(809)進士及第,後書判拔萃登科的盧商,曾於宣宗朝入相。〔註44〕又有先明經及第,後書判拔萃科的盧邁,曾於德宗朝入相。〔註45〕還有元和四年(809)進士擢第,後書判拔萃登科的盧鈞,其先本是范陽人,後遷居於京兆藍田。盧鈞以累佐使府,後於宣宗時拜相。〔註46〕范陽盧氏雖為

〔註41〕 (宋)王讜撰,周勳初校正:《唐語林校正》卷四,《企羨》,中華書局,1975年1987年,第382~383頁。

〔註42〕 除後文所述四位范陽盧氏子弟外,另有開元時書判拔萃登科盧昌、盧輻價、盧先之,元宗朝書判拔萃登科盧禧、盧術,肅宗朝書判拔萃登科盧藻之出身門第不詳。

〔註43〕 吳鋼主編,《全唐文補遺》(第8輯),《唐故滑州匡城縣丞范陽盧府君(醫王)墓誌銘並序》,三秦出版社,2005年,第12~13頁。

〔註44〕 (後晉)劉昫等:《舊唐書》卷一百七十六,《盧商傳》,中華書局,1975年,第4575頁。

〔註45〕 (後晉)劉昫等:《舊唐書》卷一百三十六,《盧邁傳》,中華書局,1975年,第3753~3754頁。

〔註46〕 (後晉)劉昫等:《舊唐書》卷一百七十七,《盧鈞傳》,中華書局,1975年,第4591~4593頁。

門第高貴，但至五代時，其士族子弟也認識到，只有及第登科方可保持家族不衰。如盧汝弼，史傳稱他：「少力學，不喜為世胄，篤志科舉，登進士第，文采秀麗，一時士大夫稱之。」〔註47〕

（二）清河崔氏

清河崔氏之士族子弟崔龜從（字），曾於宣宗朝入相。《舊唐書》書其傳云：「崔龜從，字玄告，清河人。祖璜，父誠，官微。龜從，元和十二年擢進士第，又登賢良方正制科，及書判拔萃二科，釋褐拜右拾遺。」〔註48〕由此可見，崔龜從以進士出身，又連登賢良方正、書判拔萃二科，從此晉身朝序。又有崔郾（字廣略），杜牧述其行狀云：「貞元十二年中第。十六年平判入等，受集賢殿校書郎。」〔註49〕可見，崔郾也是先有進士出身，後試平判入等登科，官至禮部尚書。其兄崔邠、崔郇、崔鄯皆登進士第。《舊唐書》盛讚崔氏兄弟有云：「崔氏四世緦麻同爨，兄弟六人至三品，邠、郾、鄲凡為禮部五，吏部再，唐興無有也。居光德里，構便齋，宣宗聞而歎曰：『鄲一門孝友，可為士族法。』因題曰『德星堂』。後京兆民即其里為『德星社』云。」〔註50〕

（三）博陵崔氏

博陵崔氏之士族子弟中，崔珙曾在武宗時為相。《舊唐書》傳其經歷云：「以書判拔萃高等，累佐使府。性威重，尤精吏術。」〔註51〕崔珙的弟弟崔瑨亦曾以書判出仕。「以書判拔萃，開成中，累遷至刑部郎中。會昌中，歷三郡刺史，位終方鎮。」〔註52〕

此外，還有崔弘禮（字從周），亦曾書判拔萃登科，史傳稱：「弘禮風貌

〔註47〕（宋）薛居正等：《舊五代史》卷六十，《盧汝弼傳》，中華書局，1975 年，第 809 頁。

〔註48〕（後晉）劉昫等：《舊唐書》卷一百七十六，《崔龜從傳》，中華書局，1975 年，第 4572〜4573 頁。

〔註49〕（唐）杜牧著，陳雲吉校點，《樊川文集》卷十四，上海古籍出版社，1978 年，第 207 頁。

〔註50〕（後晉）劉昫等：《舊唐書》卷一百五十五，《崔邠傳》，中華書局，1975 年，第 4117〜4120 頁。

〔註51〕（後晉）劉昫等：《舊唐書》卷一百七十七，《崔珙傳》，中華書局，1975 年，第 4587〜4591 頁。

〔註52〕（後晉）劉昫等：《舊唐書》卷一百七十七，《崔珙傳》，中華書局，1975 年，第 4587〜4591 頁。

魁偉，磊落有大志。舉進士，累佐藩府，官至侍御史。」〔註53〕又有崔元亮（字晦叔）〔註54〕，其墓誌銘由白居易撰寫，辭曰：「公諱元亮，字晦叔。其先出於炎帝，至裔孫穆伯，受封於崔，因而命氏，漢初始分為清河、博陵二祖，故其後稱博陵人。……公幼嗜學，長善屬文，以辭賦舉進士登甲科，以書判調天官入上等，前後著文集凡若干卷，尤工五言七言詩，警策之篇，多在人口，其餘著述，作者許之，可不謂文學乎。」〔註55〕

因此，史書有云：「崔氏咸通、乾符間，昆仲子弟紆組拖紳，歷臺閣、錢藩嶽者二十餘人。大中以來盛族，時推甲等。」〔註56〕

（四）趙郡李氏

趙郡李氏之士族子弟亦不乏因試判登科而入朝為相者。如李鄘（字建侯）曾在憲宗朝為相，《舊唐書》書其傳云：「鄘大歷中舉進士，又以書判高等，授秘書正字。」〔註57〕可見，李鄘進士及第後，又試判入等，以秘書省正字之職開始官宦生涯。又有李珏（字待價），曾在文宗朝時為相。《舊唐書》亦有其傳：「珏，進士擢第，又登書判拔萃科，累官至右拾遺。」〔註58〕李珏亦以進士出身，又登書判拔萃科。又有李巽（字令叔），史傳稱其人：「少苦心為學，以明經調補華州參軍，拔萃登科，授鄠縣尉。……巽精於吏職，蓋性使然也。雖在私家，亦置案牘簿書，勾檢如公署焉。人吏有過，絲毫無所貸，雖在千里外，其恐栗如在巽前。」〔註59〕可見，李巽以明經及第，後書判拔萃登科。為官精於吏事。死後，贈官尚書左僕射。又據《河洛墓刻拾零》記載，趙郡人李行（本名闕，行為其字）亦曾明法及第。「弱冠

〔註53〕（後晉）劉昫等：《舊唐書》卷一百六十三，《崔弘禮傳》，中華書局，1975年，第4265頁。

〔註54〕筆者按：《宋史》有《崔玄亮傳》，崔元亮即崔玄亮。

〔註55〕（唐）白居易：《唐故虢州刺史贈禮部尚書崔公墓誌銘（並序）》，收錄於（清）董誥等編：《全唐文》卷六百七十九，中華書局，1983年，第6946～6948頁。

〔註56〕（後晉）劉昫等：《舊唐書》卷一百七十七，《崔珙傳》，中華書局，1975年，第4587～4591頁。

〔註57〕（後晉）劉昫等：《舊唐書》卷一百五十七，《李鄘傳》，中華書局，1975年，第4147～4149頁。

〔註58〕（後晉）劉昫等：《舊唐書》卷一百七十三，《李珏傳》，中華書局，1975年，第4503～4505頁。

〔註59〕（後晉）劉昫等：《舊唐書》卷一百二十三，《李巽傳》，中華書局，1975年，第3521～3523頁。

明法擢第，解褐授房州上庸縣尉。」〔註60〕

（五）隴西李氏

隴西李氏之士族子弟李蔚（字茂休），曾於僖宗朝為相。《舊唐書》有云：「李蔚，字茂休，隴西人。祖上公，位司農卿，元和初為陝虢觀察使。父景素，太和中進士。蔚，開成末進士擢第，釋褐襄陽從事。會昌末調選，又以書判拔萃，拜監察御史，轉殿中監。」〔註61〕又有，李正本（字虛源）曾應「明法科」，其墓誌銘有云：「君諱正本，字虛源，隴西狄道人也，其先出自帝顓頊。顓頊生女華，女華孫皋陶。皋陶後信，為秦將，生超。超討叛羌，臨陣致命，遂葬隴西狄道，子孫□居是，為天下著姓。曾祖儁，周地官上士、滕王紀室參軍，祖非羆，隨武陽郡丞、滄州別駕。父度，皇朝光祿寺丞、普州樂至縣令。並德行儒素，歷官有能名。……後讀書至哀矜折獄，因歎曰：「我先祖皋陶為堯理官，乞可不明刑以求仕。乃明法舉及第，解褐慈州昌寧縣主簿。」〔註62〕此外，還有曾任蘇州郡守的李素，〔註63〕韓愈為其所撰之墓誌銘云：「公諱素，字某。生七歲喪其父，貧不能家，母夫人提以歸，教育於其外氏。以明經選主虢之宏農簿，又尉陝之芮城，李丞相泌觀察陝虢，以材署運使從事，以課遷尉京兆鄠。考滿，以書判出其倫，選主萬年簿。」〔註64〕由此可見，李素雖出身望族，但由於幼年喪父，家貧無以為繼，其母只能帶他回到娘家，由娘家人將其教育成人。後來，李素以明經及第，又試判入等，官至河南少尹。還有李虛中（字常容），韓愈亦為其撰有墓誌銘：「殿中侍御史李君，名虛中，字常容。其十一世祖沖，貴顯拓跋世。……進士及第，試書判入等，補秘書正字。」〔註65〕由此可見，李虛中是北魏名臣李沖的十一世孫。李虛中先是進士及第，又試書判入

〔註60〕　《大唐故括州松陽縣尉李君墓誌銘並序》，收錄於趙君平、趙文成編：《河洛墓刻拾零》，北京圖書館出版社，2007年，第226頁。

〔註61〕　（後晉）劉昫等：《舊唐書》卷一百七十八，《李蔚傳》，中華書局，1975年，第4624～4627頁。

〔註62〕　（唐）洪子輿：《唐故朝散大夫行洋州長史李府君（正本）墓誌銘並序》，收錄於吳鋼主編：《全唐文補遺》（第4輯），三秦出版社，1997年，第15頁。

〔註63〕　（唐）劉允文：《蘇州新開常熟塘碑銘》，收錄於（清）董誥等編：《全唐文》卷七百十三，中華書局，1983年，第7324～7325頁。

〔註64〕　（唐）韓愈：《河南少尹李公墓誌銘》，收錄於（清）董誥等編：《全唐文》卷五百六十五，中華書局，1983年，第5723～5724頁。

〔註65〕　（唐）韓愈：《殿中侍御史李君墓誌銘》，收錄於（清）董誥等編：《全唐文》卷五百六十四，中華書局，1983年，第5713～5714頁。

等，官至殿中侍御史。還有進士及第，且以長於詩歌與宗人李賀齊名的李益，亦是隴西人士，史傳稱其於建中末年，與路泌、韋綬等書判同居高第。〔註66〕此外，還有著名詩人李商隱多次在詩歌與文章中自稱出自隴西李氏姑臧房，李商隱也是先進士及第，後有登書判拔萃科。

（六）太原王氏

太原王氏之士族子弟中，其曾試中「明法科」的有王植。其墓誌銘云：「君諱植，字文端，太原晉陽人也。因官徙宅，今為京兆萬年人。葉令周儲，分靈慶之族；秦將漢尹。擅簪紱之門。儒素家傳，英賢代出。祖才，隋勝州錄事參軍參軍事。父興，邢州柏人縣令。……或振領提綱，良牧逸而坐嘯；或導德齊禮，樂土舞其絃歌。謠詠所傳，清風猶在。君幼挺聰異，博綜典墳，特好九章之書，尤精五聽之術。歷代沿革，因時輕重，若視諸掌，悉究其源。年廿三，雍州貢明法，省試擢第，授大理寺錄事，丹筆無冤，黃沙絕滯。」〔註67〕可見，王植年幼時已精於法理，二十三歲即登「明法科」，歷大理寺，官至司宗寺丞。又有王緯，史傳稱：「字文卿，太原人也。祖景，司門員外、萊州刺史。父之咸，長安尉。與昆弟之賁、之渙皆善屬文。之咸以緯貴，故累贈刺史。緯舉明經，又書判入等，歷長安尉，出佐使府。」〔註68〕王緯以明經出身，又試書判入等，官至工部尚書。

（七）琅琊王氏

據筆者所見，琅琊王氏子弟有王衮曾書判拔萃登科。李玨為其所撰之墓誌銘有大幅文字不厭其煩的述其家世：「王氏之先，本於周靈王太子晉，以忠諫廢，天下之人謂之王家。至八世孫錯七世而生翦，仕秦，復為大將軍。翦生七世而生吉，仕漢為諫大夫。去官全道，隱於琅琊之皋虞。吉生駿，為京兆尹。駿生崇，為司空。崇五世生覽，仕晉為宗正卿。覽孫導，匡輔元帝，中興江左。導六世生儉，仕南齊，為太尉，諡曰文憲。文憲三世生衮，仕宇文周為司空，封石泉公。石泉生隋安都太守鼎，鼎生皇中書舍人弘讓。弘讓生太府

〔註66〕（後晉）劉昫等：《舊唐書》卷一百五十九，《路泌傳》，中華書局，1975年，第4190～4191頁。

〔註67〕《大唐故司宗寺丞上騎都尉王君（植）墓誌銘並序》，收錄於吳鋼主編：《全唐文補遺》第三輯，三秦出版社，1996年5月版，第379頁。

〔註68〕（後晉）劉昫等：《舊唐書》卷一百四十六，《王緯傳》，中華書局，1975年，第364～3965頁。

卿方泰。太府生鴻，為同州馮翊尉。馮翊生志悌，為長安尉，贈吏部郎中。郎中生汶，殿中少監致仕，贈工部侍郎。工部少有高致，不樂榮官，致仕贈官之命，皆由公顯。公諱袞，字景山。本名高，工部公之長子。元和初，以拔萃登科，授秘書省正字，調補伊闕主簿。」〔註69〕

（八）河東裴氏

據《新唐書・宰相世系表》記載，南來吳裴作為河東裴氏的一支，亦有裴潤、裴淨、裴濟三人明法及第。〔註70〕但此三人具體仕宦經歷不詳細。又有曾於玄宗朝為相的裴耀卿之孫裴佶，以進士出身試判入高等。史傳稱其：「幼能屬文。弱冠舉進士，補校書郎，判入高等，授藍田尉。」〔註71〕後裴佶以工部尚書致仕。

（九）河東薛氏

按《新唐書・宰相世系表》記載：「（薛）敖前，國子明法。」〔註72〕由是知，河東薛氏士族子弟有薛敖前曾明法及第，但薛敖前仕宦經歷不詳。另有宗室子薛能曾進士及第，又試判入等。《唐詩紀事》：「薛能，字大拙，汾州人。會昌六年進士。大中八年，書判入等，補盩屋尉，辟太原陝虢河陽從事。」〔註73〕

（十）河東柳氏

河東柳氏子弟中，柳玭曾試書判拔萃登科。史傳稱：「玭，應兩經舉，釋褐秘書正字。又書判拔萃，高湜辟為度支推官。」柳玭之祖父柳公綽，「理家甚嚴，子弟克稟誠訓，言家法者，世稱柳氏云。」〔註74〕柳公綽曾登賢良方

〔註69〕　（唐）李珏：《唐故朝散大夫守尚書吏部郎中兼侍御史知雜事上柱國臨沂縣開國男食邑三百戶琅琊王府君墓誌銘并序》，收錄於周紹良、趙超主編：《唐代墓誌彙編》，上海古籍出版社，1992 年，第 2134 頁。

〔註70〕　（宋）歐陽修、宋祁等：《新唐書》卷七十一上，《宰相世系表一》，中華書局，1975 年，第 2195、2201 頁。

〔註71〕　（後晉）劉昫等：《舊唐書》卷九十八，《裴佶傳》，中華書局，1975 年，第 3083～3084 頁。裴佶之出身可參見（宋）歐陽修、宋祁等：《新唐書》卷七十一上，《宰相世系表一》，中華書局，1975 年，第 2198 頁。

〔註72〕　（宋）歐陽修、宋祁等：《新唐書》卷七十三下，《宰相世系表三》，中華書局，1975 年，第 2996 頁。

〔註73〕　（宋）計有功撰，王仲鏞校箋：《唐詩紀事校箋》卷六十，《薛能》，巴蜀書社，1989 年，第 1642 頁。

〔註74〕　（後晉）劉昫等：《舊唐書》卷一百六十五，《柳公綽傳》，中華書局，1975 年，第 4300～4313 頁。

正、直言極諫科，其弟柳公權、兒子柳仲郢、孫子柳珪、柳璧，從孫柳璨，皆進士及第。

（十一）京兆韋氏

京兆韋氏與杜氏都是唐朝赫赫有名的大士族。時人有「城南韋杜，去天尺五」之所。京兆韋氏子弟中，韋貫之曾進士及第，又試書判入等，後相憲宗。史傳稱：「韋貫之，本名純，以憲宗廟諱，遂以字稱。八代祖夐，仕周，號逍遙公。父肇，官至吏部侍郎，有重名於時。貫之即其第二子。少舉進士。貞元初，登賢良科，授校書郎。秩滿，從調判入等，再轉長安縣丞。」〔註75〕韋貫之的伯兄韋綬，亦與李益、路泌等人同試書判入等。〔註76〕而韋綬之子韋溫（字弘育），年十一歲，應兩經舉登第。釋褐太常寺奉禮郎。以書判拔萃，調補秘書省校書郎。」〔註77〕韋溫以鯁亮守官知名，官至御史大夫。此外，還有韋顗亦曾試書判入等，韋顗乃玄宗朝宰相韋見素之孫。史傳稱其：「生一歲而孤，事姊稱為恭孝。性嗜學，尤精陰陽、象緯、經略、風俗之書。善持論，有清譽。……其在諫垣，與李約、李正辭迭申裨諷，頗回大政。宰相裴垍、李絳、崔群輩多與友善，而後進之有浮名者，亦遊其門，以是稱有時望。」〔註78〕

（十二）京兆杜氏

京兆杜氏子弟中，有杜審權以進士出身登書判拔萃科，杜審權是名相杜如晦的六代孫，後杜審權又於懿宗朝為相。史傳稱：「審權，字殷衡，京兆人也。國初萊成公如晦六代孫。祖佐，位終大理正。佐生二子：元穎、元絳。元穎，穆宗朝宰相。絳位終太子賓客。絳生二子：審權、蔚，並登進士第。審權，釋褐江西觀察判官，又以書判拔萃，拜右拾遺，轉左補闕。」〔註79〕其他京兆杜氏子弟曾應試書判入等的還有杜濟（字應物），顏真卿撰其神道碑銘

〔註75〕（後晉）劉昫等：《舊唐書》卷一百五十八，《韋貫之傳》，中華書局，1975年，第4173～4174頁。

〔註76〕（後晉）劉昫等：《舊唐書》卷一百五十九，《路泌傳》，中華書局，1975年，第4190～4191頁。

〔註77〕（後晉）劉昫等：《舊唐書》卷一百六十八，《韋溫傳》，中華書局，1975年，第4377～4380頁。

〔註78〕（後晉）劉昫等：《舊唐書》卷一百八，《韋顗傳》，中華書局，1975年，第3278～3279頁。

〔註79〕（後晉）劉昫等：《舊唐書》卷一百七十七，《杜審權傳》，中華書局，1975年，第4610頁。

有云：「公諱濟，字應物，京兆杜陵人。晉征南大將軍、當陽侯元凱十四代孫，周禮部侍郎、殿內監、甘棠公懿之來孫，隋符璽郎乾祐之元孫，皇朝度支員外、主客郎中續之曾孫，朝散大夫明堂丞、贈潤州刺史知讓之孫，高陵令、贈太子少保惠之第三子也。……早歲以寢郎從調，書判超等，為李吏部彭年所賞，補梁州南鄭主簿。」〔註80〕杜濟後歷官御史中丞、京兆尹，終於杭州刺史之位。

（十三）弘農楊氏

弘農楊氏子弟中，有楊岌曾明法及第。楊岌之墓誌銘有云：「公諱岌字順，弘農華陰人也。其先則有周，及赤泉改楊侯之封，自丞相至司徒之世，世寵勳舊，美於圖史，每登明堂，遂無違德。……常覽庭堅相虞，釋之佐漢，遂究法家之學，以作登科之首。」〔註81〕

登書判拔萃科的有楊發和楊漢公。楊發之兄楊收，於史有傳：「楊收，字藏之，同州馮翊人。自言隋越公素之後。高祖悟虛，應賢良制科擢第，位終朔州司馬。曾祖幼烈，位終寧州司馬。祖藏器，邠州三水丞。父遺直，位終濠州錄事參軍。家世為儒，遺直客於蘇州，講學為事，因家於吳。遺直生四子：發、假、收、嚴。發，字至之，太和四年登進士第，又以書判拔萃，釋褐校書郎、湖南觀察推官，再辟西蜀從事。入朝為監察，轉侍御史，累遷至禮部郎中。大中三年，改左司郎中。」〔註82〕楊發長於邊事，屢歷州牧，後坐貶卒於治所。而楊漢公也是以進士出身，又登書判拔萃科。《舊唐書》傳楊漢公之兄楊虞卿有云：「楊虞卿，字師皋，虢州弘農人。祖燕客。父寧，貞元中為長安尉。……弟漢公，……太和八年擢進士第，又書判拔萃，釋褐為李絳興元從事。絳遇害，漢公遁而獲免。累遷戶部郎中、史館修撰。太和七年，遷司封郎中。漢公子范、籌，皆登進士第，累辟使府。」〔註83〕

〔註80〕 （唐）顏真卿：《京兆尹御史中丞梓遂杭三州刺史劍南東川節度使杜公神道碑銘》，收錄於（清）董誥等編：《全唐文》卷三百四十四，中華書局，1983年，第3496頁。

〔註81〕 （唐）崔潛：《故河內郡武德縣令楊公墓誌銘並序》，收錄於周紹良、趙超主編：《唐代墓誌彙編》，上海古籍出版社，1992版，第1601頁。

〔註82〕 （後晉）劉昫等：《舊唐書》卷一百七十七，《楊發傳》，中華書局，1975年，第4595～4601頁。

〔註83〕 （後晉）劉昫等：《舊唐書》卷一百七十六，《楊虞卿傳》，中華書局，1975年，第4561～4565頁。

楊敬之（字茂孝）為楊憑之侄，史傳稱：「楊憑，字虛受，一字嗣仁，號州弘農人。少孤，其母訓道有方。長善文辭，與弟凝、凌皆有名。大歷中，踴擢進士第，時號『三楊』。憑重交遊，尚氣節然諾，與穆質、許孟容、李鄘相友善，一時歆慕，號『楊穆許李』。……凌，字恭履，最善文，終侍御史。子敬之。敬之，字茂孝。元和初，擢進士第，平判入等，遷右衛冑曹參軍。累遷屯田、戶部二郎中。坐李宗閔黨，貶連州刺史。文宗尚儒術，以宰相鄭覃兼國子祭酒，俄以敬之代。未幾，兼太常少卿。是日，二子戎、戴登科，時號「楊家三喜」。〔註84〕由此可見，楊敬之的父輩三人皆以文辭聞名於世，有「三楊」之稱。後楊敬之以進士出身，試平判入等登科。後兼任太常少卿，其日恰逢兒子楊戎、楊戴同登科第，又有「楊家三喜」之號。

（十四）滎陽鄭氏

滎陽鄭氏子弟中，因試法而拜相者兩人：鄭珣瑜（字元伯）以制科出身，後試書判拔萃登科，德宗時拜相。史傳有云：「鄭珣瑜，字元伯，鄭州滎澤人。少孤，值天寶亂，退耕陸渾山，以養母，不干州里。轉運使劉晏奏補寧陵、宋城尉，山南節度使張獻誠表南鄭丞，皆謝不應。大歷中，以諷諫主文科高第，授大理評事，調陽翟丞，以拔萃為萬年尉。」〔註85〕又有鄭肅（字義敬），以進士出身試書判拔萃登科，於武宗朝為相。《舊唐書》書其傳云：「鄭肅，滎陽人。祖烈，父閱，世儒家。肅苦心力學。元和三年，擢進士第，又以書判拔萃，歷佐使府。」〔註86〕

鄭亞（字子佐）、鄭畋（字臺文）父子皆以進士出身登書判拔萃科。史傳有云：「鄭畋，字臺文，滎陽人也。曾祖鄰，祖穆，父亞，並登進士第。亞，字子佐，元和十五年擢進士第，又應賢良方正、直言極諫制科。吏部調選，又以書判拔萃，數歲之內，連中三科。聰悟絕倫，文章秀發。李德裕在翰林，亞以文干謁，深知之。……畋年十八，登進士第，釋褐汴宋節度推官，得秘書省校書郎。二十二，吏部調選，又以書判拔萃。授渭南尉、直史館

〔註84〕（宋）歐陽修、宋祁等：《新唐書》卷一百六十，《楊憑傳》，中華書局，1975年，第4970～4972頁。

〔註85〕（宋）歐陽修、宋祁等：《新唐書》卷一百六十五，《鄭珣瑜傳》，中華書局，1975年，第5064～5065頁。

〔註86〕（後晉）劉昫等：《舊唐書》卷一百七十六，《鄭肅傳》，中華書局，1975年，第4573～4574頁。

事。」〔註 87〕此外，亦有鄭甫曾應書判拔萃，官至舒州刺史。穆員書其墓誌銘有云：「有唐循吏，故舒州刺史榮陽鄭府君，諱甫，字某，享年五十有四，歷官一十有二。以貞元六年冬十月辛丑，卒於東都崇讓里第。十一月，諸孤家老得請於元龜，奉府君之喪，歸祔於祖實鄭州榮澤縣廣武原，庚寅下。其先史足徵也。十代祖煜，元魏建威將軍南陽公。魏氏定五姓冠百族，煜以官婚人物，甲於時選。厥後歷周、隋洎皇朝凡六葉，至於曾祖仁愷，密、亳二州刺史。祖慈明，銀青光祿大夫濠州刺史。考令璉，銀青光祿大夫國子祭酒。重名貴仕，照燭相續。府君少以門資奉俎豆於太廟，調習書判超等，擢秘書省校書郎，歷京兆府藍田尉大理評事。」〔註 88〕

　　根據以上整理的唐代出自十一姓十四家大士族的「試法入仕人」的仕宦經歷，列表如下所示：

表 6-1　唐代十一姓十四家大士族「試法入仕人」人數綜表

姓氏	總人數	明法科 姓名	書判拔萃科 姓名	入相者人數	平判入等科 姓名	試判科目不詳 姓名	入相者人數
范陽盧氏	4	盧醫王	盧商、盧邁、盧鈞	3			
清河崔氏	2		崔龜從	1	崔郾		
博陵崔氏	4		崔珙、崔璪	1	崔玄亮、崔弘禮		
趙郡李氏	4	李行	李玨、李巽	1		李鄘	1
隴西李氏	6	李正本	李蔚、李商隱	1		李益、李素、李虛中	
太原王氏	2	王植				王緯	

〔註87〕（後晉）劉昫等：《舊唐書》卷一百七十八，《鄭畋傳》，中華書局，1975 年，第 4630 頁。
〔註88〕（唐）穆員：《舒州刺史鄭公墓誌銘》，收錄於（清）董誥等編：《全唐文》卷七百八十五，中華書局，1983 年，第 8219～8210 頁。

琅琊王氏	1		王裒				
河東裴氏	4	裴潤、裴淨、裴濟				裴佶	
河東薛氏	2	薛敖前				薛能	
河東柳氏	1		柳批				
京兆韋氏	4		韋溫			韋顗、韋貫之、韋綬	1
京兆杜氏	2		杜審權	1		杜濟	
弘農楊氏	3	楊岌	楊發、楊漢公		楊敬之		
滎陽鄭氏	5		鄭珣瑜、鄭肅、鄭亞、鄭畋、鄭甫	2			
合計	44	9	22	10	4	11	2

由上表統計數據來看：

其一，唐代大士族子弟對法律考試的參與熱情較高。據第三章考證，唐代「明法及第人」共二十六位，書判拔萃登科且仕宦、出身可考者四十一位，平判入等登科十四位，試判科目不詳登科者二十四位，合計一百零五位。而這一百零五位「試法入仕人」中，僅出身於十一姓十四家大士族的就有四十五位，比例高達 43%。並且，唐代法律考試中的最熱門科目似乎也是書判拔萃科。僅就試判考試而言，三十六位試中者中，至少有二十二位可以確定為是書判拔萃登科，占到 61%。

其二、唐代大士族子弟中的明法及第出身者，無一人官至宰相。除裴潤、裴淨、裴濟、薛敖前四人史書記載甚簡之外，其餘五人亦無顯赫經歷，其歷官大多止於州縣。盧醫王官至匡城縣丞、李正本官至洋州長史、楊岌官至武德縣令、李行官至松陽縣尉，只有王植官至宗正寺丞。唐代明法出身者難以躋身高位，即便是大士族子弟也難以位列公卿。這種情況的出現，一方面是因為唐代「明法科」並不受人重視，而另一方面也說明門第聲望對士族子弟

個人的仕宦發展助益不大。

其三，唐代大士族子弟中的書判拔萃登科者似乎更有政治前途。二十二位書判拔萃登科的大士族子弟就有十位曾入朝為相，比例高達 45.4%。這種情況的出現，一方面是因為大士族子弟中的書判拔萃登科者大多都有進士出身。唐代科舉考試科目中的進士科向來為士人所重，進士出身者的政治前途本身要高於其他出身。以進士出身試書判拔萃登科，無疑是錦上添花之舉。當然，由於筆者考證唐代試判入等者所依據的材料有很多都是來自於《新唐書》與《舊唐書》所記載的人物傳記，而《新唐書》與《舊唐書》所記載的也大多都是唐代較為成功、且較有影響力的人物，因此筆者統計的書判拔萃登科者的拜相幾率肯定比現實情況要高很多。但不可否認的是，書判拔萃登科是其個人仕宦發展的一個重要契機。此外，書判拔萃登科同時也是士族藉以維持門第聲望的重要手段。從前述的大士族出身與「試法入仕人」的仕宦經歷來看，常有父子昆弟連登科第，其中不乏皆試書判入等者。由此亦可見，門第已不能保證大士族累世為官，而法律考試亦成為了影響唐代大世族興衰的重要因素。

二、法律考試是寒素子弟的晉身之資

在門閥政治體制下，家族出身不同的士人，其入仕和升遷的機會是不平等的。而科舉取士制度的建立，改變了原來的世族階層與寒素階層對立的局面，促使二者之融合，也使得以中產之家子弟逐漸佔據了政治舞臺。而唐宋時期法律考試制度在促進社會階層消融的過程中也起到了重要作用。法律考試類型的增加、參考資格的放寬以及考試規則日趨嚴密，皆為寒素子弟提供了更多藉以晉身的機會，為整個選舉制度增加了公平和理性的因素。

（一）法律考試科目的增加

科舉考試是由禮部主持的，是士子獲得出身資格的考試；而吏部主持的選官考試，只允許有出身、有官者赴試，沒有出身的白身人不能直接參加吏部選官考試。唐代不僅科舉考試中有「明法科」法律考試，吏部銓選中也有試判考試。發展到宋代，法律考試更是分布在官員仕宦發展中的每一個環節。對唐宋士子而言，科舉考試固然是最為根本的考試，但法律考試不僅是士子獲得科舉功名的途徑，也是其仕途發展的重要機遇。因此，唐宋法律考試類型的增加，實際上也是增加了寒素子弟與士族子弟競爭的機會。

1. 唐代試判科目的增加

由前文所論，唐代吏部試判之制支持出現在高宗、武則天時期。及第舉子必須參加吏部銓選方可出官，六品以下秩滿待遷之文職官員也必須經過吏部銓選方可重新授官。吏部銓選既包括常選也包括科目選。吏部常選中以試身言書判的成績作為授官高下之憑據。試身言書判考試中，又以試判考試最為尤切。而唐朝初年並沒有設置科目選，科目選考試亦最早出現於唐玄宗開元年間。吏部科目選中的「書判拔萃」與「博學宏詞」是最早設置的科目，也最為士人所重。據前文所論，書判拔萃科與博學宏詞科一併於開元十八年設置，開元十九年春才有了首榜科目選登科人。隨後開元二十四年，吏部科目選中又設立了另外一門試判考試——平判入等科，大文豪顏真卿則是首榜平判入等登科人。

《冊府元龜》有云：「又有吏部科目，曰宏詞、拔萃、平判，官皆吏部主之。又有三禮、三傳、三史、五經、九經、開元禮等科，有官階出身者，吏部主之，白身者吏部主之。」〔註89〕由此可見科目選發展到後來，考試科目也越來越多，但其中試判考試所佔之比重也是較大的。

2. 宋代新增的法律考試

由於宋代統治者對法律之學的重視，幾乎整個選舉制度的每一個考試環節都要試律。法律考試制度在宋代得到了長足的發展，除承襲原有的「明法科」考試與吏部試判考試之外，北宋初年，朝廷還新設立了選拔法官的專門考試——「試刑法」。前文所考證的試中刑法人中，就不乏因參加科舉考試不利之後，轉而以「試刑法」考試謀求仕宦發展之人。如周自強，其墓誌銘稱：「公幼績學能文，伯父舍人公離亨甚愛之，嘗曰：『吾父與祖及吾伯仲，皆以儒登科，獨吾季未試而夭，能大吾家者，其在爾光顯乎！』以其遺恩奏公，調興國軍大冶縣主簿，靳州司法參軍、嚴州桐廬縣丞。既而從進士舉不利，慨然以應刑法，遂中其科，授江南東路提點刑獄司檢法官，入為大理評事。〔註90〕周自強本以門蔭入仕，但位在末官。在這種情況下，他有兩種方式可以謀求仕途發展：一是參加科舉考試，提高本人資歷；二是參加「試刑法」考試以

〔註89〕 （宋）王欽若等編撰，周勳初等校訂：《冊府元龜》卷六三九，《貢舉部總序》，鳳凰出版社，2006年，第7382頁。

〔註90〕 （宋）韓元吉：《南澗甲乙稿》卷二二，《龍圖閣侍制知建寧府周公墓誌銘》，收錄於王雲五主編：《叢書集成初編》，商務印書館，1936年，第445頁。

改任京官，或獲取推恩循資獎勵。由是周自強在判司簿尉任上參加了科舉考試，但沒有試中，後來則「慨然以應刑法」。試中「試刑法」後，他授任提刑司檢法官，很快又轉任為大理評事。

除「試刑法」考試外，宋代還設置有多種改變官吏仕宦生涯的法律考試。如律學館的學生也可以通過律學公試出官，胥吏也可以通過法律考試躋身清流等等。如此種種，皆為優秀的寒素子弟提供了晉升渠道。

（二）法律考試參考資格的放寬

唐宋時期的法律考試不但種類逐漸增多，且參考資格也呈現出一種逐漸放寬的態勢。由於統治者的重視，以及法律考試的地位的提高，唐宋時期越來越多的士子試圖以法律考試謀求仕宦發展。

1. 律學入學標準的放寬

唐代中央官學分為東監和西監。《唐摭言》有云：「開元已前，進士不由兩監者，深以為恥。」〔註91〕國子監下設六學。其入學要求很高，非品官子弟難以入學。據《通典》所載：「西京國子監領六學：（生徒皆尚書省補。）一曰國子學，生徒三百人。（分習五經，一經六十人。以文武官三品以上及國公子孫、從二品以上之曾孫為之。）二曰太學，生徒五百人。（每一經百人。以四品五品及郡縣公子孫及從三品之曾孫為之。）三曰四門學，生徒千三百人。（分經之制，與大學同。其五百人以六品七品及侯伯子男之子為之，其八百人以庶人之俊造者為之。）四曰律學，生徒五十人。（取年十八以上，二十五以下，以八品九品子孫及庶人之習法令者為之。）五曰書學，生徒三十人。（以習文字者為之。）六曰算學，生徒三十人。（以習計數者為之。）凡二千二百一十人。州縣生徒有差。（州縣學生門蔭與律、書、算學同。諸生皆限年十四以上，十九以下，皆郡縣自補。京都八十員，大都督、中都督府、上郡各六十員，下都督府、中郡各五十員，下郡四十員，京縣五十員，上縣四十員，中縣三十員，下縣二十員也。）」〔註92〕由此可見，國子學、太學是不招收寒素子弟的。只有四門學、律學明確規定寒素子弟之優秀者也可以入學。書學和算學雖無明確規定，但由於這兩個學館級別較低，習文字或習計數之寒素子弟應該也可以入學。

〔註91〕（五代）王定保撰，陽羨生校點：《唐摭言》卷一，《兩監》，中華書局，2012年，第3頁。
〔註92〕（唐）杜佑：《通典》卷五十三，《禮十三》，中華書局，1988年，第1468頁。

相比之下，宋代中央官學的入學標準則大大放寬。《宋史·選舉志》記載：「凡學皆隸國子監。國子生，以京朝七品以上子孫為之，初無定員，後以二百人為額。太學生，以八品以下子弟若庶人之俊異者為之。」〔註 93〕據此可見，唐代文武官三品以上及國公子孫方可入讀國子學，而宋代京朝官七品以上子孫即可就讀。唐代四品五品及郡縣公子孫方可入讀太學，而宋代八品以下子弟以及優秀的寒素子弟即可就讀。從整體上看，宋代中央官學的入讀限制大大放寬了。

而就律學而言，唐代律學的入讀標準仍以出身為標準，必須以年齡在十八到二十五歲之間的八品九品子孫以及優秀的寒素子弟為生員。而宋代律學則完全放棄了出身標準。「凡命官、舉人皆得入學，各處一齋。舉人須得命官二人保任，先入學聽讀而後試補。」〔註 94〕這就是說，無論出身如何，只要是符合條件的命官與舉人皆有進入律學學習的資格。由此可見，宋代律學是士庶學生混雜的，入學並沒有階層限制。

2. 試判考試參考資格的放寬

唐代試判考試主要存在於吏部銓選之中。吏部常選每年舉辦一次，應試者必須是及第舉子或六品以下秩滿待遷的文職官員。在科舉考試實行之初，舉子及第後可立即授官。然而隨著科舉考試的發展，及第舉子的數量也越來越多，及第舉子與六品以下考滿待選的官員的數量超出了官闕，從而出現了選人守選的現象。開元十八年（730），在侍中裴光庭的建議下，選人必須按照規定守候吏部銓選期限，方可參加銓試。「循資格」制度的設立，在當時就引起了一定的爭議，認為這種依資授官、逐級升遷的制度不利於人才選拔。「其庸愚沉滯者皆喜，謂之「聖書」，而才俊之士無不怨歎。」〔註 95〕在這種情況下，為使真正有才華的人早日脫穎而出，朝廷創設了打破選格限制的科目選考試制度，允許選人打破選限參試。才華出眾的選人可以通過科目選考試展現自己的能力，從而盡快入仕。最早設立的科目選科目中，就有以試判三條為考試內容的「書判拔萃科」，後來又增加了「平判入等科」。由是，則為

〔註 93〕 （元）脫脫等：《宋史》卷一百五十七，《選舉三》，中華書局，1977 年，第3657 頁。

〔註 94〕 （元）脫脫等：《宋史》卷一百五十七，《選舉三》，中華書局，1977 年，第3674 頁。

〔註 95〕 （宋）司馬光編著：《資治通鑑》卷二百一十三，《唐紀二十九》，開元十八年夏四月己丑，中華書局，1956 年，第 6789 頁。

長於試判的及第舉子和秩滿待選官員打破選限，提前獲官提供了一條特殊的捷徑。

3. 「試刑法」考試參考資格的放寬

隨著宋代「試刑法」考試制度的發展，其參考資格也呈現出一種逐漸放寬的態勢。端拱二年（989）年，朝廷規定，參加「試刑法」考試的應試者必須是「朝臣京官。」〔註96〕宋真宗時期，「試刑法」考試的參加者也可以是州縣幕職官，但有一定的資考限制。天禧元年（1017）六月十四的詔令有云：「大理寺自來所舉官、內幕職、州縣官須及兩任六考。今後但仍歷任及五考已上，並許保舉。」〔註97〕熙寧三年（1070）「試刑法」考試改革之前，「試刑法人」一般要經過兩任六考，且必須是已出官人。而熙寧三年改革之後，京朝官和選人歷官二年以上即可以參加「試刑法」考試。〔註98〕至熙寧六年（1073）朝廷甚至全面放開了應試人的資歷要求，「自今刑法官不及兩考者，並許就試。如試中刑法，在寺供職及兩考，與推恩。」〔註99〕據此，未出官的選人也可以參加「試刑法」考試。

此外，熙寧變法前，「試刑法人」參加考試的方式有兩種。一種是由一定級別以上官員舉薦參加，另一種是應試者自行投狀乞試。大中祥符元年（1008）正月，朝廷詔令：「『應京朝官有閑法令、歷任無贓濫者，許閤門進狀，當遣官考試。如有可采，即任以審刑院詳議官。』初，審刑院、刑部、大理寺皆闕屬官，累詔朝臣保任及較試，皆不中選，乃有是詔。」〔註100〕可見，真宗時期舉薦參考是「試刑法」考試的主要方式，投狀乞試只是參考方式的補充形式。由舉薦形式參加考試的，要求被推薦人必須被舉薦人所認可，且舉薦人必須

〔註96〕（清）徐松輯，劉琳、习忠民等校點：《宋會要輯稿》選舉十三，上海古籍出版社，2014 年，第 5520 頁。

〔註97〕（清）徐松輯，劉琳、习忠民等校點：《宋會要輯稿》職官十五，上海古籍出版社，2014 年，第 3428 頁。此條亦見於同書刑法一，第 8277 頁。

〔註98〕（清）徐松輯，劉琳、习忠民等校點：《宋會要輯稿》選舉一三，上海古籍出版社，2014 年，第 5522 頁。

〔註99〕（宋）李燾：《續資治通鑑長編》卷二百四十四，神宗熙寧六年四月丙申，中華書局，2004 年，第 5942 頁。筆者按，《宋會要輯稿》亦載此條，且繫於熙寧八年四月二十五條下，今據《長編》。參見（清）徐松輯，劉琳、习忠民等校點：《宋會要輯稿》選舉一三，上海古籍出版社，2014 年，第 5524 頁。

〔註100〕（清）徐松輯，劉琳、习忠民等校點：《宋會要輯稿》職官十五，上海古籍出版社，2014 年，第 3427 頁。此條亦見於同書刑法一，第 8275 頁。

具備一定的資格。如天聖九年（1031 年）二月，朝廷規定：「其所舉人，並須見在任及歷任曾有轉運、發運使一人，或文武升朝官二人同罪奏舉，依銓格合充舉主人數者，方得奏舉。」〔註 101〕舉薦參考制度下，儘管應試者的業務能力和個人品質有所保證，但也無法避免權貴子弟為盡快升遷，而請託受薦的現象。「監司、郡守以權勢高下為論薦之先後，孤寒之士無所求知，或貨賂以干其私，或謅曲以阿其意，僅而得舉。」〔註 102〕而熙寧變法之後，儘管舉薦參考方式仍然存在，但投狀乞試成為了「試刑法」考試的主要參考方式。

（三）法律考試規則的公平性

　　陳寅恪先生認為高宗、武后時科舉取士的標準的轉變，給予了新興階級崛起的機會，取士不再僅憑大士族所擅長的經術，開始注重詞采。朝廷開始注重詞采的一個表現就是吏部試判考試地位的上升。吏部試判考試不僅要求應試者通曉法意，還要具備相當的文學素養。試判考試發展到後來，也因只重詞采，不務實際而被士人詬病。為提高試判考試的公平性，防止官員請託，武則天時期，朝廷規定吏部試判考試實行糊名製度。劉餗《隋唐嘉話》有云：「武后以吏部選人多不實，乃令試日自糊其名，暗考以定等第。判之糊名，自此始也。」〔註 103〕有此可見，糊名考試的具體做法是，由選人「自糊其名」。《舊唐書》有云：「初則天時，敕吏部糊名考選人判，以求才彥，（劉）憲與王適、司馬鍠、梁載言相次判入第二等。」〔註 104〕同時顏真卿為顏惟貞撰寫的墓誌銘亦有文：「天授元年，糊名考試，判入高等。」〔註 105〕

　　據《唐會要》記載，糊名考判制度曾一度停廢。天冊元年（695）十月二十二日敕：「品藻人物，銓綜士流，委之選曹，責成斯在。且人無求備，用匪一途，理當才地並昇，輪轅兼授。或收其履歷，或取其學行。糊名考判，立格注官，既乖委任之方，頗異銓衡之術。朕屬精思化，側席求賢，必使草

〔註 101〕　（清）徐松輯，劉琳、刁忠民等校點：《宋會要輯稿》職官十五，上海古籍出版社，2014 年，第 3430 頁。此條亦見於同書刑法一，第 8279 頁。

〔註 102〕　（宋）李心傳：《建炎以來繫年要錄》卷一三〇，紹興九年七月丙戌，中華書局，1956 年，第 2098 頁。

〔註 103〕　（唐）劉餗撰，程毅中點校：《隋唐嘉話》下，中華書局，1979 年，第 35 頁。

〔註 104〕　（後晉）劉昫等：《舊唐書》卷一九〇中，《劉憲傳》，中華書局，1975 年，第 5017 頁。

〔註 105〕　（唐）顏真卿：《唐故通議大夫行薛王友柱國贈秘書少監國子祭酒太子少保顏君碑銘》，收錄於（清）董誥等：《全唐文》卷三百四十，中華書局，1983 年，第 3448～3451 頁。

澤無遺，方員曲盡。改弦易調，革故鼎新，載想緝熙之崇。式佇清通之效。其常選人自今已後，宜委所司依常例銓注。其糊名入試，及令學士考判，宜停。」〔註106〕但時隔不久，糊名試判又得以復置。開元十五年（727）九月，朝廷敕令：「今年吏部選人，宜依例糊名試判，臨時考第奏聞。」〔註107〕可以說，唐代糊名試判制度的實施也是時斷時續的。如《唐六典》載：「每試判之日，皆平明集於試場，識官親送，侍郎出問目，試判兩道。或有糊名，學士考為等第。或有試雜文，以收其俊乂。」〔註108〕《唐六典》成書於開元二十六年（738），由「或有糊名」一句來看，在開元二十五年以前，試判考試中的糊名製度是時用時不用的。

儘管糊名考判制度並非定制，但糊名考判制度的實施使得官員銓敘更趨於公平，一定程度上防止考官與考生傳統作弊的現象。據《太平廣記》之記載，正是因為書判拔萃考試實行糊名之制，張正矩才陰錯陽差試中了書判拔萃科。「秘書監劉禹錫，其子咸允，久在舉場無成。禹錫憒惋宦途，又愛咸允甚切，比歸闕，以情訴於朝賢。太和四年，故吏部崔群與禹錫深於素分，見禹錫蹭蹬如此，尤欲推挽咸允。其秋，群門生張正甫充京兆府試官。群特為禹錫召正甫，面以咸允託之，覬首選焉。及榜出，咸允名甚居下。群怒之，戒門人曰：『張正甫來，更不要通。』正甫兄正矩，前河中參軍，應書判拔萃。其時群總科目人，考官糊名考訖，群讀正矩判，心竊推許。又謂是故工部尚書正甫之弟，斷意便與奏。及敕下，正矩與科目人謝主司。獨正矩啟敘，前致詞曰：『某殺身無地以報相公深恩。一門之內，兄弟二人，俱受科名拔擢。粉骨臠肉，無以上答。』方泣下。語未終，群忽悟是正甫之兄弟，勃然曰：『公是張正甫之兄，爾賢弟大無良，把群販名，豈有如此事，與賊何異。公之登科命也，非某本意，更謝何為。』」〔註109〕太和四年（830）年崔群主持吏部試判考試，為錄取劉禹錫的兒子劉咸允，而託門生張正暮在考試時對劉咸允多加照顧，同時，張正暮的兄長張正矩也於同年應試書判拔萃。由於試判考試是糊名的，崔群在閱卷時，陰錯陽差錄取了張正矩，而劉咸允名卻名落孫山。由這一則軼事可知，儘管糊名考判之制並不能完全阻止考官徇私的意圖，試

〔註106〕　（宋）王溥：《唐會要》卷七十五，《選部下》，中華書局，1955年，第1358頁。

〔註107〕　（宋）王溥：《唐會要》卷七十五，《選部下》，中華書局，1955年，第1361頁。

〔註108〕　（唐）李林甫等：《唐六典》卷二，《尚書吏部》，中華書局，1992年，第27頁。

〔註109〕　（宋）李昉：《太平廣記》卷一五六，《定數十一》，中華書局，1961年，第1120頁。

判考試中仍存在考官與考生串通作弊的現象，但糊名考試制度一定上也保證了考試的公平性，給予了寒素子弟公平考試的機會。

　　糊名之法最初用於吏部銓選試判考試之中，發展到後來，科舉考試也逐漸實施了糊名之制。據《長編》記載，真宗咸平二年（999）正月乙丑：「命禮部尚書溫仲舒知貢舉，御史中丞張詠、刑部郎中知制誥師頑同知貢舉，刑部員外郎董龜玉、太常寺博士王涉同考試及封印卷首，仍當日入院。禮部貢院封印卷首自此始。」〔註110〕由此可見，自宋真宗咸平二年起，糊名封印製度開始於科舉考試實施。發展到後來，糊名製度也與謄錄製度一起，成為了科舉考試中重要規則。

第三節　法律考試與新型社會關係的形成

　　法律考試不僅是影響社會階層興衰的重要因素，也催生了新型社會關係的形成。隨著法律考試制度的發展，法官家族開始出現，同時基於法律考試而形成的座主門生、同年關係也逐漸成為一種社會紐帶，促使了新政治同盟的形成。這些新型社會關係的出現，也對唐宋社會變遷產生了深遠影響。

一、唐宋法官家族的出現

　　在討論法律考試與法官家族的崛起之前，有必要先對「法官家族」進行限定。筆者所研究的唐宋時期的法官家族與魏晉時期的律學世家不同。「律學世家」重在法律，是世代研究律典注釋之學的家族。而筆者所研究的「法官家族」則重在實踐，一般是指三代以內的家族成員中，有兩人以上曾試中法律考試或就任法官的家族。〔註111〕據筆者整理，唐宋時期有不少「試法入仕人」就是出自於這樣的法官家族。

〔註110〕（宋）李燾：《續資治通鑒長編》卷四十四，真宗咸平二年正月乙丑，中華書局，2004年，第929頁。

〔註111〕有關唐代法官家族這一話題，黃正建先生在《唐代司法參軍的若干問題——以墓誌資料為主》一文中曾對唐代司法參軍所在法官家族進行了整理。據黃先生考證，唐代司法參軍所在的法官家族大約有十三例，但其中八例不具備研究條件，而剩下的五例則出現在高宗至玄宗時，特別是武則天時代。參見黃正建：《唐代司法參軍的若干問題——以墓誌資料為主》，收錄於柳立言編：《近世中國之變與不變》，「中央研究院」，2013年，第105～140頁。

（一）唐代「試法入仕人」與法官家族

據前文整理，博陵崔氏子弟中有崔琪、崔瑨兄弟皆登書判拔萃科。史載崔琪「性威中，尤精吏術。」曾以相職，兼任刑部尚書。〔註112〕而崔瑨在開成年間，亦曾累遷至刑部郎中。京兆韋氏子弟中，韋貫之與伯兄韋綬，皆曾試書判入等。韋綬之子韋溫亦書判拔萃登科。榮陽鄭氏子弟中，有鄭亞、鄭畋父子皆以進士出身登書判拔萃科。筆者以為，在討論法官家庭時，應當對「明法及第人」與試書判登科人分別進行討論。由於試判登科人試中後的仕宦發展與法官職業的聯繫並不大，因此應當著重對「明法及第人」和「試中刑法人」與法官家族的聯繫進行整理。而就筆者所見，唐代「明法及第人」亦有出身於法官家族者，有如下五例：

張騭，字成騭，是唐朝著名政治家張說的父親。張說曾為其父撰有墓誌銘和神道碑，其文有云：「府君諱騭，字成騭，姓張氏，其先晉人也。晉分，家世相韓。韓滅，留侯為漢謀主。至宇，為范陽太守，因居其郡。及華，博物亞聖，為晉司空。府君司空十二代孫也。曾祖諱俊，河東從事。大父諱弋，字嵩之，通道館學士。考諱恪，未仕即世。先君四代早孤，單門煢立，宗祀之不絕如線。府君禘裼衰麻，鞠育舅氏，而炳太和之純嘏，燦遠慶之洪胤。庇身禮樂，發言忠信，小無不戒，大無不慎，終日乾乾，遠於悔恡，靈根顛而還植，祖德墜而復振。加以好學不倦，問一反三，道機元鍵，罔不幽探。外王父大理丞某，重世為士，府君傳其憲章，博施精理。年十九，明法擢第，解褐饒陽尉。」〔註113〕由此可見，張騭其先祖是范陽人，本出身於大族，而近世則門庭凋落。「家世尚儒，不及伯魚之訓。外祖為理，遂讀皋陶之書。」〔註114〕可見，張氏一族世代尚儒，若無變故，則不會習法。而由於張騭幼年喪父，自小受外祖父的影響較大。張騭的外祖父本身就是大理丞，其族人亦世為法官。外祖父親授法理，張騭自小就熟於律令，十九歲時就明法及第，授任饒陽縣尉，後奉旨覆山南囚，全活多人，調露元年（679）五十二歲時去世。

〔註112〕 （後晉）劉昫等：《舊唐書》卷一百七十七，《崔琪傳》，中華書局，1975年，第4587～4591頁。

〔註113〕 （唐）張說：《府君墓誌銘》，收錄於（清）董誥等編：《全唐文》卷二百三十二，中華書局，1983年，第2245～2246頁。

〔註114〕 （唐）張說：《唐贈丹州刺史先府君碑》，收錄於（清）董誥等編：《全唐文》卷二百二十八，中華書局，1983年，第2301～2303頁。

　　蹇晏，字承暉。郎載撰其墓誌銘有云：「公諱晏，字承暉，其先閔子蹇之裔也，孔門以德行□其四科，周室以公才荷其百祿。故因名以命其氏，受封而食邑金城。厥後孫謀孔多，因官京兆，今為萬年人也。公隋梓州司馬暄之曾孫，皇大理少卿基之孫，故益州大都督府士曹參軍思泰之子。……弱冠，以工甲令擢第，補洋州司法參軍。」〔註115〕由此可見，蹇晏的祖父蹇基曾擔任大理少卿。蹇晏的父親蹇思泰似乎沒有直接擔任法官之職，但據蹇思泰的墓誌之記載，蹇思泰亦曾「差充河北道覆囚使，處決平反。」〔註116〕而蹇晏本人亦「工甲令擢第」，即明法及第，授任洋州司法參軍，開元二十七年（739）五十七歲時去世。由於父祖都有擔任專職法官或實際履行法官使職的經歷，因此蹇晏攻習法律很有可能也是受到了父祖的影響。

　　陳希喬，其墓誌銘有云：「公諱希喬，潁州人也。……祖諱玄智，唐太中大夫瀘州都督府長史，上柱國公。父諱處靜，志樂林泉。……公政巖繼體，聰哲天資，學富三冬，書二六篆。公欲展力王事，俾人不□，志在理平，故以明法擢第，起家授唐州慈丘縣尉，又轉恒州真定縣丞。決案以仁，疏牘以正。上得其用，下不稱冤。既當時之規模，亦將來之規範，實邦家之寶，王佐之才。未極人臣，奄歸厚夜。……次子貴宰，前國子明法。」〔註117〕由此可見，陳希喬本人以明法出身，在慈丘縣尉和真定縣丞任上，亦有明刑仁恕之聲譽。同時，陳希喬的兒子陳貴宰，亦明法及第，但陳貴宰的仕宦經歷不詳。

　　祖岳，據其父祖仲宣之墓誌銘有云：「府君諱仲宣，字子明，本幽州范陽人，東晉將軍逖之後也。近世歷官河朔，遂徙家於□州安平縣，今為安平人矣。……後唐明宗朝，童子擢第，才□神授，學則生知劉晏正朋，自有出人之辯；蘇頲詠尹，咸推拔俗之才。迨晉開運初，釋褐授隰州司法參軍，法既平允，民所賴焉。秩滿，州牧杜公光范，飛章上請於朝廷降命，旋陞於賓幕，授公試大理評事本州軍事判官。泊杜公移刺慶州，又奏授前職仍加兼監察御史。布頒條之政，彼則當仁；致遺愛之風，我實有力。至周顯德初罷職，俄授許州

〔註115〕　（唐）郎載：《唐故朝議郎行中部郡宜君縣令蹇府君（晏）墓誌銘并序》，收錄於吳鋼主編，《全唐文補遺》（第2輯），三秦出版社，1995年，第23頁。

〔註116〕　（唐）侯郅玲：《大唐故益州都督府士曹參軍事蹇君（思泰）墓誌銘并序》，收錄於吳鋼主編，《全唐文補遺》（第3輯），三秦出版社，1996年，第55～56頁。

〔註117〕　《唐故恒州真定縣丞潁川陳公（希喬）墓誌文》，收錄於趙君平、趙文成編：《河洛墓刻拾零》下冊，北京圖書館出版社，2007年，第419頁，圖板310。

臨潁縣令加朝議郎階。公曉烹鮮之術，以清淨為宗。……以顯德四年十月一日終於任，享年四十有三。……長曰岳，明法登第，歷官州縣，次任京僚，累遷朝秩，通理甌越，洎回上國，旋奉殊恩，任朝請郎守國子博士、通判河南府兼留守司事，借緋。莫不英奇，命世儒雅，絕倫珪璋，須用於禮。天麟鳳果，彰於瑞世，求通理於伊洛，期遷卜於松楸，既遂初心，益彰孝道。」〔註118〕由此可見，祖岳本人曾明法及第，自州縣幕職官遷至京官。而其父親祖仲宣亦歷司法參軍、試大理評事隰州軍事判官等職。

此外，據《新唐書·宰相世系表》記載，裴潤、裴淨兄弟二人皆明法及第。〔註119〕兄弟二人均出身於南來吳裴，但具體仕宦經歷不詳。

綜上，除裴潤、裴濟兄弟出自南來吳裴這一大士族之外，其餘法官家庭的「明法及第人」皆非出自大族。雖然他們的墓誌銘均聲稱其祖崇遠，表現出較強的門第觀念，然而事實上由於年代久遠，及至當世，祖風衰微，他們亦與平常寒素子弟無異。如張鷟，其子張說初以制舉等第，後為一時名相，時稱「燕公」。據《封氏聞見記》之記載，天寶年間，「著作郎孔至，二十傳儒學。撰《百家類例》，品第海內族姓，以燕公張說為近代新門，不入百家之數。駙馬張垍，燕公之子也，盛承寵眷。見至所撰，謂弟埱曰：『多事漢。天下族姓，何關爾事而妄為升降。』埱素與至善，以兄言告之。時工部侍郎韋述，諳練士族，舉朝共推。每商確姻親，成就諮訪。至書初成，以呈韋公，韋公以為可行也。及聞垍言，至懼，將追改之。以情告韋，韋曰：『孔至休矣，大丈夫

〔註118〕《大宋故朝散大夫試大理評事前行許州臨潁縣令兼監察御史贈太常博士祖府君（仲宣）墓誌銘並序》，收錄於河南省文物研究所、河南省洛陽地區文管所編：《千唐誌齋藏志》，文物出版社，1984年，第1252頁。筆者按：陳璽在《唐代律學教育與明法考試》一文中引祖仲宣墓誌，稱其子祖岳曾明法登第，並將祖岳視為唐人，顯有錯誤。據祖岳之父祖仲宣之墓誌可知，祖仲宣於顯德四年（957）年卒，時年四十三。其墓誌銘則於端拱元年（988）由朝奉郎大理丞分司西京柱國左貞撰寫。由此，我們只能確定其明法及第的時間是在端拱元年（988）年前。囿於材料，我們無法斷言祖岳明法及第的時間。而孟二冬教授徑向將祖岳錄為五代時明法及第，筆者以為也有一定的道理。據筆者考證，其他唐代明法及第人之登第年齡多在弱冠時，而仲宣又是長子。若以祖仲宣二十歲生祖岳，祖岳又以弱冠之年登第計之，則祖岳亦有可能是在五代時明法及第。今姑且按孟二冬教授之說，將祖岳視為五代時明法及第。孟二冬教授之論斷可參見（清）徐松撰；孟二冬補正：《登科記考補正》卷二十七（附考·諸科），北京燕山出版社，2003年，第1365頁。

〔註119〕（宋）歐陽修、宋祁等：《新唐書》卷七十一上，《宰相世系表一》，中華書局，1975年，第2195、2201頁。

奮筆,將為千載楷則,奈何以一言而自動搖有死而已,胡可改也』。遂不復改。」
〔註120〕此記載的是天寶年間,著作佐郎孔至撰《百家類例》時,認為燕公張
說為近代新門,並非出自名閥士族,故而不錄。張說之子張垍為駙馬,見孔
至之書不悅。孔至聽聞張垍之言,擔心此舉會招致災禍,便與韋述商量如何
處置。最終韋述與孔至不畏權勢,仍然堅持捍衛舊士族的家風禮法,不錄聖
眷正濃的「近代新門」燕公張說。

(二)宋代「試法入仕人」與法官家族

宋代「試法入仕人」出自法官家族的情況也有多例。五十二位「試中刑
法人」中,就有三對人物具有直系血緣關係。熙寧六年(1073),莫君陳參加
「試刑法」考試,中首選。莫家家學甚厚,近代藏書家劉承幹在為莫君陳《月
河所聞集》所題寫的跋中稱:莫家代有人才,時號「三莫累世簪縷」。〔註121〕
據《嘉泰吳興志》載:莫君陳之長子莫砥,字彥平,智識疏通,嘗知永嘉,因
贈養士額,士人為立生祠。莫君陳之孫莫伯虛,歷知溫州、常州,有祥瑞之
應。曾孫多中進士,皆有俊聲,時號「三莫後濟」。〔註122〕其中,莫君陳之曾
孫莫濛亦曾試中刑法科,官至刑部侍郎。

熙、豐年間試中刑法的祝康,其祖父祝維岳在真宗咸平年間明法及第,
歷陵州司理參軍,以慎於決獄稱聞於世,遷大理寺丞,後以虞部員外郎卒官,
贈戶部尚書。祝康的父親祝諮,兩第進士,積官至太常少卿、糾察在京刑獄,
贈金紫光祿大夫。祝諮「屢更中外法理之選,小大之獄,申理枉橈甚眾。」祝
康與其兄祝庶同時試中刑法,並遊法寺,衣冠慕之。由於祝氏家族世為法官,
因而祝康「於刑名之學目儒耳染,不習以能。」〔註123〕

王衣曾明法及第又試中「試刑法」,其家學淵源亦厚。祖父王異以醇儒
厚德,淹留文館幾三十年,以道始終,時稱為長者。父親王宿力學,有文武
材,初從武舉,又換試經義,皆中,歷武學博士初從武舉,又換試經義,皆
中,歷武學博士,知名於時。後來,王衣的兒子王次張繼承家學,亦試中「試

〔註120〕 (唐)封演撰,趙貞信校注:《封氏聞見記校注》卷十,《討論》,中華書局,
　　　　　2005年,第94頁。
〔註121〕 (宋)莫君陳:《月河所聞集》跋,民國嘉業堂本。
〔註122〕 (宋)樓鑰撰:《嘉泰吳興志》,卷十七之五,收錄於《宋元方志叢刊》,第
　　　　　4825頁。
〔註123〕 (宋)葛勝仲:《丹陽集》卷一三之一,《左朝議大夫致仕祝公墓誌銘》,收
　　　　　錄於《宋集珍本叢刊》,第621頁。

刑法」。〔註124〕

此外，同樣出身於法官家族的還有俞長吉、林炎和鄭璹。俞長吉紹興年間試中「試刑法」，其祖父俞康直歷任杭州觀察推官、泗州軍事推官、知舒州桐城，簽書武寧軍節度判官所公事，通判睦州。父親俞向曾任提點福建路刑獄。〔註125〕還有南宋後期試中刑法的林炎、鄭璹。林炎的祖父林申，官至大理丞。鄭璹的父親鄭穎，字茂叔，嘉定十年進士，曾為理官，以執法平允著稱。

徐子寅的父親徐立之，紹聖初年進士及第，宋室南渡後遷居慶元。徐立之篤意教子，對徐子寅尤所鍾愛。徐子寅恩蔭出仕，補將仕郎。十四歲參加銓試中選，授右迪功郎，監渾州南嶽廟。當時法官多是山東人，與徐立之交往深厚，由是鼓勵徐子寅攻習法科。由是徐子寅在弱冠之年就試中「試刑法」。徐子寅雖非出自法官家庭，但其習學法律亦與父輩關係甚為緊密。〔註126〕

法律之所以能成為家學，也是因為「試法入仕人」逐漸獲得統治者青睞的結果。隨著法官社會地位的上升，法官職任也逐漸獲得了士人的認同。越來越多的士人因受到親人的影響，願意繼續從事法官職業。法律考試的推廣對唐宋時期法官家族的出現有著有直接的影響。

二、新政治同盟的形成

隨著法律考試地位的不斷提高，因法律考試而結成座主門生、同年關係也逐漸成為形成政治同盟的連接紐帶。一方面，由於一些法律考試施行舉薦制，舉薦人與「試法入仕人」之間也形成了穩固的利益關係。另一方面，「試法入仕人」與同年之間的交往活動，也大大加深了志向、學業與友情方面的情感聯繫。這些新型社會關係的出現，為他們在以後的仕宦發展奠定了較為穩固的社會基礎，同時也成為他們在官場上結成政治同盟的重要紐帶。

據《文獻通考》記載：乾道元年（1165），苗昌言曾上言有云：「國初嘗立三科，景德增而為六。仁宗皇帝時，李景請依景德故事，親策賢良秘閣，六論

〔註124〕（宋）綦崇禮：《北海集》卷三十五之一，《故右中大夫充集英殿修撰提舉江州太平觀歷城縣開國男食邑五百戶賜紫金魚袋王公墓誌銘》，收錄於《宋集珍本叢刊》，第312頁。王衣之生平亦見於（元）脫脫等：《宋史》卷三百七十七《王衣傳》，中華書局，1977年，第11659頁。

〔註125〕（宋）劉宰：《京口耆舊傳》卷二，《俞康直傳》，四庫全書本。

〔註126〕（宋）樓鑰：《攻媿集》卷九十一，《直秘閣廣東提刑徐公行狀》，收錄於王雲五主編：《叢書集成初編》，商務印書館1936年，第1249頁。

專取《六經》及問時務，其史傳注疏乞不條問。帝亦以為問隱奧觀其博，不若取其能明世之治亂，有補闕政。又詔以景德六科定為制舉之目，俾少卿、監已上奏舉內外京朝官。增置書判拔萃科、高蹈丘園科、沉淪草澤科、茂材異等科，總為十科，並許布衣應詔。於是何詠、富弼、余靖、尹洙、蘇紳、張方平、江休復、張伯玉輩出焉。其立法寬，故得士廣也。」由此可見，宋仁宗天聖元年制科改革後，降低了應試門檻。「許布衣應詔」，由是寒門子弟輩出。而苗昌言所提到的幾位人物，其中有四位就是「書判拔萃登科人」。

據史料文獻的記載，余靖、尹洙、江休復、張伯玉與范仲淹、歐陽修、蘇舜卿等人交往甚為密切。景祐三年（1036），范仲淹因上言反對宰相呂夷簡之政而被貶知饒州。由於范呂之爭，牽連甚廣，時諫官、御史都不敢言。而時任秘書丞的余靖，不避權貴，慨然上書仗義執言，請求修改貶黜范仲淹之詔命。尹洙時任太子中允，他上言支持范仲淹，並自言是范仲淹之師友，請求一併降官。最終，余靖坐貶為監筠州酒稅。〔註127〕而尹洙亦貶為監郢州酒稅。〔註128〕

歐陽修親自執筆為余靖、尹洙、江休復撰寫墓誌銘。在尹洙的墓誌銘中，歐陽修有云：「余與師魯兄弟交，嘗銘其父之墓矣。」〔註129〕由是知，歐陽修與尹洙是為兄弟之交，還曾為尹洙之父做墓誌銘，其交往不可謂不深也。范仲淹亦曾為尹洙《河南集》一書作序。韓琦亦為尹洙作墓表，其文有云：「范公嘗以書謂余曰：『世之知師魯者莫如公，余已為其集序矣，墓有表，請公文以信後世。』余應之曰「余實知師魯者，又得其進斥本末為最詳，其敢以辭」。〔註130〕

據歐陽修為江休復所撰之墓誌銘有云：「天聖中，與尹師魯、蘇子美遊，知名當時。……君友蘇子美，杜丞相婿也，以祠神會飲得罪，一時知名士皆被逐。君坐落職，監蔡州商稅。」〔註131〕蘇子美者，蘇舜卿也。江休復與尹

〔註127〕（宋）歐陽修：《廬陵文鈔》卷二十三，《贈刑部尚書余襄公神道碑銘》，收錄於高海夫主編：《唐宋八大家文鈔校注集評》，三秦出版社，1998年，第2423～2426頁。

〔註128〕（宋）歐陽修：《廬陵文鈔》卷二十九，《尹師魯墓誌銘》，收錄於高海夫主編：《唐宋八大家文鈔校注集評》，三秦出版社，1998年，第2647～2649頁。

〔註129〕（宋）歐陽修：《廬陵文鈔》卷二十九，《尹師魯墓誌銘》，收錄於高海夫主編：《唐宋八大家文鈔校注集評》，三秦出版社，1998年，第2647～2649頁。

〔註130〕（宋）韓琦撰：《安陽集》卷四十七，《故崇信軍節度副使檢校尚書工部員外郎尹公墓表》。

〔註131〕（宋）歐陽修：《廬陵文鈔》卷二十九，《江鄰幾墓誌銘》，收錄於高海夫主編：《唐宋八大家文鈔校注集評》，三秦出版社，1998年，第2629～2631頁。

洙、蘇舜卿之交往也非常密切，知名於時。

應余靖兒子余仲荀之請求，歐陽修為余靖撰寫了神道碑。其文之首亦詳細說明了撰寫之因由：「始與襄公既葬於曲江之明年，其子仲荀走於亳以來告曰「余氏世為閩人，五代之際，逃亂於韶。自曾、高以來，晦跡嘉遁，至於博士府君，始有祿仕，而襄公繼之以大。曲江僻在嶺表，自始興張文獻公有聲於唐，為賢相，至公復出，為宋名臣。蓋余氏徙韶，歷四世始有顯仕，而曲江寂寥三百年，然後再有聞人。惟公位登天台，正秩三品，遂有爵土，開國鄉州，以繼美前哲，而為韶人榮，至於褒恤贈諡，始終之寵盛矣。蓋褒有詔，恤有物，贈有誥，而諡行、考功有議有狀，合而志之以閟諸幽有銘，可謂備矣。惟是螭首龜趺，揭於墓隧，以表見於後世而昭示其子孫者，宜有辭而闕焉，敢以為請。」〔註132〕由此可見，歐陽修對余靖的個人評價也是相當高的。

而張伯玉與范仲淹的交往也甚為密切。龔明之《中吳紀聞》有云：「張伯玉字公達，嘗為郡從事，剛介有守，文藝甚高。范文正公深愛之，嘗舉以應制科，舉詞云：『張某，天賦才敏，學窮閫奧，善言皇王之治，博達古今之宜。素蘊甚充，清節自處，堪充應賢良方正能直言極諫科。』其應詔也，又作《上都行》送之，果中高選。」〔註133〕由此可見，張伯玉以才見知於范仲淹，范仲淹曾保舉張伯玉應試賢良方正能直言極諫科。張伯玉應試時，范仲淹作《上都行》以送。

儘管唐五代時期的「門生座主」關係，為宋代的「天子門生」關係所取代，朝廷也在不斷的通過各種手段削弱座主門生關係，以防止朋黨之形成。但不可否認的是，基於法律考試而形成的各種社會關係，也成為寒素子弟藉以立身朝序的重要因素。他們利用這種關係，與當世名流、顯赫之人交遊往來，從而結成較為堅實的政治利益同盟。他們在仕宦場上相互提攜、相互扶持，因此他們所在的新型政治利益同盟，也逐漸成為影響著政局穩定的重要因素之一。

〔註132〕　（宋）歐陽修：《盧陵文鈔》卷二十三，《贈刑部尚書余襄公神道碑銘》，收錄於高海夫主編：《唐宋八大家文鈔校注集評》，三秦出版社，1998 年，第2423～2426 頁。

〔註133〕　（宋）龔明之：《中吳紀聞》卷二，《張伯玉郎中》，上海古籍出版社，1986年，第 40 頁。

結論　理想與現實之間——唐宋法律考試制度的理性與經驗

　　法律考試制度的繁榮發展，反映了統治者追求政治清明與司法公平的理想，體現了唐宋之際國家治理模式的重大轉變。宋太祖、太宗雖以武力獲取天下，但在建國伊始，他們很快就在治理國家方面轉向了重視法制的軌道。完善法律考試制度，提高司法官的法律素養，也正是統治者構建理想司法秩序，追求司法公正的有效手段之一。

　　推進司法制度建設的過程中，統治者的施政舉措也常常受到保守派的嚴厲批評，而這些批評也常常成為推動司法制度改革的阻礙。有關「經義」與「法律」、「儒臣」與「法吏」的選擇似乎一直存在著爭議。這兩對命題之間似乎始終存在著一種緊張關係，幾乎涉及到任何一次重大司法制度的改革。儘管重視司法的觀念一直受到主張「以詩書禮義治國」的保守派的衝擊，但畢竟隨著時代的發展，單純的人倫道德已不足以解決現實生活中複雜多變的矛盾與衝突，司法的職業化發展趨向也成為時代和現實之需。

　　綜觀唐宋法律考試制度的發展歷程，其所蘊含的理性與經驗主要表現在以下三個方面：

　　一、唐代法律考試制度的建立，標誌著古典中國司法文明的發展歷程進入了一個新的歷史紀元。而宋代法律考試制度的發展，展現了宋朝統治者對唐制的繼承與創新。

（一）唐代法律考試制度的特點

　　在古典中國最為繁盛的時代，唐代統治者為更好的貫徹國家法令制度，

在中央官學中設立了律學館,首次於科舉考試中創設「明法科」考試制度,極其重視對法律專業人才的培養與選拔。同時,又為了提高官僚群體的法律素質和實際吏能,又在吏部銓選中設立了「試判」考試。但與此同時我們也可以看到:終唐之世,整個法律教育和法律考試制度仍然處於初步發展階段。就唐代「明法科」考試而言:

1. 「明法科」的應試者數量不多。由於受過專門的律學教育,律學生在「明法科」應試者中應該是功底最好的。但在整個中央官學教育系統中,律學生的比例很低。律學員額最多時也僅為五十人,而整個國子監六學總生員名額為二千二百一十人,僅占 2.3%。由是決定了這個時代的「明法科」考試不可能是一門熱門考試。

2. 「明法及第人」的政治地位不高。正如清人王鳴盛所言:「科之目共有十二,蓋特備言之,其實若秀才則為尤異之科,不常舉。若俊士與進士,實同名異。若道舉,僅玄宗一朝行之,旋廢。若律書、算學,雖常行,不見貴,其餘各科不待言。大約終唐世為常選之最盛者,不過明經、進士兩科而已。」〔註1〕儘管唐代科舉考試制度中,「明法科」始終都是一門常設科目,但是在明經、進士兩科備受推崇的時代環境下,「明法科」一直都處於最為下科的地位。其次,就前文對唐代「明法及第人」的初任、歷任與終任官職的統計情況來看,唐代「明法及第人」的仕宦生涯大多止於州縣,鮮有躋身高位者。

就唐代「試判」考試而言:

1. 儘管「試判」考題與法律知識有一定的關聯度,但其成績優劣的評判標準則主要在於判詞工整與辭藻華麗。就前文整理的唐代「試判」考題的具體內容來看,無論是吏部常選「試判」還是科目選中的「書判拔萃科」與「平判入等科」,考題大多涉及為政臨民中遇到的具體實際問題,應試者的首要任務是必須根據相關律令條文規定,對案件作出正確的處理意見。但一般而言,「試判」考試的難點並不在於判決是非曲直,更重要的是如何遣詞排句,引經據典。文句辭藻是否華麗,是判定等第高低的重要依據。

2. 「試判」考試的目的在於提高一般官吏的實際政務能力,而非培養專業的法律人才。唐代「試判」考試的應試者是已有出身的及第舉子以及秩滿待遷的低級文官。這種考試的設置目的在於考察應試者的實際吏能,應試者

〔註1〕 (清)王鳴盛:《十七史商榷》卷八十一,《取士大要有三》,上海書店出版社,2005。

也往往將其視作晉身之資。就前文對唐代「書判拔萃登科人」的初任、歷任與終任官職的統計情況來看，他們登科後授予的職官與法官職業幾乎沒有什麼聯繫。

（二）宋代法律考試制度的特點

晚唐五代以來，武人擅權弄法給人民帶來了深重苦難。在深刻反省司法弊政之後，北宋建國伊始，統治者很快就恢復了法律考試制度。在恢復科舉考試的契機之下，「明法科」考試很快就得以復置。而「試判」考試也在參酌「《選舉志》及《通典》」的前提下於宋太祖建隆三年（962）正式設立。宋代統治者在承襲唐代法律考試制度的基礎上，不斷對法律考試制度加以改革，使之逐漸完善，最終發展到一個新的高峰。與唐代相比，宋代法律考試制度的特點主要體現在：

1. 法律考試科目增加。由於統治者對法律之學的重視，宋代法律考試科目大為增加。除承襲原有的「明法科」考試與吏部「試判」考試之外，宋代還新創設了多種法律考試科目，除前文第三章所重點介紹的選拔法官的「試刑法」考試、官學教育中的「律學公試」、進士及諸科試律考試和胥吏試法考試之外，在徐道鄰先生的《宋朝的法律考試》一文中還提及宋代武臣子弟、宗子出官、流外入流的考試都考察法律知識，甚至還要求國子監中的畫學生也要讀律。〔註2〕

2. 考題設計更靈活，且更貼合實際。就「明法科」的考試內容而言，唐代「明法科」考試內容比較單一，以試律令為主要形式，要求應試者熟記現行律、令的具體條文。而宋代「明法科」考試形式則更為靈活。宋仁宗慶曆四年（1044）以後，「明法科」考試在試律令的基礎上增加了試斷案的內容，以「假立甲乙罪」的方式，要求應試者引法斷案。宋神宗熙寧六年（1073）創設「新科明法」之後，又增加了試《刑統》大義的內容。

就吏部銓選中的法律考試制度而言，唐代吏部銓選以「試判」為主要考察方式，要求應試者完成二百字左右的富有文學色彩的擬判。「試判」考試制度施行之初，其考題主要來源於實際政務中出現的案例，這的確在考察選人的吏治才幹方面起到了一定的積極作用。然而發展到後來，「試判」考試也逐

〔註2〕徐道鄰：《宋朝的法律考試》，收錄氏著《中國法制史論集》，志文出版社，1975年，第188頁。

漸脫離實際，為增加考試難度，考官常常於僻書隱義中出偏題和怪題，至此，
「試判」考試也失去了初衷，逐漸成為一種無甚實際意義的文字遊戲，上下
皆以「文具」視之。吏部銓選「試判」之制在綿延了四百餘年之後，終於在北
宋熙寧變法時期進行了重要改革。熙寧四年（1071）後，吏部銓選不再試判，
而與「試刑法」考試一樣都以試斷案和試律令大義為考試內容。

其實，宋代法律考試制度經過不斷發展與完善，各種類型的法律考試制
度的確立都基本要參酌「試法官例」，即以「試刑法」考試制度為參照而開展。
其考試內容基本上都以試律令大義和試斷案為主要內容。與唐代僵化的考察
方式相比，宋代法律考試制度的考題設計的確更面向具體的實際生活，更注
重與實踐接軌，解決實際問題。

3.「試法入仕人」的政治地位大為提高。由於統治者對法律專業人才的
格外重視，宋代「試法入仕人」的仕途發展要比唐代「試法入仕人」順暢得
多。特別是在熙寧變法時期，「明法及第人」的敘名甚至一度超越了進士。據
前文對「試法入仕人」的出身和仕宦遷轉進行的統計與分析。宋代「明法及
第人」躋身高位的幾率也遠遠高於唐代。

總之，宋代的法律考試制度其種類之多、考題設計之靈活、政治待遇之
優厚是古典中國的其他任何朝代所不能比擬的。

二、唐宋之際，法律考試制度逐漸向專業化發展，暗含著現代法律考試
制度的基因。

儘管，法律考試制度始於唐代，但終唐之世，法律考試制度仍然處於初
步發展階段。無論是「明法科」考試還是吏部銓試中的「試判」考試，就試中
者的仕宦發展來看，其實都與法官職業的關聯並不大。而法律考試制度發展
到宋代，其專業性也在不斷增強。「明法科」與「試判」考試都逐漸受到冷落。
宋代，最先遭致廢置的便是為唐士子所推重的「書判拔萃」科。在法律考試
最為興盛的熙寧變法時期，舊「明法科」改為「新科明法」，而後也逐漸走向
消亡。紹興十六年（1146）二月三十日，朝廷詔令：「熙寧以來，詔罷諸科，
許令曾應明經及諸科舉人，依法官例試斷案、《刑統》義。至崇寧元年，上件
解省額盡歸為進士解省額訖。兼見今自有官人許試刑法，其新科明法欲自後
舉廢罷。」〔註3〕由是可知，「新科明法」的最終消亡的原因就在於，其選拔

〔註3〕（清）徐松輯，劉琳、刁忠民等點校：《宋會要輯稿》選舉一四，上海古籍出
版社，2014 年，第 5532 頁。

法律人才的功能已經被專業化程度較強的「試刑法」考試所取代。

　　筆者以為，儘管唐宋時期的古典中國並不存在現代法學意義上的法律職業資格考試，任何一門唐宋法律考試科目也與現代法律職業資格考試制度在內容上也無法完全一一對應。但是在唐宋法律考試科目中，專業化程度最高且最具現代法學意義上的法律職業資格考試之特徵的考試就是「試刑法」考試。結合導論中所歸納的現代社會法律考試的基本特徵，「試刑法」考試與現代法律職業資格考試的區別與聯繫主要體現在以下幾個方面：

（一）從考試的組織機構來看

　　「試刑法」與現代法律考試一樣，都由中央司法職能部門組織，並統一命題。現代法律考試一般由國家司法機關或司法行政機關組織，而「試刑法」考試的組織機關也是刑部、大理寺或審刑院等中央司法機關。儘管古典中國的中央法司與現代最高人民法院、最高人民檢察院以及司法部等機關的具體職責有所不同，但是古典中國的中央法司機關也是行使司法權，主管司法行政工作的中央職能部門。

（二）從應試者的資格來看

　　「試刑法」與現代法律考試制度一樣，都對應試者的法律素養和道德品質有一定的要求。現代法律考試制度一般要求應試者曾接受過大學法學教育或具備相應的法律專業知識，並且要求應試者品行良好。而「試刑法」考試也明文規定，應試者必須「嫻習法令」、「明於格式法」。同時，在個人品行問題上要求應試者必須「操履無玷」，特別強調「歷任無贓濫。」

（三）從考試內容來看

　　「試刑法」與現代法律考試制度一樣，都以法律知識為主要內容。現代法律考試的內容一般包括法學基礎理論、現行法律規範以及法律實務。而「試刑法」也以試《刑統》大義、試律令以及試斷案為考試內容，既重視理論，也講求實務處理。

（四）從考試的性質來看

　　「試刑法」考試的性質也與現代法律考試制度相似。現代法律考試一般是應試者獲得從事法律職業的資格考試。「試刑法」也具備相應的性質，一般來說，「試中刑法人」擁有優先授任中央法司法官以及路、州專職司法官的資格。只不過，現代法律考試一般不直接授任司法職務，而成績優秀的「試中

刑法人」則有可能直接獲官。

現代法學理論認為：法官的獨立人格至少包含兩個要素：首先，法官是否具備獨立行使司法權的素質；其次，法官能否不受外部力量的干預自行作出判決。就宋代「試中刑法人」在仕宦歷程中所展現的法律素質而言，他們明經識典，詳於刑書，具備良好的法律專業知識和理性思維；同時他們氣節高尚，對司法工作又有著強烈的使命感和認同感，在司法活動中能夠做到不為權貴所屈服，不為利益所誘惑。不論將來是否因公正執法而招致報復，他們依然堅守自己的職業操守底線，堅持依法斷案。如此種種皆表明，宋代以「試中刑法人」出身而就任法官職務者，已頗具現代職業法官的特徵。總之，通過「試刑法」這一考試機制培養出來的法律專業人才在宋代司法活動中具有重要地位和意義。

三、唐宋法律考試制度的發展，有力推動官員知識結構的改善，影響著社會結構的變動，反映了宋代司法傳統的近世化轉型趨向。

其一，唐宋法律考試制度的建立與發展，不僅有力推動了官員知識結構的改善，而且一定程度上撼動甚至扭轉了官員僅以通曉儒家經義即可為官的慣例，為士大夫階層的風貌注入了新的元素和風氣。陳景良先生認為：「宋代，士大夫從事司法工作的途徑大略有四條：第一，名公巨卿奉旨參加朝中重大疑難案件的討論和定斷，如宋神宗時對『阿雲之獄』的爭論；第二，州、縣長官作為親民之官，直接參與案件的審理；第三，作為中央三大司法機關的專職官員及州縣『法司』、『獄司』的官員專門負責司法工作；第四，臨時被差遣，負責審理或糾察、覆核朝廷指派的案件。由於宋朝十分重視法律教育和法律考試，故士大夫不論從以上哪一種途徑參與司法，都必須具備一定的法律知識和參加宋朝的法律教育及法律考試。」〔註4〕筆者以為，先生所言甚是。就考試制度而論，作為中國歷史上最為輝煌的一個朝代，唐朝開歷史之先河，於科舉考試中首創了專門的法律考試制度。同時唐代統治者於吏部銓選中建立的試判考試制度也對士人的知識結構產生了較大的影響。在試判考試中取得優異成績，唐代士子常常在私下裏進行各種試判練習。為試判考試雖旨在考察應試者的行政能力，但其判題設置也與法律知識有著一定的關聯性。宋朝統治者在承襲唐制的基礎上，又於選官制度中創設了多種法律考試。宋神宗熙寧變法時期，法律考試制度也發展到了頂峰，「試法入仕人」的政治

〔註4〕陳景良：《兩宋皇帝法律思想論略》，《南京大學法律評論》1998 年第 2 期。

地位大為提高。可以說，這一時期的法律考試遍布在取士與舉官的每一個環節。儘管喜刑名、精案牘者仍為士大夫所不器，但身處變革時代的他們也認識到，單純依靠詩書禮儀已經難以維持帝國的統治秩序。由是，通曉法律也成為宋代士大夫的時代風貌之一。

　　其二，唐宋法律考試制度經統治者在總結成敗的基礎上不斷改革，逐漸確立了以「試刑法」作為選拔法官後備人員的考試制度，這一制度的推行直接促進了初具職業化傾向的法官群體和階層的形成。

　　儘管唐宋時期法律考試的科目很多，但並非所有的「試法入仕人」皆以法律考試為契機，從此走上了法官職業之路。法律考試科目不同，「試法入仕人」對法律知識的掌握程度也不同。儘管唐代「書判拔萃登科人」的仕途發展較好，但是從制度設計來說，書判拔萃科並非選拔法官的考試制度，特別是試判考試發展到後來，逐漸脫離了政務實踐而徒為文具，最終廢置於北宋景祐元年（1034）。而作為首創的法律考試制度，「明法科」也幾經廢置，最終也於紹興十六年（1146）走向了消亡。而獨有「試刑法」於北宋初年創設，並在熙寧變法時期進入了鼎盛發展時期，儘管南宋時期士人應試「試刑法」考試的熱情並不高，但「試刑法」考試制度卻一直存在。可見，「試刑法」考試制度旨在建立一種從基層官員中選拔具備法律素養的人才來擔任中央法司法官的法官培養模式，具有較大的現實意義。

　　《宋史》有云：「宋取士兼習律令，故儒者以經術潤飾吏事，舉能其官。」〔註5〕相較於帝國體制下的其他官員，「試中刑法人」的知識結構有所不同，他們熟讀儒家經典，同時又通曉律義，詳於刑書，正是文學、法理兼通的複合型人才。他們既有儒家所提倡的人文精神，更兼具明刑善斷的司法職業素養。

　　從知識結構的構成來看，有的「試中刑法人」出身於法官世家，自小就受到家學的影響，對法律知識耳濡目染；在備考各種選拔考試的同時，掌握了儒家經義和法律知識；他們曾擔任直面百姓生活的低級文官，熟悉民間糾紛的解決規則以及基層司法審判活動的基本程序。因此，他們在出任中央高級法官之時，能夠從容面對複雜的疑難案件。「試中刑法人」以試中「試刑法」考試為人生轉折的契機，開始了職業法官生涯。他們絕大多數都因出色的司法斷案才能而流芳史冊。

〔註5〕（元）脫脫等：《宋史》卷三百三十，列傳第八十九，中華書局，1977年，第10638頁。

「試法入仕人」以參加法律考試作為仕宦發展的契機，從而參與到國家治理實務之中。特別是宋代「試中刑法人」這一具有專業法律素養和實際政務經驗的法官後備群體，他們正是唐宋社會變革時期司法改革實踐工作的推動者與實踐者。他們的存在一定程度上反映了宋代司法傳統的近世化轉型趨向，〔註6〕而對這一群體的深入研究，也是我們深刻理解宋代司法傳統和傳統司法文明的重要面向。

其三，唐宋法律考試制度的發展，一定程度增強了社會階層的流動性，成為影響社會階層升沉的因素之一。唐宋之際，選舉制度發生了重大轉折。取士制度發生了從「選舉必由簿狀」到「取士不問家世」的重大轉變，科舉取士逐漸成為了文官選任的主要方式。在門閥政治體制下，家族出身不同的士人，其入仕和升遷的機會是不平等的。而科舉取士制度的建立，改變了原來的世族階層與寒素階層對立的局面，促使二者之融合，也使得以中產之家子弟逐漸佔據了政治舞臺。從這個意義上說，科舉制度對唐宋社會階層的變動的影響是不容小覷的。但是，以唐宋法律考試的發展歷程作為觀察的具體視角，我們也可以發現，作為唐宋選舉制度的重要組成部分，法律考試制度對唐宋社會階層的變動也起到了一定的推動作用。由於時代對士人的知識結構提出了更高的要求，統治者在為官擇人方面也十分重視官員的吏能。由是，工於吏事，通曉法律也逐漸成為唐宋士人應具備的基本素養，法律之學作為經世致用之學也逐漸得到統治者的重視。法律考試種類的增加、參考資格的放寬以及考試規則的逐漸細化，推動了整個選舉制度逐漸向理性化發展。同時也為寒素子弟提供了更多公平競爭的機會，催生了法官家族及座主門生、同年故交等新型社會關係的出現。從這個意義上說，法律考試也一定程度上促進了士族階層的沒落，從而逐漸成為影響社會結構變動的因素之一。

〔註6〕有關「宋代司法傳統的近世化轉型趨向」的討論可參見陳景良、吳歡：《宋代司法公正的制度性保障及其近世化趨向》，《河南大學學報（社會科學版）》，2015 年第 1 期。

參考文獻

一、史籍類

1. （元）馬端臨：《文獻通考》，上海師範大學古籍研究所、華東師範大學古籍研究所點校，中華書局，2011 年。

2. （元）脫脫等：《宋史》，中華書局，1977 年。

3. （清）徐松輯，劉琳、刁忠民等校點：《宋會要輯稿》，上海古籍出版社，2014 年。

4. （宋）李燾：《續資治通鑒長編》，上海師大古籍所、華東師大古籍所點校，中華書局，2004 年第 2 版。

5. （宋）李心傳：《建炎以來繫年要錄》，上海古籍出版社，1992 年。

6. （宋）李心傳：《建炎以來朝野雜記》，徐規點校，中華書局，2000 年。

7. 《名公書判清明集》，中國社會科學院歷史研究所宋遼金史研究室點校，中華書局，1987 年。

8. （宋）竇儀：《宋刑統》，吳翊如點校，中華書局，1984 年。

9. 《宋大詔令集》，司義祖整理，中華書局，1962 年。

10. （宋）王欽若等編撰，周勳初等校訂：《冊府元龜》，鳳凰出版社，2006 年。

11. （西漢）司馬遷：《史記》，中華書局，1982 年第 2 版。

12. （東漢）班固：《漢書》，中華書局，1962 年。

13. （西晉）陳壽：《三國志》，中華書局，1982 年。

14. （南朝宋）范曄：《後漢書》，（唐）李賢等注，中華書局，1965 年。

15. （梁）沈約：《宋書》，中華書局，1981 年。

16. （梁）蕭子顯：《南齊書》，中華書局，1972 年。

17. （唐）房玄齡等：《晉書》，中華書局，1974 年。

18. （唐）李林甫等：《唐六典》，陳仲夫點校，中華書局，1992 年。

19. （唐）魏徵、令狐德棻：《隋書》，中華書局，1973 年。

20. （唐）長孫無忌等：《唐律疏議》，劉俊文點校，法律出版社，1999 年。

21. （後晉）劉昫等：《舊唐書》，中華書局，1975 年。

22. （宋）歐陽修、宋祁：《新唐書》，中華書局，1975 年。

23. （宋）薛居正等：《舊五代史》，中華書局，1976 年。

24. （宋）鄭樵：《通志》，中華書局，1987 年。

25. （五代）王定保撰，陽羨生校點：《唐摭言》，上海古籍出版社，2012 年。

26. （宋）王讜撰，周勳初校正：《唐語林校正》，中華書局，2012 年。

27. （宋）不著撰人：《州縣提綱》，《文津閣四庫全書》第 199 冊，商務印書館影印本 2005 年。

28. （宋）晁公武：《郡齋讀書志》，孫猛校證，上海古籍出版社，1990 年。

29. （宋）陳耆卿：《嘉定赤城志》，《宋元方志叢刊》第 7 冊，清嘉慶二十三年《台州叢書》（乙集）本。

30. （宋）范成大：《吳郡志》，《宋元方志叢刊》第 1 冊，民國十五年吳興張氏《擇是居叢書》景宋刻本。

31. （宋）方萬里、羅濬：《寶慶四明志》，《宋元方志叢刊》第 5 冊，清咸豐四年《宋元四明六志》本。

32. （宋）樂史：《太平寰宇記》，王文楚等點校，中華書局，2007 年。

33. （宋）李元弼：《作邑自箴》，《續修四庫全書》第 753 冊，據民國十七年四部叢刊續編影印影抄宋淳熙刻本影印。

34. （宋）梁克家：《淳熙三山志》，《宋元方志叢刊》第 8 冊，明崇禎十一年刻本。

35. （宋）羅願：《新安志》，《宋元方志叢刊》第 8 冊，清嘉慶十七年刻本。

36. （宋）潛說友：《咸淳臨安志》，《宋元方志叢刊》第 4 冊，清道光十年錢塘汪氏振綺堂刊本。

37. （宋）司馬光：《資治通鑒》，（元）胡三省音注，「標點資治通鑒小組」

校點，中華書局，1976 年。

38. （宋）王存：《元豐九域志》，魏篙山、王文楚點校，中華書局，1984 年。

39. （宋）王溥：《唐會要》，中華書局，1955 年。

40. （宋）王溥：《五代會要》，上海古籍出版社，1978 年。

41. （宋）吳自牧：《夢粱錄》，符均、張社國校注，三秦出版社，2004 年。

42. （宋）謝深甫等：《慶元條法事類》，《續修四庫全書》第 861 冊，據北京
    圖書館藏清抄本影印。

43. 劉篤才、黃時鑒點校：《吏部條法》差注門一，收錄於楊一凡、田濤主編：
    《中國珍稀法律典籍續編》第二冊，哈爾濱：黑龍江人民出版社，2002
    年。

44. （宋）徐夢莘：《三朝北盟會編》，上海古籍出版社，2008 年第 2 版，據
    光緒三十四年許涵度刻本影印。

45. （宋）周密：《武林舊事》，李小龍、趙銳評注，中華書局，2007 年。

46. （宋）周去非：《嶺外代答》，楊武泉校注，中華書局，1999 年。

47. （清）永瑢等：《四庫全書總目》，中華書局，1965 年。

48. （宋）何薳：《春渚紀聞》，張明華點校，中華書局，1983 年。

49. （宋）洪邁：《夷堅志》，何卓點校，中華書局，2006 年。

50. （宋）洪邁：《容齋隨筆》，孔凡禮點校，中華書局，2005 年。

51. （宋）黃震：《黃氏日抄》，《文津閣四庫全書》第 235 冊。

52. （宋）黎靖德編：《朱子語類》，王星賢點校，中華書局，1986 年。

53. （宋）司馬光：《涑水記聞》，鄧廣銘、張希清點校，中華書局，1989 年。

54. （宋）宋慈：《洗冤集錄》，高隨捷、祝林森譯注，上海古籍出版社，2008
    年。

55. （宋）袁采：《袁氏世範》，《文津閣四庫全書》第 232 冊。

56. （宋）鄭克：《折獄高抬貴手》，《宋代筆記小說》第 20 冊。

57. （宋）周必大：《二老堂雜志》，《宋代筆記小說》第 8 冊。

58. （宋）周密：《癸辛雜識》，吳企明點校，中華書局，1988 年。

59. （唐）白居易：《白居易集箋校》，朱金城箋校，上海古籍出版社，1988
    年。

60. （唐）韓愈：《韓愈集》，嚴昌校點，長沙：嶽麓書社，2000 年。

61. （唐）李白：《李白集校注》，瞿蛻園、朱金城校注，上海古籍出版社，1980 年。

62. （宋）程顥、程頤：《二程集》，王孝魚點校，中華書局，2004 年。

63. （宋）范仲淹：《范仲淹全集》，李勇先、王蓉貴校點，成都：四川大學出版社，2002 年。

64. （宋）韓琦：《安陽集》，《北京圖書館古籍珍本叢刊》第 85 冊，明正德五年張士隆刻本。

65. （宋）韓元吉：《南澗甲乙稿》，《文津閣四庫全書》第 389 冊。

66. （宋）胡寅：《斐然集》，《文津閣四庫全書》第 380 冊。

67. （宋）黃榦：《勉齋先生黃文肅公文集》，《宋集珍本叢刊》第 67～68 冊，元刻本。

68. （宋）林光朝：《艾軒先生文集》，《宋集珍本叢刊》第 44～45 冊，明正德刻本。

69. （宋）林季仲：《竹軒雜著》，《宋集珍本叢刊》第 42 冊，清光緒刻本。

70. （宋）劉攽：《彭城集》，《文津閣四庫全書》第 366 冊。

71. （宋）劉敞：《公是集》，《宋集珍本叢刊》第 9 冊，清光緒覆刻聚珍本。

72. （宋）柳開：《河東柳仲塗先生文集》，《宋集珍本叢刊》第 1 冊，清曙戒軒鈔本。

73. （宋）劉一止：《苕溪集》，《宋集珍本叢刊》第 34 冊，清鈔本。

74. （宋）劉宰：《漫塘文集》，《宋集珍本叢刊》第 72 冊，明萬曆三十二年刻本。

75. （宋）樓鑰：《攻媿集》，《叢書集成初編》，商務印書館，1936 年。

76. （宋）歐陽修：《歐陽修全集》，李逸安點校，中華書局，2001 年。

77. （宋）秦觀：《淮海集》，徐培均箋注，上海古籍出版社，1994 年。

78. （宋）司馬光：《傳家集》，《文津閣四庫全書》第 365 冊。

79. （宋）蘇頌：《蘇魏公文集》，王同策等點校，中華書局，1988 年。

80. （宋）蘇轍：《欒城集》，曾棗莊、馬德富校點，上海古籍出版社，1987 年。

81. （宋）田錫：《咸平集》，羅國威校點，成都：巴蜀書社 2008 年。

82. （宋）王炎：《雙溪文集》，《宋集珍本叢刊》第 63 冊，清鈔本。

83. （宋）衛涇：《後樂集》,《文津閣四庫全書》第 390 冊。

84. （宋）魏了翁：《重校鶴山先生大全文集》,《宋集珍本叢刊》第 76～77 冊,明嘉靖銅活字印本。

85. （宋）許應龍：《東澗集》,《宋集珍本叢刊》第 73 冊,清乾隆翰林院鈔本。

86. （宋）楊簡：《慈湖遺書》,《文津閣四庫全書》第 386 冊。

87. （宋）楊時：《龜山先生全集》,《宋集珍本叢刊》第 29 冊,明萬曆十九年林熙春刻本、傅增湘校。

88. （宋）楊萬里：《誠齋集》,《宋集珍本叢刊》第 53 — 55 冊,明汲古閣鈔本。

89. （宋）葉適：《葉適集》,劉公純、王孝魚、李哲夫點校,中華書局,1961年。

90. （宋）尹洙：《河南先生文集》,《宋集珍本叢刊》第 3 冊,明鈔本。

91. （宋）袁說友：《東塘集》,《宋集珍本叢刊》第 64 冊,清翰林院鈔本。

92. （宋）袁燮：《絜齋集》,《文津閣四庫全書》第 386 冊。

93. （宋）張方平：《張方平集》,鄭涵點校,鄭州：中州古籍出版社,1992年。

94. （宋）張孝祥：《于湖居士文集》,徐鵬校點,上海古籍出版社,2009 年。

95. （宋）張載：《張載集》,章錫深點校,中華書局,1978 年。

96. （宋）趙鼎：《忠正德文集》,《文津閣四庫全書》第 377 冊。

97. （宋）真德秀：《西山先生真文忠公文集》,《宋集珍本叢刊》第 75～76 冊,明正德刻本。

98. （宋）鄭剛中：《北山集》,《文津閣四庫全書》第 377 冊。

99. （清）董誥等編：《全唐文》,中華書局,1983 年。

100. （清）徐松撰,趙守儼點校,《登科記考》,中華書局,1984 年。

101. （清）勞格、趙鉞：《唐尚書省郎官石柱題名考》,中華書局,1992 年。

102. （清）趙鉞、勞格：《唐御史臺精舍題名考》,中華書局,1997 年。

二、叢書

1. 四川大學古籍整理研究所編：《宋集珍本叢刊》,線裝書局,2004 年。

2. 北京圖書館古籍出版編輯組：《北京圖書館古籍珍本叢刊》，書目文獻出版社，1998 年。

3. 周光培編：《宋代筆記小說》，河北教育出版社，1995 年。

4. 顧廷龍主編：《續修四庫全書》，上海古籍出版社，2002 年。

5. 中華書局編輯部：《宋元方志叢刊》，中華書局，1990 年。

6. 張智編：《中國風土志叢刊》，廣陵書社，2003 年。

7. 四庫全書存目叢書編纂委員會編：《四庫全書存目叢書》，齊魯書社，1997 年。

8. 楊一凡主編：《歷代珍稀司法文獻》，社會科學文獻出版社，2012 年。

三、今人著作

1. 白鋼：《中國政治制度史》，社會科學文獻出版社，2007 年。

2. 包偉民：《傳統中國與社會 960～1279 年》，商務印書館，2009 年。

3. 曹錦清：《如何研究中國》，上海人民出版社，2010 年。

4. 岑仲勉：《唐人行第錄》（外三種），中華書局，1962 年。

5. 曾憲義、王健、閆曉君主編：《律學與法學：中國法律教育與法律學術的傳統及其現代發展》，中國人民大學出版社，2012 年。

6. 常建華：《觀念、史料與視野：中國社會史研究再探》，北京大學出版社，2013 年。

7. 陳東原：《中國教育史》，商務印書館，1936 年。

8. 陳東原：《中國科舉時代之教育》，商務印書館，1933 年。

9. 陳景良等著：《當代中國法律思想史》，河南大學出版社，1998 年。

10. 陳茂同：《中國歷代選官制度》，華東師範大學出版社，1994 年。

11. 陳秀宏：《唐宋科舉制度研究》，北京師範大學出版社，2012 年。

12. 陳寅恪：《隋唐制度淵源略論稿》，商務印書館，2011 年。

13. 陳寅恪：《唐代政治史述論稿》，三聯書店，1956 年。

14. 陳振：《宋史》，上海人民出版社，2003 年。

15. 陳植鍔：《北宋文化史論》，中國社會科學出版社，1992 年。

16. 戴建國：《宋代法制初探》，黑龍江人民出版社，2000 年。

17. 戴建國：《宋代刑法史研究》，上海古籍出版社，2008 年。

18. 戴建國：《唐宋變革時期的法律與社會》，上海古籍出版社，2010 年。

19. 鄧小南：《宋代文官選任制度諸層面》，河北教育出版社，1993 年。

20. 鄧小南：《祖宗之法：北宋前期政治述略》，三聯書店，2006 年。

21. 杜奉勝：《中國歷史發展理論——比較馬克思和韋伯的中國論》，正中書局，1997 年。

22. 范忠信、陳景良主編：《中國法制史》，北京大學出版社，2007 年。

23. 范忠信：《中國法律傳統的基本精神》，山東人民出版社，2001 年。

24. 費孝通：《鄉土中國生育制度》，北京大學出版社，1998 年。

25. 傅璇琮：《唐才子傳校箋》（1～5 冊），中華書局，1987 年～1995 年。

26. 傅璇琮：《唐代科舉與文學》，陝西人民出版社，2007 年。

27. 傅璇琮：《唐代詩人叢考》，中華書局，1980 年。

28. 萬荃：《權力宰制理性：士人、傳統政治文化與中國社會》，南開大學出版社，2003 年。

29. 葛兆光：《中國思想史》（兩卷本），復旦大學出版社，2001 年。

30. 龔延明：《中國古代職官科舉研究》，中華書局，2006 年。

31. 郭東旭：《宋朝法律史論》，河北大學出版社，2001 年。

32. 郭東旭：《宋代法律與社會》，人民出版社，2008 年。

33. 郭東旭：《宋代法制研究》，河北大學出版社，2000 年。

34. 郭學信：《宋代士大夫文化品格與心態》，天津人民出版社，1997 年。

35. 何懷宏：《世系社會：西周至春秋社會形態研究》，北京大學出版社，2011 年。

36. 何懷宏：《選舉社會：秦漢至晚清社會形態研究》，北京大學出版社，2011 年。

37. 何俊、范立舟：《南宋思想史》，上海古籍出版社，2008 年。

38. 何忠禮：《科舉與宋代社會》，商務印書館，2006 年。

39. 何忠禮：《南宋史稿》，杭州大學出版社，1999 年。

40. 何忠禮：《南宋政治史》，人民出版社，2008 年。

41. 侯紹文：《唐宋考試制度史》，商務印書館，1973 年。

42. 侯外廬：《宋明理學史》，人民出版社，1984 年。

43. 胡旭晟：《解釋性的法史學——以中國傳統法律文化的研究為側重點》，

中國政法大學出版社，2004 年。

44. 黃寬重：《宋代的家族與社會》，國家圖書館出版社，2009 年。

45. 黃留珠：《秦漢仕進制度》，西北大學出版社，1985 年。

46. 黃雲鶴：《唐宋下層士人研究》，河北人民出版社，2006 年。

47. 賈志揚：《宋代科舉》，東大圖書公司，1995 年。

48. 翦伯贊主編：《中國史綱要》，人民出版社，1995 年。

49. 金瀅坤：《中晚唐五代科舉與社會變遷》，人民出版社，2009 年。

50. 李德輝：《全唐文作者小傳正補》，遼海出版社，2011 年。

51. 李弘祺：《宋代教育散論》，東升出版事業公司，1980 年。

52. 李華瑞：《王安石變法研究史》，人民出版社，2004 年。

53. 李猛：《韋伯：法律與價值》，上海人民出版社，2001 年。

54. 李淑媛：《爭財競產——唐宋的家產與法律》，北京大學出版社，2007 年。

55. 李之亮：《宋代京朝官通考》，巴蜀書社，2003 年。

56. 李之亮：《宋代郡守通考》，巴蜀書社，001 年。

57. 李之亮：《宋代路分長官通考》，巴蜀書社，2003 年。

58. 梁啟超：《中國歷史研究法》，東方出版社，1996 年。

59. 林白，朱梅蘇著：《中國科舉史話》，江西人民出版社，2002 年。

60. 林端：《韋伯論中國傳統法律》，三民書局，2003 年。

61. 林端：《韋伯論中國傳統法律——韋伯比較社會學批判》，三民書局，2003 年。

62. 林文勳、谷更有：《唐宋鄉村社會力量與基層社會控制》，雲南大學出版社，2005 年。

63. 劉海峰、李兵著：《學優則仕：教育與科舉》，長春出版社，2004 年。

64. 劉俊文：《唐律疏議箋解》，中華書局，1996 年。

65. 劉俊文主編：《日本學者研究中國史論著選譯》第五卷《五代宋元》，索介然譯，中華書局，1993 年。

66. 劉馨珺：《明鏡高懸——南宋縣衙的獄訟》，北京大學出版社，2007 年。

67. 劉澤華：《士人與社會》，天津人民出版社，1992 年。

68. 柳立言：《近世中國之變與不變：第四節國際漢學會議論文集》，「中央研究院」2014 年。

69. 柳立言：《宋代的家庭和法律》，上海古籍出版社，2008 年。

70. 柳立言：《宋代的宗教、身份與司法》，中華書局，2012 年。

71. 柳立言：《宋元時代的法律思想與社會》，「國立編譯館」2001 年。

72. 柳詒徵：《中國文化史》，東方出版中心，1988 年。

73. 羅家祥：《朋黨之爭與北宋政治》，華中師範大學出版社，2002 年。

74. 呂世倫主編：《西方法律思潮源流論》，中國人民大學出版社，2008 年。

75. 呂志興：《宋代法律體系與中華法系》，四川大學出版社，2009 年。

76. 呂志興：《宋代法制特點研究》，四川大學出版社，2001 年。

77. 孟二冬：《登科記考補正》，北京燕山出版社，2003 年。

78. 苗書梅：《宋代官員選任和管理制度》，河南大學出版社，1996 年。

79. 漆俠：《中國經濟通史・宋代經濟卷》，經濟日報出版社，1991 年。

80. 錢穆：《國史大綱》，商務印書館，1994 年。

81. 錢穆：《國史新論》，三聯書店，2001 年。

82. 瞿同祖：《瞿同祖法學論著集》，中國政法大學出版社，2004 年。

83. 瞿同祖：《中國法律與中國社會》，中華書局，2003 年。

84. 沈家本：《歷代刑法考》，商務印書館，2011 年。

85. 宋大琦：《程朱理法學研究》，山東人民出版社，2009 年。

86. 宋代官箴研讀會編：《宋代法律與社會——〈名公書判清明集〉討論》，東大圖書股份有限公司 2001 年。

87. 陶晉生：《北宋士族：家族・婚姻・生活》，「中央研究院」歷史語言研究所 2001

88. 陶敏：《全唐詩人名考證》，陝西人民教育出版社，1996 年。

89. 陶希聖：《清代州縣衙門刑事審判制度與程序》，臺灣食貨出版社，1972 年。

90. 汪聖鐸：《宋代社會生活研究》，人民出版社，2007 年。

91. 王曾瑜：《宋朝階級結構》，中國人民大學出版社，2010 年。

92. 王德毅：《宋代賢良方正及詞科考》，中文書店，1971 年。

93. 王洪軍：《登科記考再補正》，廣西師範大學出版社，2010。

94. 王建秋：《宋代太學與太學生》，商務印書館，1965 年。

95. 王善軍：《宋代宗族和宗族制度研究》，河北教育出版社，2000 年。

96. 王曉龍：《宋代提點刑獄司制度研究》，人民出版社，2008 年。

97. 王勳成：《唐代銓選與文學》，中華書局，2001 年。

98. 王雲海主編：《宋代司法制度》，河南大學出版社，1992 年。

99. 王雲五：《宋元教學思想》，商務印書館，1971 年。

100. 吳晗、費孝通等著：《皇權與紳權》，天津人民出版社，1988 年。

101. 吳松弟：《北方移民與南宋社會變遷》，文津出版社，1993 年。

102. 吳在慶：《唐五代文史叢考‧登科年考》，江西人民出版社，1995 年。

103. 吳錚強：《科舉理學化——均田制崩潰以來的君民整合》，上海辭書出版社，2001 年。

104. 吳宗國：《唐代科舉制度研究》，北京大學出版社，2010 年。

105. 肖建新：《宋代法制文明研究》，安徽人民出版社，2008 年。

106. 蕭公權：《中國政治思想史》，遼寧教育出版社，1998 年。

107. 謝鴻飛：《法律與歷史：體系化法史學與法律歷史社會學》，北京大學出版社，2012 年。

108. 辛鳴：《制度論——關於制度哲學的理論建構》，人民出版社，2005 年。

109. 徐道鄰：《中國法制史論集》，志文出版社，1976 年。

110. 徐茂明：《江南士紳與江南社會（1368～1911 年）》，商務印書館，2004 年。

111. 徐忠明、杜金著：《傳播與閱讀：明清法律知識史》，北京大學出版社，2012 年。

112. 徐忠明：《包公故事：一個考察中國法律文化的視角》，中國政法大學出版社，2002 年。

113. 徐忠明：《情感、循吏與明清時期司法實踐》，三聯書店，2009 年。

114. 薛梅卿、趙曉耕：《兩宋法制通論》，法律出版社，2002 年。

115. 薛梅卿：《宋刑統研究》，法律出版社，1998 年。

116. 嚴耕望：《唐僕尚丞郎表》，中華書局，1986 年。

117. 閻布克：《士大夫政治演生史稿》，北京大學出版社，1996 年。

118. 閻文儒：《唐代貢舉制度》，山西人民出版社，1989 年。

119. 楊波：《長安的春天：唐代科舉與進士生活》，中華書局，2007 年。

120. 楊鴻烈：《中國法律思想史》，中國政法大學出版社，2003 年。

121. 楊渭生等：《兩宋文化史》，浙江大學出版社，2008 年。

122. 葉坦、蔣松岩著：《宋遼夏金元文化史》，東方出版中心 2007 年。

123. 葉孝信：《中國民法史》，上海人民出版社，1993 年。

124. 尤韶華：《中國法制史考證》甲編第五卷《歷代法制考·宋遼金元法制考》，中國社會科學出版社，2003 年。

125. 余英時：《論天人之際：中國古代思想起源試探》，中華書局，2014 年。

126. 余英時：《士與中國文化》，上海人民出版社，1997 年。

127. 余英時：《朱熹的歷史世界——宋代士大夫政治文化的研究》，三聯書店，2004 年。

128. 俞榮根：《道統與法統》，法律出版社，1999 年。

129. 張邦煒：《宋代婚姻與社會》，四川人民出版社，1989 年。

130. 張晉藩：《中國法律的傳統與近代轉型》（第二版），法律出版社，2005 年。

131. 張其凡：《宋代史》，澳亞週刊出版有限公司，2004 年。

132. 張希清：《中國科舉考試制度》，新華出版社，1993 年。

133. 張希清等：《宋朝典章制度》，吉林文史出版社，2001 年。

134. 張希清等主編：《10～13 世紀中國文化的碰撞與融合》，上海人民出版社，2006 年版。

135. 張永和：《信仰與權威——詛咒（賭咒）、發誓與法律之比較研究》，法律出版 2006 年。

136. 張中秋：《中西法律文化比較研究》，中國政法大學出版社，2006 年。

137. 趙振華：《洛陽古代銘刻文獻研究》，三秦出版社，2009 年。

138. 鄭學檬：《中國古代經濟重心南移和唐宋江南經濟研究》，嶽麓書社，2003 年。

139. 祝尚書：《宋代科舉與文學》，中華書局，2008 年。

140. 祝尚書：《宋代科舉與文學考論》，大象出版社，2006 年。

141. 〔德〕馬克斯·韋伯：《儒教與道教》，洪天富譯，江蘇人民出版社，1995 年。

142. 〔德〕馬克斯·韋伯：《支配的類型》，簡樂、康惠美譯，廣西師範大學出版社，2004 年。

143. 〔法〕謝和耐：《中國社會史》，耿昇譯，江蘇人民出版社，1995 年。

144. 〔日〕宮崎市定著：《九品官人法研究：科舉前史》，韓昇、劉建英譯，中華書局，2008 年。

145. 〔日〕近藤一成主編：《宋元史學的基本問題》，中華書局，2010 年。

146. 〔日〕仁井田陞：《中國法制史》，牟發松譯，上海古籍出版社，2011 年。

147. 〔日〕仁井田陞：《唐令拾遺》，東京大學出版社，1933 年。

148. 〔美〕S・N・艾森斯塔得：《帝國的政治體系》，閻步克譯，貴州人民出版社，1992 年。

149. 〔美〕R・M・昂格爾：《現代社會中的法律》，吳玉章、周漢華譯，譯林出版社，2001 年。

150. 〔美〕包弼德：《斯文：唐宋思想的轉型》，劉寧譯，江蘇人民出版社，2001 年。

151. 〔美〕劉子健：《中國轉向內在》，趙冬梅譯，江蘇人民出版社，2002 年。

152. 〔美〕劉子健：《兩宋史研究彙編》，聯經出版事業股份有限公司，1987 年。

153. 〔美〕伯爾曼：《法律與宗教》，梁治平譯，中國政法大學出版社，2003 年。

154. 〔美〕馬伯良：《宋代的法律與秩序》，楊昂、胡雯姬譯，中國政法大學出版社，2010 年。

155. 〔美〕賈志揚：《宋代科舉》，東大圖書股份有限公司，1995 年。

156. 〔英〕彼得・伯克：《歷史學與社會理論》，姚朋等譯，上海人民出版社，2001 年。

四、論文類

1. 曹家齊：《宋代書判拔萃科考》，《歷史研究》2006 年第 2 期。

2. 陳東原：《盧山白鹿洞書院沿革考》，《民鐸雜誌》1937 年第 1 期。

3. 陳東原：《宋代的科舉與教育》，《學風》1932 年 2 卷 9 期。

4. 陳東原：《隋唐的科舉》，《學風》1932 年 2 卷 8 期。

5. 陳剛：《南宋江南士大夫與江南法律秩序的構建》，中南財經政法大學 2009 年博士論文。

6. 陳景良：《「文學法理，咸精其能」（上）——試論兩宋士大夫的法律素養》，

《南京大學法律評論》1996 年秋季號。

7. 陳景良：《「文學法理，咸精其能」（下）——試論兩宋士大夫的法律素養》，《南京大學法律評論》1997 年春季號。

8. 陳景良：《試論宋代士大夫的法律觀念》，《法學研究》1998 年第 4 期。

9. 陳景良：《訟學、訟師與士大夫——宋代司法傳統的轉型及其意義》，《河南省政法管理幹部學院學報》2002 年第 1 期。

10. 陳景良：《宋代「法官」、「司法」和「法理」考略——兼論宋代司法傳統及其歷史轉型》，《法商研究》2006 年第 1 期。

11. 陳景良：《宋代司法傳統的現代解讀》，《中國法學》2006 年第 3 期。

12. 陳景良：《宋代司法傳統的敘事及其意義——立足於南宋民事審判的考察》，《南京大學學報》2008 年第 4 期。

13. 陳勤娜：《唐代試判研究》，鄭州大學 2013 年博士學位論文。

14. 陳鐵民：《〈登科記考〉之四種「拔萃科」辨》，《中國典籍與文化》2012 年第 2 期。

15. 陳璽：《唐代律學教育與明法考試》，《西南大學學報（社會科學版）》2008 年第 1 期。

16. 陳秀宏：《科舉制度與唐宋士階層》，東北師範大學 2004 年博士學位論文。

17. 陳智超：《宋代的書鋪與訟師》，原載《劉子健博士頌壽紀念宋史研究論集》，日本同朋社 1989 年。收入氏著《宋史十二講》，清華大學出版社 2010 年。

18. 程民生：《論士大夫政治對皇權的限制》，《河南大學學報》（社會科學版）1999 年第 3 期。

19. 程運：《宋代教育宗旨闡釋》，《中正學報》1967 年 2 卷。

20. 戴建國：《〈宋刑統〉制定後的變化——兼論北宋中期以後〈宋刑統〉的法律地位》，《上海師範大學學報》1992 年第 4 期。

21. 鄧建鵬：《健訟與賤訟——兩宋以降民事訴訟中的矛盾》，《中外法學》2003 年第 6 期。

22. 鄧勇：《論中國古代法律生活中的「情理場」——從〈名公書判清明集〉出發》，《法制與社會發展》2004 年第 5 期。

23. 刁培俊：《〈夷堅志〉所見南宋鄉村社會管窺》，收入浙江大學宋學研究中心編：《宋學研究集刊》（第一輯），浙江大學出版社，2008 年。

24. 刁培俊：《宋代的富民與鄉村治理》，《河北學刊》2005 年第 2 期。

25. 刁培俊：《宋代鄉村精英與社會控制》，《社會科學輯刊》2004 年第 2 期。

26. 范立舟：《論南宋書院與理學的互動》，《社會科學戰線》2008 年第 7 期。

27. 范忠信：《健全的糾紛解決機制決定和諧社會——傳統中國社會治理模式對我們的啟示》，《北方法學》2007 年第 2 期。

28. 傅衣凌：《中國傳統社會：多元的結構》，《中國社會經濟史研究》1988 年第 3 期。

29. 高明士：《唐代的官學行政》，《大陸雜誌》1968 年 37 卷 11 期。

30. 郭東旭：《宋代編敕》，《宋史研究論叢》，河北大學出版社 1990 年。

31. 郭東旭：《宋代的訴訟之學》，《河北學刊》1988 年第 2 期。

32. 郭學信：《「以儒立國」與北宋士大夫的精神風貌》，《山東師範大學學報》（人文社會科學版）2001 年第 6 期。

33. 郭學信：《士與官僚的合流——宋代士大夫文官政治的確立》，《安徽師範大學學報》（人文社會科學版）2005 年第 5 期。

34. 郭學信：《試論宋代士大夫的入世精神》，《西北師大學報（社會科學版）》2003 年第 4 期。

35. 韓鳳山：《唐宋官學制度研究》，東北師範大學 2003 年博士學位論文。

36. 何祐森：《兩宋學風的地理分布》，《新亞學報》1955 年第 1 期。

37. 何忠禮：《科舉改革與宋代人才的輩出》，《河北學刊》2008 年第 5 期。

38. 何忠禮：《科舉制度與宋代文化》，《歷史研究》1999 年第 5 期。

39. 何忠禮：《略論宋代士大夫的法律觀念》，《浙江學刊》1996 年第 1 期。

40. 何忠禮：《宋代戶部人口統計考察》，《歷史研究》1999 年第 4 期。

41. 賀衛方：《中國古代司法判決的風格與精神——以宋代判決為依據兼與英國比較》，《中國社會科學》1990 年第 6 期。

42. 賀衛方：《中國司法傳統的再解釋》，《南京大學法律評論》2000 年秋季號。

43. 懷效鋒：《中國傳統律學述要》，《華東政法大學學報》1998 年創刊號。

44. 黃寬重：《從中央與地方關係互動看宋代基層社會演變》，《歷史研究》

2005 年第 4 期。

45. 黃樓：《唐宣宗朝地方政局初探》，收入杜文玉主編：《唐史論叢》第十輯，西安：三秦出版社 2008 年。

46. 霍存福：《〈龍筋鳳髓判〉判目破譯——張鷟判詞問目源自真實案例、奏章、史事考》，《吉林大學社會科學學報》1998 年第 2 期。

47. 季懷銀：《宋代文職官吏的注官法律試》，《河南大學學報》1992 年第 4 期。

48. 金敏黻：《宋代官制與行政制度》，《文史雜誌》1942 年 2 卷 4 期。

49. 金瀅坤：《中晚唐銓選制度變化與科舉及第入幕的關係》，《人文雜誌》2002 年第 4 期。

50. 金瀅坤、於瑞：《唐代吏部平判入等科與選舉研究》，《學術月刊》2014 年第 11 期。

51. 金中樞：《北宋科舉制度研究》，《新亞學報》1964 年 6 卷第 1 期。

52. 李弘祺：《宋朝教育及科舉散論兼評三本有關宋代教育與科舉的書》，《思與言》1975 年 13 期。

53. 李慧斌：《宋初「書判拔萃」考》，《東方藝術》2006 年第 12 期。

54. 李希運：《三蘇與北宋進士科舉改革》，《山東大學學報（哲社版）》1999 年第 2 期。

55. 李錫厚：《宋代私有田宅的親鄰權力》，《中國社會科學院研究生院學報》1999 年第 1 期。

56. 李治安：《宋明理學家對鄉里社會新秩序的構思與探索》，《天津社會科學》2008 年第 6 期。

57. 廖鴻裕：《明代科舉研究》，中國文化大學 2008 年博士學位論文。

58. 劉瑞清：《試述唐代對官吏法制教育的重視》，《綏化師專學報》2004 年第 3 期。

59. 劉小明：《唐宋判文研究——以〈文苑英華〉和〈名公書判清明集〉為中心》，東北師範大學 2012 年博士學位論文。

60. 劉真：《宋代的學規和鄉約》，《宋史研究集》（第 1 輯），中華叢書委員會，1958 年。

61. 柳立言：《何謂「唐宋變革」？》，收入氏著《宋代的家庭和法律》，上海

古籍出版社，2008 年。

62. 柳立言：《南宋的民事裁判：同案同判還是異判》，《中國社會科學》2012
    年第 8 期。

63. 柳立言：《青天窗外無青天：胡穎與宋季司法》，柳立言主編：《中國史新
    淪》（法律史分冊），「中央研究院」、聯經出版事業股份有限公司，2008
    年。

64. 蘆琦：《關於古代受教育資格及權利實現的考察與比較》，華東政法大學
    2007 年博士學位論文。

65. 羅褘楠：《模式及其變遷──史學史視野中的唐宋變革問題》，《中國文化
    研究》2003 年夏之卷。

66. 呂肖奐：《兩宋科舉與家族文學》，《西北師大學報（社會科學版）》2008
    年第 4 期。

67. 馬泓波：《〈宋會要輯稿·刑法〉整理與研究》，陝西師範大學 2005 年博
    士論文。

68. 苗懷明：《唐代選官制度與中國古代判詞文體的成熟》，《河南社會科學》
    2002 年第 1 期。

69. 莫家齊：《宋朝「明法」「新科明法」及「試刑法」考》，《中州學刊》1984
    年第 6 期。

70. 裴汝誠：《宋代的「代寫狀人」和「寫狀抄書鋪」──讀〈名公書判清明
    集〉箚記》，《半粟集》河北大學出版社，2000 年。

71. 彭炳金：《論唐代明法考試制度的幾個問題》，《政法論壇》2002 年 02 期。

72. 喬惠全：《儒生與法吏的考試抉擇──宋代試刑法考論》，《中國政法大學
    學報》2013 年第 3 期。

73. 秦飛雁、李如鷹：《明法科考對完善司考的啟示》，《人民法院報》2009 年
    11 月 28 日。

74. 盛奇秀：《唐代明法科考述》，《東嶽論叢》1985 年第 2 期。

75. 孫國棟：《唐末宋初之際社會門第之消融》，《新亞學報》1995 年第 4 期。

76. 陶俊傑：《論唐代明法科與律學館》，《黑龍江史志》2009 年第 5 期。

77. 王志強：《〈名公書判清明集〉法律思想初探》，《法學研究》1997 年第 5
    期。

78. 王志強：《南宋司法裁判中的價值取向——南宋書判初探》，《中國社會科學》1998 年第 6 期。

79. 王志強《中國法律史敘事中的「判例」》，《中國社會科學》2010 年第 5 期。

80. 吳秋紅：《論宋代的法律教育》，《黃岡師範學院學報》2002 年第 4 期。

81. 吳秋紅：《唐代加強法律教育的措施及其影響》，《黃岡師範學院學報》2007 年第 2 期。

82. 吳錚強：《宋代科舉與鄉村社會》，浙江大學 2006 年博士學位論文。

83. 吳宗國：《科舉制與唐代高級官吏的選拔》，《北京大學學報（哲學社會科學版）》1982 年第 1 期。

84. 夏婷婷：《唐代擬制判決中的法律發現》，吉林大學 2010 年博士學位論文。

85. 夏炎：《從刺史地位看唐代內外官的輕重》，杜文玉主編：《唐史論叢》第九輯，三秦出版社 2007 年。

86. 謝波：《北宋「試刑法」考略》，《雲南大學學報（法學版）》2009 年第 3 期。

87. 徐道鄰：《宋朝的法律考試》，收入氏著《中國法制史論集》，志文出版社，1975 年。

88. 徐道鄰：《中國唐宋時代的法律教育》，收入氏著《中國法制史論集》，志文出版社，1975 年。

89. 許友根：《唐代科舉科目考述》，《海南大學學報人文社會科學版》2011 年第 9 期。

90. 楊聯陞：《科舉時代的赴考旅費問題》，《清華學報》1961 年第 2 期。

91. 余瑛：《宋代儒者地理分布的統計》，《禹貢》1933 年 1 期。

92. 張本順：《無訟理想下的宋代訟師》，《社會科學戰線》2009 年第 5 期。

93. 張典友：《唐宋書判拔萃科考辨》，《美術學刊》2012 年第 4 期。

94. 張國剛：《「唐宋變革」與中國歷史分期問題》，《史學集刊》2006 年第 8 期。

95. 張其凡：《關於「唐宋變革期」學說的介紹與思考》，《暨南學報》2001 年第 1 期。

96. 張其昀:《宋代四明之學風》,載《宋史研究集》,3 輯,中華叢書委員會 1966 年。

97. 張偉仁:《清代法學教育》(上、下),《臺大法學論叢》十八卷第一期、二期。

98. 張偉仁:《中國傳統的司法和法學》,《現代法學》2006 年第 5 期。

99. 張文勇:《南宋州縣民事審判研究》,中南財經政法大學法學院 2008 年博士論文。

100. 張文勇:《宋代考試制度對司法官員知識結構的影響》,《北方論叢》2010 年第 4 期。

101. 張正印:《宋代司法中的「吏強官弱」現象及其影響》,《法學評論》2007 年第 5 期。

102. 張正印:《宋代獄訟胥吏研究》,中南財經政法大學法學院 2008 年博士論文。

103. 趙晶:《宋代明法科登科人員綜考》,《華東政法大學學報》2011 年第 3 期。

104. 鄭顯文:《唐代明法考試制度初探》,《政法論壇》2002 年第 2 期。

105. 鄭顯文:《再談唐代的明法考試制度——兼答彭炳金先生》,《政法論壇》2002 年第 6 期。

106. 鄭顯文:《中國古代法學考試制度初探》,《新安師範大學學報(人文社會科學版)》2002 年第 2 期。

107. 祝尚書:《宋代諸科制度考論》,《西南師範大學學報(人文社會科學版)》2004 年第 1 期。

108. 卓帆:《宋朝法官的選拔和任用》,《江西大學學報(社會科學版)》1982 年第 1 期。

109. 〔日〕宮崎市定:《宋元時期的法制與審判機構——〈元典章〉的時代背景及社會背景》,載(日)川村康主編:《中國法制史考證》丙編第三卷《日本學者考證中國法制史重要成果選譯宋遼西夏元卷》,姚榮濤譯,中國社會科學出版社 2003 年。

110. 〔日〕內藤湖南:《概括的唐宋時代觀》,《日本學者研究中國史論著選譯》(第 1 卷),黃約瑟譯,中華書局,1992 年。

111. 〔美〕劉子健:《宋人對胥吏管理的看法》,李嘯風主編:《中國歷史研究》
  (第 1 輯),書目文獻出版社,1986 年。

五、工具書

1. 〔清〕徐松撰,孟二冬補正:《登科記考補正》(上、中、下冊),北京燕
  山出版社,2003 年。

2. 《隋唐五代墓誌彙編》(洛陽卷 15 冊、陝西卷 4 冊、北京附遼寧卷 3 冊、
  北京大學卷 2 冊、河北卷 1 冊、山西卷 1 冊、江蘇山東卷 1 冊、河南卷
  1 冊、新疆卷 1 冊),天津古籍出版社,1991~1992 年。

3. 昌彼得、王德毅等編:《宋人傳記資料索引》,鼎文書局 1984 年增訂二
  版。

4. 陳長安主編:《隋唐五代墓誌彙編(30 卷)》,天津古籍出版社,2009 年。

5. 方建新編:《二十世紀宋史研究論著目錄》,北京圖書館出版社,2006 年。

6. 傅璇琮、張忱石、許逸民編撰:《唐五代人物傳記資料綜合索引》,中華
  書局出版 1982 年。

7. 傅璇琮主編:《宋登科記考》(上、下冊),江蘇教育出版社,2009 年。

8. 河南省文物研究所、河南省洛陽地區文管所編:《千唐誌齋藏志》,文物
  粗版社 1984 年。

9. 李國玲編纂:《宋人傳記資料索引補編》,四川大學出版社,1994 年。

10. 洛陽市文物工作隊:《洛陽出土歷代墓誌輯繩》,中國社會科學出版社,
  1991 年。

11. 齊運通編:《洛陽新獲七朝墓誌》,中華書局,2012 年。

12. 譚其驤主編:《中國歷史地圖集》第 6 冊,中國地圖出版社,1982 年。

13. 王洪軍著:《登科記考再補正》,廣西師範大學出版社,2010 年。

14. 吳鋼主編:《全唐文補遺》(第 1 輯),陝西三秦出版社,1994 年。

15. 吳鋼主編:《全唐文補遺》(第 2 輯),陝西三秦出版社,1995 年。

16. 吳鋼主編:《全唐文補遺》(第 3 輯),陝西三秦出版社,1996 年。

17. 吳鋼主編:《全唐文補遺》(第 4 輯),陝西三秦出版社,1997 年。

18. 吳鋼主編:《全唐文補遺》(第 5 輯),陝西三秦出版社,1998 年。

19. 吳鋼主編:《全唐文補遺》(第 6 輯),陝西三秦出版社,1999 年。

20. 吳鋼主編：《全唐文補遺》（第 7 輯），陝西三秦出版社，2000 年。

21. 吳鋼主編：《全唐文補遺》（第 8 輯），陝西三秦出版社，2005 年。

22. 吳鋼主編：《全唐文補遺》（第 9 輯），陝西三秦出版社，2007 年。

23. 吳鋼主編：《全唐文補遺》（千唐誌齋新藏專輯），陝西三秦出版社，2006 年。

24. 謝巍編撰：《中國歷代人物年譜考錄》，中華書局，1992 年。

25. 徐友根著：《〈登科記考補正〉考補》，南京大學出版社，2011 年。

26. 楊作龍、趙水森編著：《洛陽新出土墓誌釋錄》，北京圖書館出版社，2004 年。

27. 臧勵和等編：《中國人名大辭典》，上海書店，1980 年。

28. 翟國璋主編：《中國科舉辭典》，江西教育出版社，2006 年。

29. 趙君平、趙文成編：《河洛墓刻拾零》（上、下），北京圖書館出版社，2007 年。

30. 趙君平編：《邙洛碑誌三百種》，中華書局，2004 年。

31. 中國文物研究所、北京石刻藝術博物館編：《新中國出土墓誌》（河南 4 冊、陝西 4 冊、重慶 1 冊、北京 2 冊），文物出版社，1994～2003 年。

32. 周紹良、趙超主編：《唐代墓誌彙編（上下冊）》，上海古籍出版社，1992。

33. 周紹良、趙超主編：《唐代墓誌彙編續集》，上海古籍出版社，2001 年。